나의 연출 수업

나의 연출 수업

김대현 지음

도서출판 동인

연출을 가르치고 배우는 일은 어렵다.
연출이라는 작업이 연극에 대한 총체적인 이해를 전제로 하거니와
연출가 개인의 가치관, 세계관이 연출 미학으로 성숙되어야 하는 것이기에
더욱 그렇다.

저자 서문

연출을 가르치고 배우는 일은 어렵다. 연출이라는 작업이 기술적 측면과 예술적 측면 모두를 갖고 있기 때문이기도 하지만, 가르치고 배워야 할 범위가 지나치게 넓은 것에 큰 원인이 있다. 아리스토텔레스가 말한 비극의 6가지 요소를 예로 들지 않더라도, 연출을 온전하게 수행하기 위해서 연출가가 알아야 할 기본 지식은 문학, 음악, 무용, 회화, 건축, 디자인, 전기전자 공학, 심리학, 연기술, 인간관계론, 기획 및 경영 관련 이론 등등 과거와 현재에 이르기까지 인간 생활과 직접 또는 간접적인 관계를 맺는 모든 영역에 걸쳐 분포되어 있다. 또 그것에 대한 지식뿐만 아니라 그것을 무대에 구현할 수 있는 능력도 요구된다. 왜냐하면 연극은 우리 삶의 반영이기 때문이다.

연극의 역사에서 연출가는 사실주의 연극의 등장과 깊은 관계가 있다. "관객 앞에서 연극을 펼쳐 보이는"[1] 고대에서 근대까지의 연극은 부족한 조명과 협소한 무대 활용 때문에 특별한 연출적 기능이 필요하지 않았다. 그러나 사실주의 연극에 이르러 무대의 3차원적 활용과 조명기의 발달 그리고 무엇보다도 앙상블 시스템의 도입은 '어느 한 사람'의 통일된 관점과 작업을 필요로 하게 되었고, 이는 '연출가'라는 새로운 직업의 등

---

1) 안민수, 『연극연출』(서울: 집문당, 1998), 195~198쪽 참조.

장을 가능하게 하였다.

위에서 언급한 것처럼 연극이 갖는 종합성은 연출가에게 연출이라는 작업을 수행하기 위해서 각 분야의 전문가들과 협업할 수 있는 능력을 요구하고 있다. 현실적으로 연출가가 각 분야의 전문가와 비등한 능력을 가질 수는 없다. 그러나 자신의 연출 의도를 관철하기 위해서는 각 분야에 대한 기본적인 지식과 그것을 활용할 수 있는 능력이 있어야 한다. 이것이 연출을 가르치고 배우기 어렵게 하는 근본 원인이 될 것이다.

현장에서의 연출 교육은 일종의 도제식 교육이다. 연출가 밑에서 조연출로 수년간 수발을 들면서 소위 '어깨 너머' 필요한 지식과 기술을 배우는 지난한 과정이 바로 연출 교육이다. 이런 경우 조연출의 연출에 대한 지식과 기능의 습득은 온전히 그의 롤 모델인 연출가 선생님의 온전성에 좌우된다.

대학에서의 연출 교육은 소정의 교육 과정에 배치된 '연출론'을 통해 이루어진다. 국내의 경우 오랜 시행착오 과정을 거쳐 문예진흥원에서 〈공연예술총서〉 중 하나로 출판한 『연출』(한국문화예술진흥원, 1979)이라는 책이 본격적인 연극 연출 이론서였다. 그 이후 이원경의 『연극연출론』(현대미학사, 1997), 안민수의 『연극연출』(집문당, 1998), 정진수의 『연극과 뮤지컬의 연출』(연극과인간, 2004), 김석만의 『인간의 마음을 사로잡는 연출』(풀빛, 2013) 등이 출판되었고 해외 연출 관련 서적의 번역서로 헨닝 넴즈(Henning Nelms)의 『연극연출』(이봉원 편역, 미래문화사, 1993), 리 앨런 모로우·프랭크 파이크(Lee Alan Morrow·Frank Pike)의 『연극 창조의 신비』(이원기 옮김, 예니, 1996), 마이클 블룸(Michael Bloom)의 『연출가처럼 생각하기』(김석만 번역, 연극과인간, 2012), 케이티 미첼(Katie Michell)의 『연출가의 기술』(최영주 옮김, 태학사, 2012) 등이 출간되었다.

15주 또는 16주 동안 이루어지는 대학의 한 학기 교육 과정은 위의 연출 관련 단행본들을 교재로 삼아 필요한 내용을 선택해 강의와 실습을 진행할 수밖에 없다. 그 외의 선택은 외국에서 출판된 연출 관련 단행본을 교재로 선택하는 것이다. 필자의 경우 존 E. 디트리히·랄프 W. 덕월(John E. Deitrich·Ralph W. Duickwall)의 *Play Direction* (Prentice-Hall, 1983)을 주교재로 삼아 강의를 진행하였다. 『나의 연출 수업』은 위 책의 내용에 크게 힘입었다.

　　『나의 연출 수업』은 28년 동안 강의실에서 연출론을 강의한 '강의록'을 기본으로 한다. 이 강의록은 수업 시간에 필자가 이야기한 것을 충실하게 기록한 학생의 노트이기 때문에 잘못된 내용은 수정하고 부족한 곳은 각주에서 보충하여 완성한 것이다. 그리고 수업은 주 차(週次)에 따라 진행되었다. 따라서 독자들은 이 책을 통해 한 대학의 연극학과(호서대학교 연극학과)에서 연출론이 어떻게 강의되고 또 그 내용이 무엇인지를 확인할 수 있다.[2]

　　필자의 연출론 강의는 10주 차의 이론 수업과 5주에 걸친 장면 연출 실습, 그리고 마지막 주의 장면 연출 프레젠테이션으로 구성되어 있다. 『나의 연출 수업』은 이론 수업 부분만 담고 있어서 실제 실습 과정과 장면 프레젠테이션 부분은 생략되어 있다.[3] 실제 수업에서는 실습 과정에서의 피드백, 그리고 장면 프레젠테이션 현장에서의 피드백이 상당히 중요한 의미를 갖는다. 장면 프레젠테이션은 수강 학생 개개인이 연출자가

---

2) 따라서 『나의 연출 수업』은 필자의 수업을 낱낱이 보여주는 것이지만, 다른 수업의 내용이 궁금하다는 질문이기도 하다. 처음 〈연출론〉 수업을 맡았을 때의 막막함이 시간이 흘러 이러한 형식의 질문으로 나타났다고 생각한다.
3) 장면 연출과 그에 따른 피드백의 실제는 이후 출간될 필자의 저서 『연극 제작 실습 노트』에서 상세하게 확인할 수 있다.

되어 자신이 연출한 장면을 보여주는 것이기 때문에 아침 일찍부터 저녁 늦게까지 진행되는 경우가 대부분이다. 전 학년 학생들이 한 학기의 모든 수업을 마치고 장면 프레젠테이션에 참여하고, 관극하며 함께 점심도 먹기 때문에 학과의 중요한 행사가 되기도 한다.

『나의 연출 수업』에서 대상으로 하는 장면은 대부분 프로시니엄 무대와 극적 구조를 가진 희곡, 그리고 사실주의 스타일의 무대 공연을 전제로 한다. 연출에 관한 가장 기본적인 지식과 기술을 가르치기 위해 부득이하게 선택한 일종의 한계이다. 다양한 무대와 다양한 희곡을 자의적으로 선택하게 했을 경우 한 학기 교육 내용의 범위를 초과하기 때문이다. 따라서 『나의 연출 수업』은 회화의 경우 그리기의 가장 기초인 '소묘'를 가르치는 셈이다. 따라서 좋은 연출가가 되기 위해서는 다음 단계의 수련이 절대적으로 필요하다.

이 책에 수록된 연출론의 이론 부분(1~10주 차)은 첫째, 주수에 따라 강의실에서 수업을 진행하되 둘째, 해당 주수의 과제를 매시간 학생들에게 제시하고 셋째, 다음 주수에서는 다음 진도를 나가면서 지난주의 과제를 점검하는 형식으로 활용할 수 있다.[4] 실기 부분(11~14주 차)은 준비된 학생의 장면 연출을 점검하면서 직접 무대에서 연출의 이론이 실제화하는 것을 체험시킨다. 이것은 마지막 단계의 최종 장면 연출 프레젠테이션에서도 마찬가지다. 즉 학생 전체의 장면 프레젠테이션은 평가이면서 동시에 강평을 통한 최종적인 수업의 마무리가 된다.

---

4) 『나의 연출 수업』은 학생들에게 연극연출에 관한 지식과 실기 능력을 가르치는 첫 번째 목적 외에 매주 적어도 이틀 정도의 시간을 연출론 과제를 위해 시간을 할애하도록 하여, 학생들의 규칙적인 학습 생활과 자기 주도 학습의 능력을 길러주려는 부가적 목적도 있다. 호서대의 경우 학생들은 주중에 하루, 그리고 주말에 하루를 할애하여 대략 2시간 정도 연출론 과제를 하였다.

동시대 연극은 포스트모던 연극을 지나 포스트드라마 연극의 시대를 지나고 있다. 연극 연출을 가르치고 있는 입장에서 국내 연극계의 주된 흐름이 사실주의 스타일의 화술 연극에 머물고 있는 것은 매우 아쉬운 현실이다. 이미 1980년대에 리처드 쉐크너(Richard Schechner)는 더 이상 ""드라마"나 "연극"을 가르치지 않고 (…) 이름을 공연학으로 바꾸었"5)다. 이런 측면에서 연출 교육은 좀 더 다양한 예술 장르를 포함한 그리고 복잡다단하게 변화하고 있는 현실을 반영할 수 있는 것으로 변화해야 할 것이다. 본서 『나의 연출 수업』이 소묘 교육에 불과할지도 모른다는 표현은 겸양의 표현이 아니라 새로운 연출 교육의 필요성을 느끼고 있는, 현재 연출 교육의 불완전성에 대한 불안의 표현이다.

그럼에도 불구하고 『나의 연출 수업』은 필자의 30년에 가까운 연출 교육의 일단락이다. 기회가 닿는다면 새 시대에 어울리는 연출 방법론에 관한 새로운 시도를 감행하고 싶다. 부족한 졸고를 완성할 수 있도록 도와준 호서대학교 연극학과의 주정한 님과 도형과 편집을 도와준 조여정 님께 감사드린다. 또 이 책이 세상에 나올 수 있도록 세심한 교정과 출판을 담당해 준 도서출판 동인의 이성모 사장님과 편집인께도 깊은 감사를 드린다. 정년이 가까워지지만 새로운 지식에 대한 갈구는 더욱 깊어져 가니 정말 '일모도원(日暮道遠)'을 통감하는 심정이다.

2024년 2월
불당동에서 효원(曉園)

---

5) Richard Schechner(이기우・김익두・김월덕 옮김), 『퍼포먼스 이론 II』(서울: 현대미학사, 2004), 238쪽.

싣는 순서

첫 번째 수업*
▼
오리엔테이션

긴 방학을 끝내고 돌아온 여러분 얼굴을 보니 반갑다. 여름 방학은 잘 보냈니?

내 연출론 수업에 들어온 것을 환영한다. 이 수업은 본래 3학년 1학 기와 2학기에 개설했던 것인데 올해부터는 교과 과정을 정리하면서 2학년 2학기, 한 학기만 열기로 결정했다. 졸업 이수 과목이 줄어든 것에 첫 번 째 이유가 있고 또 3학년 1학기 젊은 연극제의 연출을 대비하기 위해 미 리 수업을 해야 할 필요가 있어 생긴 변화이다.[1]

---

* 첫째 주의 수업은 한 학기 동안 이루어질 수업 활동에 대한 오리엔테이션, 즉 수업의 목표 와 진행 방식, 과제에 대한 설명, 시험과 성적에 대한 기준 등을 알려주는 것으로 이루어진 다. 50분 수업과 10분 휴식으로 이루어진 1시수를 기준으로, 연출론 수업은 3시수, 즉 180 분 수업으로 배정되어 있다. 한 학기가 17주로 구성되어 있던 호서대학교는 최근에 15주 수업으로 단축하였다. 이에 따라 첫 주의 수업은 오리엔테이션만 하던 20여 년 전의 방식에 서 1교시는 오리엔테이션, 그리고 나머지 시간에는 수업을 진행한다. 이는 연출론 수업이 이론과 실기를 순차적으로 진행해야 하는 특성에 기인한다.

연극 연출론 수업에는 과제가 2가지가 있다. 첫 번째는 개인별 **장면 발표(scene presentation)**, 두 번째는 연출 **파일(file)**의 작성과 제출이다.

1. 장면 발표(scene presentation)

본인이 직접 연출가가 되어 10분 또는 15분 정도의 짧은 장면을 학기 중에 연출하고 학기 말에 수강생 전체 앞에서 발표하는 것이다.

장면 발표를 위해 몇 개의 팁(tip)이 필요할 것이다.

1) 장면 발표를 도와줄 학생 배우를 모집하라

발표를 하기에 앞서 연출할 작품에 연기를 해줄 배우들이 필요하다. 배우를 저학년으로 캐스팅할 경우, 연출로서 권위 있게 지시할 수 있지만, 배우가 연기 경력이 없어 생동감 있는 장면을 연출하기 어렵다는 단점이 있

---

1) 호서대학교 연극학과 개설 초기에 연극 연출론은 3학년 1학기와 2학기에 두 번 개설되었다. 1학기 때는 연출의 기본과 표준을 배우기 위한 수업이었고, 2학기 때 수업은 다양한 실험을 위한, 좀 더 자유롭게 새로운 시도를 하기 위한 것이었다. 연극 연출론을 3학년에 배치한 것은, 연극 연출을 하기 위해서는 연극에 대한 기본적인 공부가 선제적으로 필요하기 때문이다. 드라마와 연기를 연극의 전부로 알고 있는 신입생들에게 연극의 다양한 분야에 대한 이해가 필요한 연출 분야는 쉽게 접근하기 힘든 영역이기도 하다. 따라서 4년을 배우는 연극학과 커리큘럼에서 1, 2학년은 기초 과정을 그리고 3, 4학년은 심화 과정을 배치하게 된다. 연극 연출론은 심화 과정에 속하는 과목이다.

　이수 과목 축소와 함께 수정된 커리큘럼에서 연극 연출론은 2학년 2학기에 배정되었다. 이것은 3학년 1학기에 참여하는 전국 규모의 '젊은 연극제'를 대비하기 위한 의도이다. 1994년 중앙대, 동국대, 한양대, 청주대, 서울예술대를 중심으로 시작한 '젊은 연극제'는 연극 전공 학생들의 연극 축제였다. 현재는 약 50여 개 연극 관련 학과가 참여하는 전국 규모의 연극 전공 학생들의 연극 축제로 성장했다. 호서대에서 연극 연출론을 2학년 2학기에 배정한 이유는 3학년 1학기 때 참여하는 이 '젊은 연극제'의 연출자를 육성하기 위한 의도도 있다.

고, 고학년을 캐스팅할 경우엔 연출로서의 권위를 내세우기 어렵지만 배우가 연기 경력이 있어 자연스러운 장면을 만드는 데 용이하다는 장점이 있다. 어떤 배우에게 부탁할지는 연출에게 전적으로 달려있다.

2) 발표할 장면을 골라라

연출을 맡아 공연하게 될 장면을 고르는 것은 매우 중요하다. 실험극이어선 안 되고, 이야기가 잔잔한 작품이어도 안 된다. 사실주의 계열의 극적(dramatic)인 장면을 선택하고 그중에서도 우리가 익숙히 알고 있는 장면의 절정 부분(climax)을 선택하는 것이 좋다.[2]

3) 덧마루(flatform), 계단(step), 벽(flat)은 반드시 만들어라

어떤 장소에서 장면 발표를 하든지 배우가 공연을 하는 무대와 관객들이 공연을 보는 객석 사이에 경계를 주는 것이 좋다.

4) 인원이 3~5명이 나오는 작품을 선택하라
(1~2명 또는 너무 많은 등장인물이 나오는 장면을 고르지 말라)

1명 또는 2명만 나오는 작품을 하다 보면 한 배우는 관객들에게 등을 보

---

[2] 발표 장면으로 사실주의 스타일의 화술 연극, 특히 극적 구조를 갖는 작품을 고르는 것이 좋다는 조언은 연출의 기본 작업 중 행동선 그리기 작업 때문이다. 실험극이나 갈등이 분명하지 않은 잔잔한 부분의 장면은 초보 연출가들에게 행동선 그리는 작업이 어렵기 때문이다.
　　연출론 수업이 아니라 실제 연출가의 작업을 위해 작품을 선택하려면 고려해야 할 사항이 많다. 우선 제작에 참여하는 배역과 배역진의 질과 양, 제작비의 규모, 공연할 극장/무대의 형태, 작품의 극중 계절과 공연할 때의 계절, 연습 시간의 양, 주제의 적합성 등 작품 선정은 연출 작업의 성패에 결정적 영향을 끼친다. 현장에서 흔히 하는 말로 '좋은 작품을 선택하고 좋은 배우를 배역 선정하면' 연출 작업은 대부분 성공적으로 끝난다는 말은 사실일 것이다.

일 수밖에 없는 경우가 생긴다. 그리고 행동선을 만드는 다양한 방법을 실험할 기회를 갖기 어렵다. 너무 많은 인원이 나오는 장면은 초보 연출가가 질서 있고 자연스러운 무대그림(동작선)을 만들어내기에 너무 어렵다. 또 제한 시간 내에 완벽한 장면을 만들어내기 힘들 수 있다. 따라서 무대 구성에서 가장 빈번하게 사용되는 삼각형이나 오각형 구도를 그릴 수 있는 3~5명이 적합하다.

5) 작품이 중복되어도 상관없다

한 작품을 여러 명의 연출이 선택하였다 하더라도 장면은 연출 방법에 따라 다르게 표현되기 때문에 중복되어도 상관없다.

6) 10~15분 정도의 시간 내에서 장면을 선택한다

장면 발표는 학기 말에 전체 수강생들과 함께하기 때문에 한 사람이 긴 시간을 독점할 수 없다. 따라서 연출은 자신의 최대 역량을 발휘할 수 있도록 정해진 시간에 맞춰서 작품을 연출할 수 있어야 한다.

7) 장면 발표는 학기 말에 시행한다

연극학과의 경우 교과목 중에 연극 제작 실습 과목이 있어서 연출론 장면 발표를 위해 따로 시간을 내기가 어렵다. 따라서 장면 발표는 각 학년의 제작 실습 공연이 모두 끝난 뒤에 하는 것이 좋다. 그리고 발표는 하루에 모두 볼 수 있도록 해야 한다. 제비를 뽑아 순서를 정하고, 점심시간도 따로 정해 함께 밥을 먹으면서 발표한다.

8) 연출 혼자서 작품 연구, 연습, 작품 읽기(reading), 행동선 그리기(블로

킹 blocking), 이어 연습하기(런 스루 run through), 최종 리허설, 의상, 분장 등을 생각하고 책임진다.

9) 연출은 수업 일지와 연출 일지 모두 작성한다.

2. 작업 일지(연출 노트, 파일, 프롬프트북promptbook, Regie-Buch)3)

1) 표지
작품명, 담당 교수님, 이름, 출연 배우 등을 기재한다.

2) 비상 연락망
연출은 연출 노트를 작성하라.

3) 목차
파일의 내용을 순서에 따라 제목을 적어 정리한다.

---

3) 파일 안에는 연출가의 연출 일지, 조연출의 작업 일지, 수강생의 수업 일지 등이 모두 포함된다. 필자의 연출론 수업은 수강생들에게 연극 연출에 필요한 지식과 기술을 가르치는 목적 외에 매일 규칙적으로 파일을 작성하는, 일종의 공부하는 습관을 만들어주기 위해 매일 파일을 작성하게 한다. 따라서 수강생은 수업 중에는 수업 일지를, 연출가로서 장면 연출을 위해서는 연출 일지를, 그리고 배우들과 함께 장면을 만들 때는 작업 일지를 작성해야 한다. 따라서 수업 일지는 10주 차의 수업 내용을, 그리고 작업 일지는 5주 차의 작업 내용을, 마지막으로 연출 일지는 장면 연출을 위해 고민한 내용이 자유롭게 작성된다.
promptbook는 조연출이 작성하는 작업 일지이며, Regie-Buch는 '연출 노트'의 독일어 용어다. 본 수업에서 수강생들은 혼자 이 모든 것을 작성해야 하기 때문에 용어를 혼용하였다.

4) 작품 선정 이유

선정한 작품을 선택한 자신의 동기, 주제 등을 설명한다.

5) 작품 관련 자료

언제 공연되었는지, 어디서 누가 이 작품을 연기했는지 등등의 자료를 찾을 수 있는 만큼 부지런하게 찾아라.

6) 선택 작품의 전체 줄거리

플롯(plot)과 스토리(story)의 차이: 인과관계가 얽혀있으면 플롯이 된다. 없는 것은 스토리.

7) 무대 콘셉트(concept)
(연출이 작품을 바라보는 나름의 시각, 가치판단, 공연 의도)

· genre   ─   희극이냐 비극이냐   ─   연극의 종류
· style   ─   표현주의냐 사실주의냐   ─   공연의 종류

※ 구분해서 생각해놓자. 무대 위에 이 2가지가 표현될 수 있어야 한다.

8) 작업 일정표(연습 일정표, rehearsal schedule)

· cast 매일
· staff 일주일에 2번(주말에 한 번, 평일에 한 번)
· deadline을 만들어서 작성하라.
· 하루를 2일처럼 사용하라.

※ 스태프 회의를 두어서 스태프들이 얼마나 준비하고 있는지 확인해야 한다. 준비할 수 있는 시간을 주고, 다음 회의 시간까지 모두에게 보여 줄 수 있어야 한다.

※ 연출과의 조직적 관계는 수직적이어서는 안 된다. 연출과 배우, 스태프들은 위계적 폭력이 아니라, 합의와 타협으로 작업하는, 그래서 각자 맡은 곳에서 최선을 다하는 수평적 관계를 만들어야 한다.

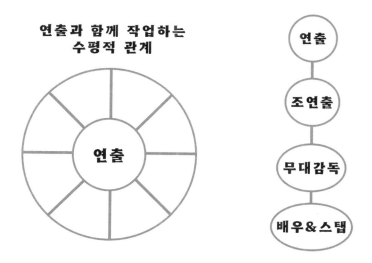

그림 1-1. 연출이 맺는 수평적 관계와 수직적 관계

9) Scene 선택 이유 + 전체 장면과의 관계

· FS(french scene) 등장인물의 등·퇴장을 통해서 장면을 나눈다.

· MU(motivational unit) 해석을 전제로 장면을 나눔으로써 동기를 찾는 것이 무엇보다 중요하다.

10) 오디션

· **공고문** 어디서, 무엇을 가지고, 어떻게, 얼마나, 연습했는지를 일정 기간 게시판에 제시하고 파일에 첨부한다.
· **오디션 카드** 인적 사항, 연락처, 시간표 및 스케줄, 인물 선정 이유, 희망 사항 그리고 경력 사항(작품, 교육 경력, 병력 사항, 특기사항) 등을 기재한다.
· **대사(cuttings)** 오디션용 대사들을 모아서 작업 일지에 첨부한다.

11) 대본

발표할 때 쓴 10분에서 15분 내외의 공연 대본만 첨부한다.

12) 연출 일지

연출이 개인적으로 작품을 연구하고 고민한 것들을 적는 것이 연출 일지이다. 이 일지는 많으면 많을수록 좋다. 그만큼 깊게 작품을 생각했다는 뜻이다. 그러나 사고력을 증진시키는 데 이 일을 해야 한다. 절대로 양을 늘리기 위해서 억지로 쓰면 안 된다. 여기서 사고는 '생각'과는 다르다. 사고(思考)란 일관된 생각을 가지고 진지하게 고민하는 것을 말한다.

13) 작업(연습) 일지

배우들의 연습이 이루어진 날에 작성해야 한다. 연습 당일 무엇을 얼마나, 어떻게 연습했는지에 대하여 쓴다.

14) 수업 일지

교수의 수업 내용을 일지 형식으로 매주 작성한다. 이 수업 일지는 연출 일지를 작성하거나 작업(연습)할 때 불분명하거나 모르는 상황을 타개하기 위해 제일 먼저 참고할 수 있다.

15) 각종 자료

배우들이 직접 쓴 캐릭터 분석표와 연출이 생각하는 분석표, 블로킹 (blocking)이 그려진 동선표, 작품과 관련된 논문들, 장면 분석표와 초목표, 장면에 나타나는 여러 리듬을 표로 작성하여 첨부한다.

16) 과제(서평, 연극 공연 평)

공연 평은 글자 크기 10포인트, A4 1장 규격으로 딱 쓸 것만 간단하게 쓴다. 꼭 연극이나 뮤지컬이 아니어도 된다. 미술관, 음악회, 사진 전시회 등 무엇이든지 좋다.

3. 연출과 연극

연출이 무엇인가를 알기 전에 연극이 무엇인지에 대해 생각해보자. 연극이라는 단어는 100년 전만 해도 우리나라에 없던 단어다. 이 단어는 19세기 말 우리나라에 들어오게 된 그때 당시의 '신조어'다. 그 이전에는 굿, 짓거리, 연희, 가무, 악무와 같은 말들이 요즘 우리가 연극이라 생각하는 단어들을 표현해주었다. 그러다 서양과 중국을 통해 연극이 들어오면서 대사를 입힌 행위들이 들어오게 되었고, 그것들이 위에 말한 단어들과 비슷한 형태를 보여 오늘날의 '연극'이라는 단어가 생기게 되었다.

연극의 유래는 동양 연극과 서양 연극으로 나눠서 생각해 볼 수 있다. 먼저 서양 연극은 'drama(드라마)', 'theatre(시어터)' 이렇게 두 가지로 나뉜다.

drama는 'dran'이라는 그리스어에서 나왔다. 그 뜻은 'to act, to do, something done(행해진 어떤 것)'이다. theatre는 그리스어 'theatron(to see, 보다)'에서 나왔다. 따라서 작은 의미로 드라마는 희곡을, 그리고 theatre는 극장을 의미하지만 크게는 모두 연극을 지칭하는 단어로 사용된다.

동양 연극에서 '희곡'이라는 단어는 '잡희가곡(雜戲歌曲)'이라는 단어에서 나왔다. 다른 말로 '백희(百戲)'라고도 쓰였다. 옛날 사람들은 10, 100, 10000 같은 완성수를 사용해 왔기 때문에 '무궁한 작품'이라는 뜻으로 '백희'라는 단어를 사용한 것이다. 일본의 '가부키' 또한 가무기(歌舞伎, 노래, 춤, 연기)에서 유래된 말이다.

아리스토텔레스(Aristoteles, B.C. 384 ~ B.C. 322)의 『시학』으로 우리는 예술론, 예술 철학, 미학 등을 연구할 수 있게 되었다. 아리스토텔레스가 말하기를 연극은 '행동의 모방(imitation of action)'이라 하였다. 왜 representation(재현) expression(표현)이 있음에도 불구하고 군이 '모방'이라는 단어를 택하였을까? 그 이유는 사람들은 모방을 즐거워하고, 모방하는 것을 보는 것 역시 좋아하기 때문이다. 또 아리스토텔레스는 '아무리 아름답지 못한 것들도 모방해 놓으면 아름다워 보인다'라고 말했을 정도로 모방을 긍정적으로 바라보았다.

또한 행동(action)은 그러한 과정을 말한다. 따라서 행동의 모방은 '일정 기간의 과정에서 그려지는 것들을 따라 한다'라는 뜻이 될 수 있다.

플라톤(Platon, B.C. 427 ~ B.C. 347)은 철인 국가를 만들고 싶었다. 여기서 '철인'은 '철학자'를 뜻하는 것으로 플라톤은 철인, 즉 철학자가 다스리는 이상 국가를 건설하는 것이 목표였다. 그러나 플라톤은 모방을 잘하는 극작가(시인)들은 철인 국가에 걸맞지 않는다고 판단하였다.

왜냐하면 우리가 사는 현실은 이데아(idea)에 존재하는 '실제'를 모방하여 만든 결과이기 때문이다. 그렇다면 시를 포함한 모든 예술은 현실을 다시 모방한, 즉 모방을 거듭하여 나온 것이기 때문에 진리(원본)에서 그만큼 많이 떨어져 있는 것으로 보았다. 그리하여 플라톤은 철인국가에서 시인들과 극작가들은 추방하기를 원했다. 이것이 그 유명한 플라톤의 '시인 추방론'이다.

연극의 기원을 보여주는 것은 모방론뿐만이 아니다. 가장 많이 논의되는 것은 '제사(제의)'에서 연극이 나왔다는 '제의기원설'이다. 행태적 유사성과 함께 배우와 사제(무당)을 동일시하면서 나온 기원설이다. 또 이야기에서 연극이 나왔을 수도 있고, 춤을 추는 과정에서 연극이 나왔을 수도 있다. 20세기에 접어들면서 연극은 판타지(fantasy)나 픽션(fiction) 등 허구의 세계에서 나왔다고 설명되기도 한다. 아리스토텔레스의 시학에 의하면 비극은 디오니소스신을 찬양하는 디튀람보스에서 탄생했다.[4]

---

4) 디튀람보스(dithyrambos)는 비극적 요소를 포함한 종합적인 종교의식의 한 부분으로, 포도주와 연극의 신인 디오니소스를 찬양하는 일종의 디오니소스 찬가이다. 이 노래는 지휘자의 지휘에 따른 합창단의 노래로 이루어지는데, 이때 극적인 동작(연기)들이 나오기도 한다. 아리스토텔레스는 비극이 바로 이 디튀람보스에서 비롯되었다고 본다. 이상섭, 『아리스토텔레스의 『시학』 연구』(서울: 문학과지성사, 2002), 18, 33쪽 참조.

연극에 필요한 4대 요소는 '희곡(작품)', '배우', '관객', '무대'이다. 이는 연극을 공부하는 사람이라면 누구든지 알고 있는 상식 중 하나다. 그런데 20세기 후반에 들어오면서 이 네 가지가 절대 불가결한 관계라는 점이 모호해진다. 꼭 네 가지가 다 있어야 할 이유는 없다.[5]

정해진 작품 없이 연극을 할 수도 있고, 정해진 무대 없이도 공연을 할 수 있다. 하지만 배우(행하는 자)와 관객(보는 자)은 꼭 있어야 한다. 이렇게 두 가지만으로도 충분히 연극은 만들어질 수 있다.

지식을 주는 책이 있고, 지혜를 주는 책이 있다. 대표적으로 브룩 (Peter Brook, 1925~2022)의 『빈 공간(The Empty space)』이 지혜를 주는 책이라 볼 수 있다. 책에서는 이렇게 말한다. "빈 공간이 있고 누군가가 그 공간을 바라보고 있다. 그러다 그 공간에 누군가가 지나가면 그 공간은 무대가 되고 지나간 자는 배우, 본 자는 관객이 되어 결국 연극이 된다."[6]

따라서 연출은 '연기란 무엇인가'에 대한 고민을 작게 혹은 크게 해봐야 한다. 우리가 대학교 4학년쯤 되면 연극과 관련된 기술과 지식은 어느

---

5) 사실 연극의 3대 요소인 희곡, 관객, 배우는 요즈음에 무대, 관객, 배우로 바뀌었다. 이는 서구 연극의 중심 흐름이 희곡에서 무대로, 즉 아르토(Antonin Artaud, 1896~1948)가 말한 것처럼 비언어적 무대 표현이 훨씬 더 강조되는 시대의 변화를 드러낸다. 희곡, 관객, 무대, 배우의 4요소가 중요한 전통적인 연극은 피터 브룩의 '빈 공간(the empty space)', 즉 '어떤 빈 공간을 지나가는 사람과 그것을 바라보는 사람이 있다면 그것은 이미 연극이다' 라는 연극 정의/개념의 확대에서 이미 변화의 길목에 서게 된다.

6) 피터 브룩이 말한 빈 공간의 연극성에 대한 원문은 다음과 같다. "아무것도 없는 어떤 빈 공간을 가상하고 그것을 빈 무대라 불러보기로 하자. 어떤 이가 이 빈 공간을 가로지르고 또 다른 누군가가 그것을 지켜보고 있다면 이것만으로도 하나의 연극 행위로서의 구성 요건은 충분하다." 피터 브룩(김선 옮김), 『빈 공간』(서울: 청하, 1989), 11쪽. (본고에서 '빈 공간'은 비어있는 장소를 지칭하는 용어로, 그리고 '빈 공간'은 피터 브룩의 새로운 연극에 대한 확장된 개념으로 사용되었다.)

정도 충분히 쌓여있을 것이다. 그 뒤 사회에서 얻어내야 하는 것이 경력과 아이디어, 그리고 지혜이다.

우리는 빈 공간 위에 무대를 짓고, 그 무대를 쓰러뜨려 다시 빈 공간을 만든다. 이것은 연극을 하는 사람들에겐 순환의 반복과도 같다. 이러한 진리를 통해서 꼭 작품이 없어도, 무대가 없어도, 즉 배우와 관객만 있다면 연극은 계속 우리 삶에서 하나의 자극으로 자리할 수 있을 것이다.

지식과 지혜는 다르다. 불교에서는 명상과 깨달음을 통해 지혜를 얻는다고 말한다. 이렇게 스스로 지혜를 얻는 것을 '자성불(自性佛)'이라고 한다. 이 자성불을 방해하는 세 가지 독(毒) 즉, 탐(貪, 탐욕), 진(瞋, 성질), 치(痴, 어리석음)를 이겨낸다면 우리는 구하는 것을 얻어낼 수 있다.

호서대에서는 〈뒷꿈치〉라는 창작 공연을 한 적이 있다.[7] 〈지하철 연극〉[8]을 통해 비난과 칭찬을 동시에 듣게 된 우리는 오히려 황색 언론에 대해서, 개인에 대한 우리 사회의 폭력에 관한 이야기를 하고 싶었다. 노숙자, 동성연애자와 같은 사람들은 그들이 게으르고 유전적이라서 그런 것일까? 아니다. 사회가 그렇게 만든 것이다. 호서대는 이러한 상황과 사회적 폭력을 이야기하고 싶었다.

---

7) 2006년 3학년 1학기 연극 제작 실습 작품(연출: 박현철, 지도 교수: 김대현).
8) 2006년 2월 10일 지하철 5호선 안에서 공연된 〈지하철 결혼식〉(연출: 신진우, 지도 교수: 안치운)을 말한다. 당시 보도에는 필자가 지도 교수로 나왔지만 지하철 결혼식 퍼포먼스는 안치운 교수의 가르침에 부응한 학생들의 자발적인 실험 퍼포먼스였다. 관련 동영상은 다음을 참고하라. https://news.sbs.co.kr/news/endPage.do?news_id=N1000077541.

우리가 연극을 하는 이유는 무엇인가. 우선 우리는 우리를 알아주기 원하는 인정욕구/인지욕구가 있기 때문에 연극을 한다. 하지만 진짜 연극을 하는 이유는. 그리고 예술을 하는 이유는, 예술이 그리고 연극이 내가 살아가던 삶의 차원에서 나 자신을 한 차원 더 고양(level-up)시켜 주기 때문임을 잊지 말자. 그렇기 때문에 우리는 연극을 한다. 내가 인정받고 싶으면 먼저 남을 섬기고 인정할 수 있어야 한다. 내가 그렇게 한다면 분명 상대방도 나를 인정해줄 것이다. 연출은 이러한 정답을 정확하게 알고 있어야 하고, 그것을 지키려고 노력해야 한다.

고양시키기 위해서 연극은 개연성(그럴듯함)이 있어야 한다. 그렇지 않으면 믿음이 생기지 않고, 감동이 오지 않는다. 간혹 보면, 관객들은 연극을 보면서 진실(fact)과 허구(fiction)가 혼동되기도 한다.

Reality in a daily life

Reality on the stage

일상에서의 리얼리티와 무대에서의 리얼리티는 다르다. 그러나 우리는 무대에서의 리얼리티를 진실이라고 상상한다. 그리고 이 상상을 믿는다. 이것이 연극이다. 관객이 무대 위 상황을 진실처럼 믿고 '이런 일은 우리에게 일어날 수 있을 것이다'라고 생각하게 되면 우리 삶의 차원은 고양될 수 있다. 그러기 위해선 웃음이든, 울음이든, 분노든 결국에는 예술적 감동이 있어야 한다는 것을 명심하자.

우리에게 미래는 없다. 과거 또한 없다. 현재를 어떻게 사느냐에 따라 다가오는 미래가 달라진다. 현재에 따라 과거 역시 다시 재조정된다.

따라서 현재는 과거와 미래의 또 다른 얼굴이다.

따라서 연극 연습하는 그 순간순간이 행복해야 한다. 미래의 행복을 위해 현재는 불행하게 살자는 것은 말이 안 되는 이야기다. 오늘이 의미 있고 중요하다. 오늘이 행복하면 내일도 행복해질 것이고 미래도 행복해질 것이다. 지금부터 우리는 연극을 위해 그리고 우리 자신을 위해 행복해야 한다.

연극은 같이 만들어 나가는 것이다. 서로 얼굴을 붉히고, 폭언하고, 싸우고 다투는 상황에서는 좋은 연극이 탄생하지 않는다. 나와 함께 연극을 해주는 이들에게 감사함을 표하자. 연극이라는 힘든 길을 함께 걸어가는 친구(道伴)에게 친절히 대하자. 사랑하자.

과 제

1. 프롬프트 북 제작을 위해 개인별 바인더 북 마련하기
2. 표지 및 목차 정리하여 바인더 북에 끼우기
3. 수업 일지[9] 작성하기

---

9) '수업 일지'는 프롬프트 북에 해당되는 것은 아니지만 학습 효과를 위해 수업 내용을 정리해서 바인더 북에 채워 넣도록 하였다. 이 수업 일지는 후에 학생들 스스로 장면 연출 실습을 할 때 조언자 역할을 하게 된다.

두 번째 수업*

▼

작품 선정을 위한
희곡의 구조와 연출의 이해

연극 제작 실습을 하든지, 연출론을 하든지 '연극이 무엇인지'를 이해하는 것이 무엇보다 중요하다. 과거에는 연극의 4대 요소(희곡, 배우, 관객, 무대)[1]가 충족되어야 비로소 연극이라고 이야기했지만, - 지난번에 말

---

* 둘째 주의 수업은 1. 과제 검사 2. 수업 진행 3. 과제 부여의 순서로 진행된다. 즉 수업은 과제와 함께 진행되기 때문에 수강생들은 매주 2회 이상의 연출론 수업을 위한 시간을 할애해야 한다. 이것은 학생들에게 규칙적으로, 자기 주도적으로 공부할 수 있는 습관을 만들어주려는 연출론 수업의 부가적 목적을 충족한다.

1) 연극의 4대 요소가 아니라 3대 요소를 가리면 재미있는 토론이 생긴다. 즉 과거에 연극의 3대 요소는 희곡, 관객, 배우였다. 그런데 현재 연극을 배우는 학생들은 연극의 3대 요소를 배우, 관객, 무대로 이해한다. 이것은 현대 연극이 희곡의 존재와 등장인물의 체현을 중심으로 하는 서구 연극에서 현장의 퍼포먼스를 중시하는 것으로 그 경향과 흐름이 바뀌었다는 것을 의미한다. 그런데 학교 현장에서는 아직도/여전히 희곡의 중요성을 강조하는 분위기가 존재해서 일부 혼란이 생기기도 한다.

했을 때처럼 — 요즈음은 배우와 관객만 있어도 연극은 충분하다고 한다.

책은 많이 읽을수록 좋다. 책을 읽은 후 서평을 써서 연출 노트에 끼워 넣어보자. 분명 그 자료들은 나중에 연극 연출가에게 그리고 배우[2]에게 도움이 되는 귀한 자료가 될 것이다.

연극의 '극(劇)' 자를 파자해 보면 '호랑이와 돼지가 칼을 가지고 설친다'라는 해석이 가능하다. 이는 '현실에서는 말도 안 되는 것을 하고 있다'라는 뜻으로 영어로는 드라마(drama)라 한다.[3]

동양의 연극과 서양의 연극을 함께 알아 가는 것이 좋다. 우리는 특히 서양 연극의 영향을 많이 받고 있는데, 호서대학교 경우 서양 연극사 1, 2 / 한국 연극사 1, 2 / 동양 연극사 1, 2로 나누어 연극사(史)를 다양하게 배운다.[4] 연극사를 제대로 이해하면 연기, 연극, 연출의 의미와 기능을 알게 되어 훨씬 깊은 연기를 할 수 있다. 연출이 배우에게 무언가를 요구하려면 그만큼 연출도 아는 것이 많아야 한다. 다양한 공부는 연출뿐만 아니라 연기의 폭과 깊이를 새롭게 할 수 있는 좋은 기회가 될 것이다.

---

2) 연출론에서 연기에 관해 언급하는 것은 연출의 기능 속에 배우의 연기 지도라는 분야가 있기 때문이기도 하지만, 호서대학교 연극학과의 경우 수험생 및 재학생의 대부분이 배우 지망생이라는 특수 상황에 처해 있기 때문이다.

3) 〈첫 번째 수업. 오리엔테이션〉 "3. 연출과 연극" 참조. (21쪽 이하)

4) 2023학년도 현재 호서대 연극학과의 연극사 과목은 연극사 1, 연극사 2, 현대 연극 등의 세 과목으로 운영되고 있다. 우려되는 것은 연극사 과목의 축소가 동양 연극과 한국 연극에 대한 지식과 관심이 낮아지는 것이다. 서양, 특히 미국의 영향이 과도한 우리나라의 경우 연극은 대부분 서양의 화술 연극이 주류를 형성하고 있어서 한국의 전통극이나 동양의 전통 연희의 장점에 대한 강조가 부족한 것이 현실이다. 최소한 서양 편향성에 대한 비판적 시각이라도 가질 수 있게 교육해야 한다.

연극에 대한 이해를 깊게 하기 위해 '희곡'에 대해 알아보자.

아리스토텔레스(Aristoteles)의 『시학』은 제목이 '시학'이지만 비극의 탄생과 목적, 비극의 주요 특징을 서술한 일종의 '비극론'이다. 인류 최초의 비극론을 넘어 연극론 또는 예술론이자 미학서이기 때문에 연극을 제대로 알고 이해하고 싶다면 꼭 읽어보기를 바란다. 『시학』은 비극/연극에 필수적인 여섯 가지 요소[5]에 대해 특별히 언급한다.

1. 구성/사건/줄거리(plot)
2. 등장인물/성격(character)
3. 주제/사상(theme)
4. 언어(language)
5. 음악(music)
6. 장경/볼거리(spectacle)

이렇게 여섯 가지가 연극의 중요한 요소라고 하지만 희곡의 중요한 요소라고도 할 수 있다. 그래서 우리는 이 요소들을 가지고 연극을 비평할 수도 있고 정리할 수도 있다.

---

5) 이 여섯 요소는 각각 모방/재현의 대상[plot, character, theme], 모방/재현의 수단[language, music], 그리고 모방/재현의 방식[spectacle]으로 분류할 수 있다. 아리스토텔레스(김한식 옮김), 『시학』(서울: ㈜웅진싱크빅, 2010), 160쪽 이하 참조. 아리스토텔레스는 이 여섯 가지 요소 중 플롯을 제일 중요하게 여겼다. 그래서 플롯을 '비극의 혼(essence of tragedy)'이라고 표현했다. 그다음으로 character가 중요하고 이후는 순서에 따라 중요성을 역설했다. 아이러니한 것은, 현대까지의 연극의 흐름은 오히려 spectacle을 강조하는 것으로 바뀌었다는 것이다. 플롯이 중요한 고대의 비극은 운명 비극, character가 중요한 비극은 성격 비극, 그리고 spectacle이 중요한 오늘날의 연극은 performance로 확장되었다.

1. 구성/사건/줄거리(plot)

플롯의 첫 번째 의미는 **구성/구조**이다. 구성(plot)이란 '이 작품은 어떤 구조를 가지고 있느냐'에 대한 것이다. 플롯은 인과(因果)의 관계로 연결되어 있는 것으로, 스토리의 개념과는 다르다. 작가의 입장에서 제일 먼저 고려해야 할 것 또한 바로 플롯이다. 어떤 짜임새로 갈 것인가가 중요하기 때문에 작품을 보든 희곡을 보든 플롯을 가장 먼저 고민하고 생각해 봐야 한다. 플롯에는 여러 종류가 나눠 볼 수 있는데 그중 대표적인 것은 다음과 같다.

1) 극적 구조(dramatic plot)
2) 서사 구조(episodic plot)
3) 상황 구조(situational plot)[6]

1) 극적 구조(dramatic plot)

극적 구조는 '닫힌 구조'나 '폐쇄 구조'라고도 할 수 있는데, 우리가 쉽게 아는 극적 구성(발단 - 전개 - 위기 - 절정 - 결말)을 가지고 있고, 원인과 결과가 강하게 묶여있는 구조다. 마치 사슬처럼 서로 연결되어 있고 겹쳐 있어서, 모든 사건과 행동의 원인은 그 앞에 나온 상황/장면의 대사나 행동을 통해 알 수 있다.

작품을 보다 보면 결과까지 예측할 수 있고 또 예견되어 있으며 결과가 변하지 않는 양상을 띠고 있기에 '사슬 구조'라 하기도 한다.[7]

---

6) 일부 연구자들은 '극적 구조(dramatic plot/structure)'를 상위 개념으로 두고 그 밑에 다시 clamatic plot, episodic plot, circular plot 등으로 구분하기도 한다. Mira Felner(최재오·이강임 등 옮김), 『공연예술산책』(서울: 시그마프레스, 2014), 51쪽 이하 참조.

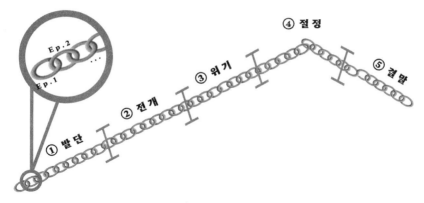

그림 2-1. 극적 구조

드라마틱 플롯에서 가장 중요한 것은 갈등(conflct)이다. 모든 소설과 희곡에는 인간 욕망과 갈등에 관한 이야기이다. 욕망과 갈등에 대해서도 이해해야 한다. 그 욕망과 갈등을 더 알아야 하고 더 중요해야 한다. 욕구에는 다음과 같은 종류가 있다.[8]

---

7) 이 구조는 '정점(climax)'을 중심으로 짜인 것이어서 '클라이맥스 구조(climactic structure)'라고도 불린다.

8) 인간의 욕망 또는 욕구를 이해하기 위해서 매슬로우(Abrahan Maslow)의 '인간 욕구 5단계설'과 라캉(Jaques Lacan)의 '욕망 이론'을 참고할 수 있다. 매슬로우 욕구 이론의 핵심은, 인간의 욕구에는 우선순위가 있어 단계가 구분된다는 것이다. 특히 매슬로우는 상위 단계의 욕구는 하위 단계의 욕구가 충족된 이후에야 충족 욕구가 생긴다는 것이다. 그의 이론에 따르면 가장 하위 단계의 욕구는 생리적 욕구이다. 두 번째는 안전 욕구, 세 번째는 소속과 애정 욕구, 네 번째는 존경 욕구 그리고 다섯 번째는 자아실현 욕구이다(김주호, 용호성, 『예술경영』(서울: 김영사, 2002), 111쪽 이하 참조). 프로이트의 영향을 받은 라캉은 자신의 욕망 이론에서, 인간의 욕망은 기본적으로 충족될 수 없는 '부재의 존재'로 본다. 따라서 충족될 수 없는 욕망은 더 강력한 악순환의 고리를 만들어 인간 욕망의 언저리를 맴돌기 때문에 인간은 이 충족되지 않는 욕망으로 고통받게 된다고 한다. 자크 라캉(민승기·이미선·권택영 옮김), 『욕망 이론』(서울: 문예출판사, 1994), 11쪽 이하 참조.

- 인정욕구(인지욕구) 다른 사람이 나를 알아봐 주길 바라는 욕구
- 기본욕구 의(衣), 식(食), 주(住), 성(性)
- 사회적 욕구
- 모험 욕구
- 보호·안정 욕구

갈등은 욕망과 연결되어 있다. 갈등은 하나의 목표를 향한 두 욕망의 충돌이자 정당성을 가진 두 집단이 싸움이다. 우리는 흔히 짜장면과 짬뽕 중 무엇을 먹을까 고민한다. 욕망이 서로 대립하고 갈등하는 것이다. 그럼 짬짜면을 먹으면 어떤가. 오히려 맛이 별로 없다. 그 이유는 갈등이 전혀 없었고, 욕망이 채워져 버렸기 때문이다.[9] 비어있는 게 더욱 강력할 때가 있다. 즉 희곡의 모든 장치는 작가가 고민하다가 선택한 부분들로 '동기와 목표'[10]가 분명하다.

need(욕구), demand(요구), desire(욕망)

라캉(J. Lacan, 1902~1981)은 무의식 속에 자리한 근원적인 충족 충동을 일단 '욕구'로 정의한다. 이 욕구는 '요구'라는 형태로, 즉 언어로 발화되는데, 이때 욕구 중 요구에 포함되지 못하고 밑으로 떨어지는 것을 욕망으로 정의한다. 욕구(need)는 프로이트(Sigmund Freud, 1856~1939)가 말한 무의식 속에 존재하는 적나라한 성적 충동이다. 따라서 욕구는 언어로 발화하여 요구할 때 욕구가 가진 모든 충동과 성적 에너지를 다 표현하지

---

9) 라캉에 의하면 '충족된 욕망은 환멸을 낳는다'.
10) '동기와 목표'는 행동을 촉발하는 힘이라는 동일성을 갖지만, 동기는 출발점으로 그리고 목표는 지향점으로 작용한다는 차이가 있다.

못하게 된다. 결과적으로 '욕구>요구'라는 부등호가 형성된다. 우리가 요구(demand)하는 것에 포함되지 않은 욕구(need)의 잔존물은 필연적으로 무한한 충동과 성적 에너지를 가질 수밖에 없다. 이것이 욕망이다.

현대 사회의 문제는 '욕망은 충족되지 않는다'는 그의 이론에 어느 정도 부합하는 측면을 보인다. 즉 현대인들은 충족되지 않는 욕망을 끝없이 갈망하면서 욕망의 악순환 속으로 뛰어드는 삶을 계속한다. 욕망이 가진 무한한 힘은 여기에서 비롯한다.

영어 단어 〈want〉는 '원하다'라는 동사의 뜻을 가지고 있지만 명사로는 '결핍'이라는 뜻을 가진다. 욕망은 이 결핍(want)으로부터 나온다. 내가 지금 원하고 있는 것들은 지금 내게 결핍된 것이고 그래서 내 욕망은 이 결핍을 충족하기 위한 당장의 절대적 필요가 된다.

고대 그리스에서 근대에 이르기까지 서구인들의 세계관에는 맨 위에 신이 있고 그 밑에 교황이 있고 그 밑에 사제가 있고 왕, 귀족, 기사, 서민, 노예가 있는 거대한 질서에 따라 존재한다(Great chain of Being).[11] 셰익스피어의 〈맥베스〉에 나오는 '왕위 찬탈' 소재는, 이러한 질서의 파괴를 의미하고, 따라서 작품 속에 나타나는 천재지변은 질서 파괴의 당연한 증거가 된다. 극적 구조는 이러한 세계관의 반영으로 이해할 수 있다.

---

11) 존재의 대 사슬: 철학사에 있어서 신플라톤주의는 모든 실재가 신으로부터 발생되어서 궁극적으로는 다시 신에게로 되돌아가는 '존재의 거대한 고리'라는 개념을 갖고 있었다. 이 '존재의 거대한 고리'는 고리에 포함된 모든 요소가 서로 다른 각각의 독특한 서열을 갖고 계층적으로 이루어져 있다고 생각하는 개념이다. (https://search.naver.com/search.naver?where=nexearch&sm=top_sug.pre&fbm=0&acr=1&acq=great+chain&qdt=0&ie=utf8&query=Great+chain+of+being)

2) 서사 구조(episodic plot)

서사 구조는 극 속 사건들이 느슨한 형태로 연결되어 있어서 결과보다는 과정이 중요시되는 구성이다. 대신 이 구성을 사용하면 하나하나의 장면이 중요한 요소로 작용하고, 그 에피소드들은 극의 진행에 따라 느슨하게 연결된다. 중세 연극이나 셰익스피어의 연극에서 볼 수 있는 구성이다. 현대에 들어서면 브레히트(Bertolt Brecht, 1898~1956)의 '서사극[12]'을 대표적인 '서사 구조'로 들 수 있다.

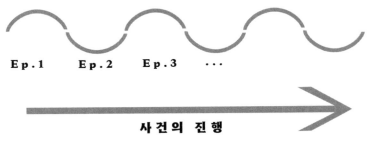

Ep.1   Ep.2   Ep.3   ...

사 건 의 진 행

그림 2-2. 서사 구조

헤겔(Georg Wilhelm Friedrich Hegel, 1770~1831)은 〈유물 변증법〉즉, '모든 사물은 정(正) - 반(反) - 합(合)의 진행에 따라 변한다'고 주장한다. 이론에 의하면 세상의 모든 것은 고정불변의 것이 아니라 변하고 또 변한다는 것이다. 이러한 유물 변증법에 영향을 받은 브레히트는 '당신이 변해야 하는가? 아니면 세상이 변해야 하는가?'라는 도전적인 명제로 연극

---

12) 용어로서의 '서사극'은 사실 브레히트가 만족한 용어는 아니었다. 브레히트는 자신의 경력 전 과정을 거쳐 끊임없이 자신의 연극을 재명명했다. '과학 시대의 연극' 그리고 최종적인 '변증법적 연극'이 바로 그 예이다. 이는 유물 변증론자로서 브레히트를 대변하는 또 다른 예이기도 하다. 하지만 아이러니하게도 그의 연극을 지칭하는 데 '서사극'이라는 용어가 가장 보편적으로 사용되고 있다.

을 통한 사회 변혁을 꿈꾼다. 브레히트는 특히 '사람들은 잘 알고 있다고 생각하는 것을 제대로 알지 못한다'라고 말한다. 따라서 제대로 알기 위해서는 기존에 잘 알고 있다는 것을 털어버리고 대상을 새롭게 봐야 하는데 브레히트는 이것을 '소외 효과', '이화 효과' 또는 '낯설게 하기'라 표현했다. 브레히트의 서사극에서 '낯설게 하기'는 사물/대상을 제대로 이해하기 위해 기존에 익숙하게 알고 있는 인식을 털어버리는 기법으로 사용된다. 일종의 '흔들기'이다.

극적 구조가 관객의 감정 이입과 동일시를 전제로 극 속으로 몰입을 강제한다면 서사극은 객관적 관찰자로 만든다. 관객들의 인식 변화와 사회 변혁을 위한 동력을 얻기 위해 비판적 시각을 갖게 하고 싶었던 브레히트에게 가장 적합한 구조가 바로 서사 구조이다.

3) 상황 구조(situational plot)

상황 구조는 상황이 꼬리에 꼬리를 무는 형태의 플롯을 말한다.13) 사무엘 베케트의 작품 〈고도를 기다리며〉를 보면, 이야기가 고도를 기다리면서 상황이 시작하고, 고도를 기다리며 상황이 끝이 난다. 외젠느 이오네스코의 〈코뿔소〉에서도 마지막은 첫 장면과 유사하게 끝맺음한다. 즉 이러한 구조의 희곡은 극의 내용보다는 상황 자체에서 드러나는 부조리한 함의에 주목해야 한다. 이것이 상황 구조의 핵심이다. 대부분 부조리 작가들이 많이 사용한다.14)

---

13) 이런 이유로 순환 구조(circular structure/plot)라고도 한다.
14) 극적 구조와 서사 구조가 결과를 향해 나아가는 것에 비해 상황 구조는 종종 작품의 시작과 결말이 서로 연결, 반복되어 순환하는 모습을 보인다. 이 때문에 상황 구조를 '순환 구조(circular structure)'라고도 부른다.

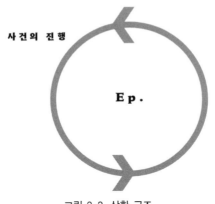

그림 2-3. 상황 구조

이 외에도 소위 **"연속 구조**(serial structure/plot)"를 들 수 있다. 연속구조는 주로 버라이어티 쇼의 콩트, 보드빌 등 대중적인 오락물의 구조에 사용된다. 장면들은 하나의 주제/상황 아래서 다양한 장면들을 보여주는 구조이다. 여러 상황에서는 각 장면들이 각자 완결된 형태를 갖는다.[15]

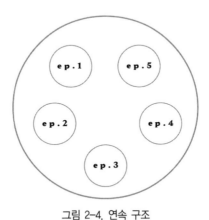

그림 2-4. 연속 구조

---

15) Mira Felner, 같은 책, 57쪽 이하 참조.

이 세(네) 개가 대부분의 희곡에서 볼 수 있는 구조이다. 구조를 알면, 작품을 좀 더 깊이 있게 이해할 수 있다. 그중 드라마틱 플롯은 가장 오랫동안 그리고 다양한 변형과 함께 사용된다. 특히 오늘날 극적 구조의 변형인 '잘 짜인 극(well made play)'은 극적 긴장이 강화된 형태의 구조로 텔레비전 드라마에서 발견할 수 있다.

플롯의 두 번째 의미는 '**일정한 길이의 사건의 연속**', 즉 줄거리이다. 아리스토텔레스가 "비극은 행동의 모방"이라고 했을 때 이 행동은 배우의 움직임을 의미하는 것이 아니라 "시작과 중간과 끝이 있는, 일정한 길이의 이야기/사건"을 의미한다. 즉 아리스토텔레스가 의미하는 모방의 대상은 단순히 어떤 사람의 움직임(행동)을 모방하는 것이 아니라 시작과 중간과 끝이 있는, 일정한 길이의 사건/줄거리를 모방하는 것이다.16)

아리스토텔레스는 비극의 6가지 요소 중 플롯을 '비극의 혼'이라고 부를 정도로 중요하게 생각했다. 특히 플롯의 진행 중 '발견과 급전'을 좋은 구성의 필수 요소로 언급했다. 플롯에 '발견과 급전'이 있느냐 없느냐에 따라 '단일 구성'과 '복합/이중 구성'으로 구분하기도 했다.

---

16) 비극이 '행동의 모방(imitation of action)'이라는 아리스토텔레스의 정의는 수 세기를 거치면서 다양한 문제를 제기한다. 주로 '행동'이라는 단어와 '모방'이라는 단어에서 파생된 문제들은 오늘날 대부분 정리가 되었다. '행동'을 배우의 행동/움직임으로 오해하여 시학을 연기술로 보아야 한다는 주장("나는 『시학』을 배우 기술로 본다. 시학에서 말하는 시인은 배우다. 비극의 시대 시인=배우인 것이다. 자주 등장하는 단어 행동자=모방자 역시 행동하는 사람(actor), 즉 배우를 의미한다", 오순환, 『시학&배우에 관한 역설』(서울: 도서출판 유아트, 2013), 19쪽 이하 참조)도 여전히 있으나 모방의 대상으로서의 행동이 단순한 움직임이 아닌 것은 분명하다. '모방'의 경우에는, 모방을 단순한 '따라 하기'로 이해하기보다는 「표현(expression)」 혹은 「실제화(idealization)」"(아리스토텔레스(김재홍 옮김, 『시학』(서울: 고려대학교 출판부, 1998), 39쪽)로 보거나 '재현'("우리는 미메시스라는 낱말을 '재현'으로 옮긴다"(아리스토텔레스(김한식 옮김), 『시학』(서울: ㈜웅진싱크빅, 2010), 52쪽)으로 보는 입장들로 정리된다.

2. 등장인물 / 성격(character)

캐릭터는 극중 인물 또는 그 인물이 가진 성격으로도 볼 수 있다. 한 작품 속에서 등장인물은 극의 진행에 따라 일관된 기질을 보일 수 있다. '성격은 운명이다'라는 셰익스피어의 말은 이런 의미로 해석할 수 있다. 또 한편으로 등장인물은 극중에서 자신에게 닥친 역경을 거치면서 성장, 발전할 수도 있다. 따라서 등장인물이 단일 인물인지 아니면 복합 인물인지는 등장인물의 변화를 면밀하게 살펴보아 판정해야 한다. 등장인물의 성격/기질은 다음과 같은 예시를 보면 쉽게 알 수 있다.

식탁 위에 컵이 있었는데, 그 컵 안에는 물이 반 정도가 담겨 있었다. 그때, A가 식탁에 다가와 물이 담긴 컵을 보고선 이렇게 말하였다.
"물이 반이나 남았네."
그리고 잠시 후, B가 와서 A와 마찬가지로 컵을 보았을 땐 이렇게 말하였다.
"물이 반밖에 안 남았네."

이렇게 하나의 사물을 가지고도 다양하게 생각하고 또 다양한 시선이 만들어진다. 이를 기질이라 볼 수 있다. 연출자 또한 개개인이 가지고 있는 기질에 따라 하나의 텍스트를 가지고서도 연극을 달리 만들어낼 수 있다.

3. 주제(theme)

주제는 사상(thoughts)으로 해석하기도 한다. 한 작품의 주제 또는 사상이다. 결국 작가가 그 작품을 통해 관객에게 하고 싶은 핵심적인 이야기이고, 연출자가 자신의 관객에게 자신의 해석을 더한 핵심적인 이야기이기도 하다.

따라서 주제는 단어로 이야기하면 안 된다. 주제는 타동사를 동반한 문장으로 써야 한다. 그래야 배우가 장면을 이해하고 능동적으로 움직일 수 있다.

앞으로 연출론을 공부하면서 연출가는 배우가 자신이 등장하기 전에 '나는 누군가?' '나는 여기서 무엇을 하려고 하는가?' '나는 왜 하려고 하는가?' '작품 속 관계는 어떻게 되는가?'를 생각하게 해야 한다는 사실을 명심하자. 작품 속에서는 우호적인 인물이 있고 반대되는 인물이 있다. 그리고 '어디로 등장해서, 어디로 가는가?'까지 생각해볼 수도 있게 해야 한다.

4. 언어(language)

언어는 말 또는 대사로 이해할 수 있다. 희곡이 드라마(drama) 즉 그리스어 'dran'에서 유래된 것을 보면 서양 연극은 희곡 중심, 그리고 언어 중심의 연극이 될 수밖에 없다. 사실주의 연극의 도래에서 완성된 재현주의 연극은 등장인물의 행동과 대사가 핵심이다. 스피치(speech), 딕션(diction)이라고 할 수 있다.

5. 음악(music)

연극에서 음악은 연극 안의 배경 음악만을 이야기하는 것이 아니다. 등장인물의 등·퇴장으로 인해 리듬과 템포가 변할 수 있고, 의상의 변화에 따라 극의 리듬이 달라질 수 있다. 또 장치의 변화와 조명의 변화 등 모든 변화가 가져오는 리듬과 템포의 변화가 '음악'이다. 따라서 단순한 멜로디를 의미하는 것을 넘어 그 작품이 갖는 총체적인 음악성을 음악으로 이해해야 한다. 부조리 연극에서 언어가 의미를 상실하자 오히려 그 언어가 갖는 음악성이 대두된 것은 언어에 의미뿐만 아니라 음악성도 갖고 있음을 명심해야 하는 한 예이다.

6. 장경 / 볼거리(spectacle)

단순히 말해 '볼거리'라고 할 수 있다. 주로 장치들과 배경 등을 말한다. 넓은 의미로 해석하면 작품/공연에 포함된 모든 시각적 요소를 지칭한다. 아리스토텔레스는 플롯이 가장 중요하고―그는 플롯을 '(비)극의 혼(essence of tragedy)'이라고 말했다―밑으로 갈수록 그 중요성이 약하다고 했다. 이렇게 보면 스펙터클(spectacle)은 비극의 6요소 중 가장 중요하지 않은 요소가 된다. 그러나 현재 21세기는 스펙터클을 중시하는 경향을 보인다. 브로드웨이의 뮤지컬을 보면 '코러스 걸'들이 그 스펙터클을 대신한다. 춤추고 노래하기 때문에 화려한 조명과 큰 무대장치가 없어도 관객에게 굉장한 볼거리를 제공한다. 대학로에 나가 봐도 스펙터클 위주의 공연이 많이 나오고 있다.

이 여섯 가지 요소가 합쳐져서 연극이라는 하나의 화학적 요소로서 자리매김해야 하는 것은 당연한 이치로 통한다. 따라서 연극은 '비빈 밥'이다. 비빌 밥을 비빈 밥으로 만드는 행위가 바로 연극 만들기다. 따로 떨어져 있는 요소들을 하나로 뭉쳐서 단일한/순수한 하나로 가야 하는 것이다.17)

다음으로 **연출**(演出), **연출가**(演出家)에 대해 이야기해보자.

먼저 연출은 행위로 그리고 연출가는 사람으로 전제하고 시작하자. 연출/연출가에 대한 자의적인 정의는 다음과 같다.

텍스트(text)라는 연못에 콘셉트(concept)라는 돌멩이를 던져, 거기서 나오는 파문을 질서 있게 예술적으로 표현하는 행위가 연출이고, 그 사람이 연출가다.

디렉션(direction)은 방향이라는 뜻이고 디렉터(director)는 감독 즉, 방향을 가리키는 자다. 그리스어로 didakalos는 'teacher' 즉, 가르쳐주고 믿음을 주어 따라오게 할 수 있는 자를 말한다.

연출은 배의 선장과도 같다. 선원들은 각자가 맡은 임무를 다해 출항하는 것이다. 서로 해야 할 일들은 정해져 있다. 그것들을 정해주고 제어하는 사람이 바로 연출이다.

---

17) 연극이 소위 '종합 예술'인지, 아니면 '단일 예술/순수 예술'인지에 관한 논란은 생크(Theodore Shank)에 의해 일단락된다. 그는 연극을 구성하는 문학적, 음악적, 건축적, 미술적 요소들이 각각의 예술을 물리적으로 결합한 것이 아니라 그것을 재료로 사용한 단일한 예술이 되어야 한다고 주장한다. 연극을 '비빈 밥'으로 표현한 것은 생크의 이러한 주장에 동의한 표현이다. 생크의 주장은 다음을 참조하라. Theodore Shank(김문환 옮김), 『연극미학』(서울: 서광사, 1986), 38쪽 이하 참조.

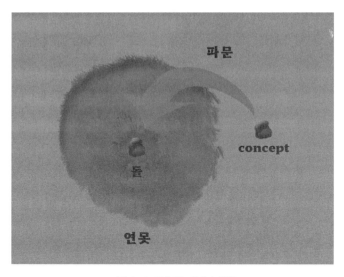

그림 2-5. 연출의 개념과 행위

만약 배가 나아가는 방향을 반(反) 하는 선원이 있다면 어떻게 해야할까? 첫 번째도 설득, 두 번째도 설득하는 것이 좋다. 그런데도 바뀌지 않는다면 그 선원을 끝까지 잡고 있으면 안 된다. 많이 배려하고, 많이 노력하는 것이 연출의 의무이다.

따라서 연출은 연극에 대해서 깊게 이해하는 눈을 가져야 하지만, 우리 삶을 재현하고 복사하는 것이 연극이기 때문에 우리 삶을 바라보는 깊이와 폭 역시 있어야 한다. 그런 깊이가 없다면 연출가는 칼을 가지고 팀원들을 대하게 된다. 권위주의의 함정에 빠지는 것이다.

작품의 진행이 등장인물들의 고립으로 끝이 나면 비극이고, 고립된 부분이 풀려 화해의 잔치로 끝나면 희극이다. 사무엘 베케트의 〈고도를 기다리며〉는 고립된 두 인물이 아우성을 치지만 아무 문제도 해결되지 못하고 끝이 난다. 작가는 이를 통해 우리 인생 자체가 비극이라는 것을 알려주는 것이다. 즉 '인생은 고통이다'라고 말한다. 하지만 나는 그렇게 생각하지 않는다. 행복이라는 것은 아드레날린이 분비되는, 감각적으로 쾌감을 느끼는 상태가 아니라 자신이 계획한 것들을 규칙적으로 실천해 나가는 것이라 생각한다. 아리스토텔레스의 말대로 '미덕에 일치하는 영혼의 활동'인 것이다. 따라서 행복해지기 위해서는 자기 삶의 구체적인 목표를 세우고 그 실천을 위한 의지를 날카롭게 다듬어야 한다. 우리가 매일매일 자신이 세운 목표를 따라서 살아간다면 비록 그 과정이 고통스럽더라도 우리 행동의 선택이 습관을 만들고, 그것이 미덕으로 연결되는 행복의 사다리는 타는 것이다. 아리스토텔레스의 『니코마코스 윤리학』 그리고 마이클 샌델의 『정의란 무엇인가』를 읽고 난 후 든 내 생각이다.

좋은 연출가, 훌륭한 연출은 우리 삶과 인간에 대한 깊은 통찰력을 가진 후에야 가능하다. 어떻게 노력해야 할까? 우선 밥 먹을 시간 없이 책을 읽어라.

연출가는 창조적 예술가인가, 해석적 예술가인가?

물론 두 부류 모두 창조적 행위에 속한다. 화가는 새로운 그림을 그리고 작가는 새로운 글을 쓴다. 이들은 창조적 예술가이다. 그러나 연출가는 이미 만들어진 작품(text)에 자신의 콘셉트로 연극을 만든다. 따라서 연출가는 해석적 예술가 쪽이 더 옳다.

합의하고 약속하는 일이 말은 쉽고 실천은 어렵다. 우리 인생에서 쉽게 할 수 있는 일들은 정답이 아니다. 정답은 어려운 곳에 있다. 그리고 약속을 제대로 지키지 못하는 사람이 생길 확률도 있다. 연출가는 그래서 항상 최선, 차선, 최악을 대비하고 있어야 한다. 모든 대비가 되어있는 상태라면 연출가가 겁낼 것은 없다.

무대 위에서 공연되는 작품은 몇 번의 변모를 겪을까? 작가는 작품을 완성한 후에 작품을 세상 밖으로 보낸다. 연출이 작품(text)을 통해 의도하고자 할 콘셉트(concept)를 말하면 무대(stage) 위에서 연기자(actor)와 디자이너(designer)들이 공연(play)을 만들고 그렇게 만든 공연을 관객이 보는데, 관객마다 공연을 보면서 하게 되는 생각들 또한 각양각색이다.

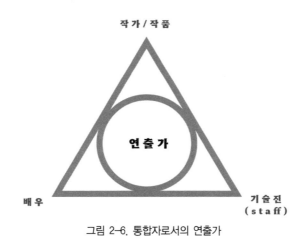

그림 2-6. 통합자로서의 연출가

따라서 연출가는 공연을 완성하는 모든 협력 예술가의 조정자, 통합자의 역할을 한다. 수직적 조작이 아닌 수평적 운영으로 연극 만들기에 참여하는 모든 구성원이 평등하게 토론하고 합의하고 마음을 맞춰야 한다. 연극 만들기의 각 분야는 각각의 담당자와 그에 따른 권한과 책임이 주어진다. 수직적으로 일을 행하려 하지 말고 수평적으로 해나가라.

배우는 네 가지의 얼굴을 가지고 있다. 첫째 자신의 얼굴, 둘째 캐릭터로서의 얼굴, 셋째 사회적 얼굴, 넷째 관객과의 관계 속에서 얼굴이다. 연출이 아무리 자기가 원하는 대로 관객들에게 보여주고 싶어도 수용하는 건 관객들의 몫이다. 독자나 관객들이 어떻게 받아들이느냐에 대한 문제이다. 모든 예술 작품이 작가의 의도대로 관객/독자/청중에게 받아들여지는 것은 아니다.

공연을 볼 때 프로그램 북을 먼저 사서 보는 경향이 있다. 하지만 그건 잘못된 일이다. 연출의 의도에 따라 내용을 이해하려고 하지 말고 자기 입장에서 자신의 시각으로 연극을 보아야 한다. 그 이후에 연출자의 의도와 작품을 파악하고 비교해보는 것이 낫다.

연출의 역사

극장 안에서 연출이나 연출가의 기능을 하는 사람은 언제 나타나게 됐을까? 괴테(Johann Wolfgang von Goethe, 1749~1832)가 작품 전체의 리딩과 간단한 블로킹을 시도하기는 했지만, 현대적 의미의 연출가는 19세기 말~20세기 초에 작스 마이닝겐 극단(Saxe-Meiningen Company)에서 연출했던 〈게오르그 2세(Georg II)〉가 시초다. 이 극단은 군중 장면으로 유명한 극단이다. 1870년부터 1890년까지 이 극단의 유럽 순회공연은 새로운 연극(사실주의 연극)의 도래와 연출가의 등장에 심대한 영향을 끼쳤다.[18]

---

18) 마이닝겐 극단의 유럽 순회공연은 각 나라의 연극인들을 자극하여 당시의 대중 연극에서 탈피한 새로운 연극을 시도하게 만들었다. 예를 들면 프랑스의 앙드레 앙투안(Andre Antoine)의 자유 극장(Theatre Libre, 1887), 독일의 오토 브람(Otto Brahm)의 자유 무대(Die Freie Buhne, 1889), 영국의 그레인(J. T. Grein)의 독립 극장(The Independent Theatre, 1891), 러시아의 스타니슬랍스키(K. S. Stanislawsky)와 단첸코(V. N. Danchenko)

특히 군중 장면에서의 앙상블은 이전의 스타 시스템을 대체하는 혁명적인 무대그림을 만들었다.

이 시기에 연출가가 등장할 수밖에 없었던 변화가 일어난다.

첫 번째로, 사실주의 연극은 "무대 위에 실제 생활과 같은 모습을 만들자(a slice of life)" 해서 나오게 되었다.

두 번째로, 이 당시 소극장 운동이 일어나 소극장이 많이 생기게 되는데, 극장의 규모가 작아서 관객들은 배우의 눈썹까지도 보일 정도로 가까이 있었다. 그렇기 때문에 더욱더 연극을 완벽히 할 수밖에 없었다.

세 번째로, 역사적 고증으로 시대물의 배경을 정확하게 재현하는 것을 원했다.

네 번째로, 앙상블 연기가 나오기 시작했다. 스타 시스템에서 주인공 배우는 거지 역할을 해도 비단옷을 입고 언제나 스포트라이트를 받았고, 등·퇴장에서 우선권을 받았다. 하지만 앙상블 연기는 전체의 조화가 중요하다. 그래서 무대에서 등을 보이는 행위까지도 허락이 되었다. 대사가 많은 주연이든 조연, 단역이든 장면 전체의 앙상블이 중요했다. 이 모든 것을 전체적으로 책임지는 사람이 필요했다. 그래서 연출가가 생기기 시작한 것이다.

또한 조명의 변화에서 연출가의 시초가 보이기도 하였다. 셰익스피어 시대에는 언어로 조명 효과를 언급하기도 했다. 극장이 실내로 들어온 이후에는 주로 촛불을 조명으로 이용하였으나, 시간이 흘러 가스 조명을

의 모스크바 예술 극장(Moscow Art Theatre, 1898) 등이 있다. 이들은 마이닝엔 극단의 새로운 장면, 특히 군중 장면에 영감을 받아 이전 시대와는 다른 '앙상블(ensemble)' 연기를 선보이기 시작했고 이것은 연극에서 연출의 기능과 역할을 강조하는 결과를 낳았다. 사실주의 연극과 사실적 연기는 바로 이들로부터 시작했다고 할 수 있다.

거쳐 전기 조명을 사용하는 시기가 되었다. 따라서 배경 앞에서 연기하던 배우는 무대 전체를 움직이는 동작선에 따라 환경 속으로 들어가야 했다. 그 시기가 연출가가 등장하던 시기와 맞닿았던 것이다. 무대 동작선의 폭 넓은 활용, 전기 조명의 등장, 앙상블 시스템의 사용, 소극장에서의 사실적 연기 등등, 통합적·총체적 책임자로서 연출가에 대한 요구가 등장한 것이다.

리샤르트 바그너(Richard Wagner)는 '총체 연극(total theatre)'19) 개념으로, 에드워드 고든 크레이그(Edward Gordon Craig)는 '초인형(super-marionette)'으로, 그리고 아돌프 아피아(Adolphe Appia)는 총체적인 '조명 디자인'으로 공연 예술에서 개별적 요소들을 하나로 통합해야 한다고 주장했다. 연극의 모든 요소를 총체적으로 바라볼 수 있는 사람이 있어야 한다는 생각이 연출가가 등장하게 되는 계기를 만들어 준 것이다.

19세기 이전에 이런 연출가는 없었지만 이런 기능을 담당한 사람이 있었다. 그러나 그때 연출가들이 한 일은 언제 배우가 등장하고 퇴장할 지를 정하고, 무대 인사를 하는 것뿐이었다. 그리스·로마 시대에는 행정관과 후원자가 연출가의 기능을 했다. 중세 시대에는 야외극 책임자(pagent manager)가 배우의 움직임을 지시하고 공연을 담당했다. 셰익스피어 시대에는 나이 든 배우가, 낭만주의 시대 연극은 배우 겸 매니저(actor-manager)가 연출의 기능을 담당했다.

결국 연출가는 권한을 행사하는 사람이 아니라 책임을 지는 사람이다. 따라서 연출가는 협력 예술가들에게 무력으로, 강압적인 영향을 끼쳐서는 안 된다. 물론 협력 예술가들이 연출가를 지나치게 맹종해서도 안

---

19) 독일어로는 'Gesamtkunstwerk', 즉 종합 예술 또는 총체 연극이다. 음악가로서 바그너는 공연 예술의 모든 요소를 음악을 중심으로 통합하자고 주장했다.

된다. 약속과 합의, 논리와 형식이 훨씬 더 중요하다.

　연출이라는 행위는 첫 번째로 작가와 작품에 대해 책임져야 한다. 작품이 희극이든 비극이든 연출가의 연출 행위는 진지한 것이어야 한다. 두 번째는 배우와 스태프, 디자이너들에 대한 책임이다. 봉사하고 헌신하는 사람이 되어야지, 약속을 어기고 게으름을 피우는 연출이 되어선 안 된다. 연출은 고통을 갖는 만큼 성장한다. 인간은 고통 덕분에 성장한다.

과잉 연출 vs. 과소 연출

과잉 연출은 연극 만들기의 모든 과정을 연출가가 미세한 부분까지, 지나칠 정도로 통제하려는 연출이다. 이것은 초보 연출가들에게서 많이 볼 수 있다. 연출을 처음 하다 보니 의욕에 넘쳐 욕심을 많이 부리는 것이다. 이에 반해 과소 연출은 마땅히 해야 할 일마저도 제대로 하지 않는 연출을 말한다.

　연기를 처음 하는 배우라면 사소한 것까지 다 만져주는 과잉 연출이 더 나을 수도 있다. 하지만 자발성과 적극성이 부족해질 것이다. 반면에 연기 경험이 많은 배우라면 자유롭게 움직이게 해주는 과소 연출이 맞을 수 있다. 하지만 그에 따르는 단점도 있다.[20]

---

20) 실제로 배우의 걸음걸이 숫자, 고개 돌리는 각도까지 지정하는 연출가도 있고, 배우들을 무대 위에 풀어놓고 '움직여 보세요' 하고 방관하는 연출가도 있다. 과잉 연출과 과소 연출이 한 예이다.

1. 작품 선정하기: 학기 말에 발표할 장면을 위해 작품을 선택하기
- 작품 선택 후 발표할 장면을 고른다. 공연 시간을 10분 내외, 등장인물은 가능한 한 3명에서 5명을 넘지 않도록 한다.[21]
- 작품과 장면의 선택 이유를 글로 작성해 바인더 북에 남겨 놓는다.

2. 수업 일지 작성하기

---

21) 작품과 장면 선택의 전제는 '극적 구조'와 '프로시니엄 무대'이다. 극적 구조는 행동선을 만들 때 초보 연출가들이 비교적 쉽게 극적 행동을 발견할 수 있게 하기 위해서이다. 프로시니엄 무대를 전제한 것은 무대 구성의 기본 원칙들이 프로시니엄 무대를 전제하고 있는 것을 따른 것이다. 물론 이것은 제안일 뿐 학생 연출가들은 자신의 의사에 따라 자유롭게 작품과 장면을 선택해도 좋다.

세 번째 수업*

▼

연습 일정표 작성 및 오디션, 배역 선정

다들 작품은 마음에 드는 것으로 선택했니? 드라마틱 플롯을 가진 작품들 중에 절정 부분을 선택하라고 권했지만, 정말 해보고 싶은 작품이 있다면 부조리극이나, 현대 실험극 중에서 장면을 선택해도 된다. 결국 연출가에게 가장 중요한 것은 자신이 즐겁게 연출해보고 싶은 의욕이기 때문이다.

작품을 선정했으면 이제 구체적인 연습 일정을 짜보자.

---

* 수업은 과제 점검으로 시작한다. 연출론을 위해 학생들은 최소한 주 2회, 각각 2시간 정도의 시간을 할애해야 한다. 과제는 거의 매주 부여한다. 따라서 교수가 과제를 점검하는 것은 학생들의 노력과 성취를 점검하고 칭찬하는 것, 자기주도 학습을 연습하고 몸에 익히게 하려는 것에도 목적이 있다. 강의실(실습실)을 돌면서 학생들의 과제를 살펴보고 간단한 코멘트와 함께 교수의 확인 사인을 해준다. 아주 우수한 결과물에는 특별한 칭찬과 함께 가산점을 부여하고 전체에게 공시한다. 과제 점검에는 대략 15분 내외의 시간이 걸린다. 이번 수업은 첫 번째 과제인 작품 선정이 제대로 되어 있는지 점검하고 수업을 시작한다.

좋은 배우가 되기 위해서는 먼저 **대본 읽는 훈련을 해야 한다.** 다만 잊지 말아야 할 것은 소리를 입 밖으로 내는 훈련을 하라는 것이다.

대본을 읽을 때는 다음과 같은 세 가지 방법을 이용하기 바란다.

1) 읽어라

책 읽듯이 읽는다. 불필요하게 감정을 삽입하지 말고 천천히, 크게, 또박또박 읽는다.

2) 말해라(그냥 읽지 말고)

일상에서 말하듯이 대사를 말하려고 노력한다. 읽는 것과 말하는 것의 차이를 알도록 노력한다. 사전 준비 없이, 처음 받은 대본도 자연스럽게 말할 수 있을 때까지 훈련해야 한다.

3) 캐릭터로 말해라

물이 든 컵 속에 잉크를 넣는다고 상상하자. 그 물에 색깔이 있는 잉크를 넣으면 물은 당연히 잉크색에 따라 변할 것이다. 이것이 '캐릭터로 말한다'이다. '캐릭터로 말한다'라는 것은 성격만 첨가하는 것이 아니다. 말할 때의 상황이 들어가야 한다.

다음 상황을 짝지어서 그냥 읽어도 보고, 말로도 해보고, 캐릭터로도 말해 보아라.

(상황 예시) 아침에 일어난 두 부부의 대화
(1) 전날 밤 계속 싸우고, 아침에 딱 마주쳤을 때,
(2) 암 말기 환자인 아내가 밤새 자고 일어나는 모습을 보았을 때
(3) 신혼 첫날밤을 보내고 난 아침, 신부가 일어나는 것을 보았을 때

남편: 잘 잤어?
아내: 잘 잤어요.
남편: 몸은 좀 어때?
아내: 음~. 괜찮은 것 같아요.
남편: 아침은 뭘 먹을 거야?
아내: 오늘 꼭 출근해야 해요?
남편: 당신은 내가 출근하지 않았으면 좋겠어?
아내: 난 그저~. 그냥 당신 마음대로 했으면 좋겠어요.

캐릭터로 말하라는 것이 바로 이런 것이다. 꾸미지 않고 어떤 것을 집어넣느냐에 따라 모두 다르다. 대사는 어떤 상황과 성격을 거기에 집어넣느냐에 따라 달라진다. 잊지 말아야 할 것은, 어떤 상황에서도 나를 집어넣어야 한다는 것이다. 나를 제대로 알고 나를 그 안에 집어넣을 수 있느냐가 중요하다. 왜냐하면 연기의 출발점은 바로 '나 자신'이기 때문이다. 우리의 목소리도, 우리의 몸도 우리 자신이 잘 안다. 그러나 객관적인 모습은 남이 봐주어야 한다. 우리는 우리의 아름다운 모습만 보려고 한다. 모두 자기애를 가지고 있기 때문이다. 그래서 객관적으로 보기 어렵다.

그러나 배우는 제대로 출발하려면 자기 자신을 잘 알아야 하고, 자존심이, 자랑스러움이 있어야만 한다. 무대 위에서 자신 없는 배우는 보기 힘들다.

이러한 읽기 훈련은 매일 해야 한다.

신체 훈련을 매일 해라

근육질의 몸짱을 만들라는 것이 아니라, 신체적으로 움직이는 데 불편하지 않도록 몸을 자유자재로 쓸 수 있도록 유연한 몸을 만들어라. 하루를 정해진 신체 훈련으로 시작하면 하루 내내 마음가짐도 달라지게 만들 수 있다. 어떤 배우는 마음을 잡기 위해 3~4시간씩 걸은 적도 있다.

뮤지컬 배우가 되지 않더라도 발성 연습을 하는 것은 중요하다. 주변에 음대, 체대에 다니는 친구가 있다면 '연기를 가르쳐 주겠다'라고 하면서 서로의 재능을 나눠라.

연극 전공 서적을 읽어라

직접 경험이 제일 좋지만, 상황과 시간은 늘 한정적이고 부족하다. 어떻게 햄릿처럼 아버지가 숙부에 의해 죽고 어머니가 재혼하는 경우를 직접 체험해 볼 수 있겠는가? 실제로 겪기 힘든 일이 있다면 서적을 통해서 생각의 폭을 넓혀라. 배우라면 스타니슬랍스키의 책을 최소 3~4번은 읽어야 한다. 또 일주일에 최소 1권이라도 희곡을 읽어라.

목표를 세워라. 이번 여름 방학 동안 좋아하는 작가의 작품들을 모두 읽겠다든지, 좋아하는 장르를 모두 읽겠다든지 단기간, 장기간의 목표를 정하라.

장면 연습을 꾸준히 해라

연기는 혼자 할 수 없다(연기는 반응하는 것이다 acting is reacting). 우리나라의 연극학과 입시가 독백 연기 위주로 되어있어서, 대학에 진학한 후에도 독백으로 연기 연습을 계속하는 경우가 많다. 그러나 연기는, 대사는 주고받는 것이다. 또 연극은 대화로 이루어진 장면의 연속으로 이루어진다. 따라서 독백 연기 연습보다는 상대 배역과 함께 장면 연기 연습을 많이 해야 한다. 장면 연기를 통해 대사와 자극을 주고받는 훈련을 할 수 있다. 독백 연기의 단점은 배우의 대사와 의식이 내향적으로, 즉 배우의 의식 안으로 집중되는 경향이 생긴다는 것이다.[1] 배우 연기 훈련의 기초로써 독백 연기의 중요성을 폄하하는 것은 아니지만, 연극학과에 진학했다면 장면 연기가 좀 더 중요하다고 해야 할 것이다.

　　연기는 이론만 가지고 되지 않는다. 세계적인 피겨 스케이팅 선수 '김연아'는 일곱 살 때부터 스케이트를 탔고 10년 넘는 시간을 훈련에 투자하였다. 절대 기간을 짧게 보지 마라. 훈련을 싫어하지 마라. 희곡 읽기 싫어하고, 공부하기 싫어하고, 훈련하기 싫은 사람이 어떻게 배우가 될 수 있겠는가? 심지어 연기를 잘할 수 있겠는가?

　　우리가 정말 간절히 하고 싶고 절실한 것이 있다면, 노력하라. 정말로 배우가 되고 싶다면 위 4가지를 무조건 하라. 훈련하지 않으면, 공부하지 않으면 어떤 일이 벌어지겠나. 학교를 졸업하고 갈 데가 없다. 언제나 '오늘'이 중요하다.

---

1) 이런 스타일의 대표적인 것으로 '내면 연기'를 들 수 있다. 내면 연기는 "정서적 자극이 강렬한 극적 순간에 배우가 자신의 내면에 침잠하여 자신과 등장인물을 동일시하는 순간에 취하는 자세, 표현, 분위기"(김대현, 「내면 연기 연구」, 『연극교육연구』, 36(2020), 76쪽)일 뿐이다. 우리나라에서 '내면 연기'는 사실주의 스타일의 화술 연극인 소위 '정극'에서 가장 선호하는 연기이다. 50~60년대 한국 연극계의 주류로 활동하던 이해랑에 의해 뒷받침된 '내면 연기'는 그러나 상대 배역과 관객과의 교감과 교류가 단절된 내향적 연기일 뿐이다. 내면 연기와 정극에 대한 본격적인 연구는 다음을 참조하라. 안치운, 「내면연기란 무엇인가? 문학적 연극과 연기론의 반성」, 『연극제도와 연극읽기』(서울: 문학과지성사, 1996, 169~215쪽 참조); 김방옥, 「몸의 연기론」, I, II, 『한국연극학』, 15(2000), 19(2002); 김대현, 위의 논문; 김수린, 「한국 현대연극에서의 〈정극.연구〉─역사와 개념을 중심으로」, (호서대학교 석사 학위 논문, 2018).

연극은 어떻게 연출하느냐에 따라 다양하게 만들어질 수 있다. 나는 가장 기본적이고 가장 표준적인 방법을 『연극 만들기』 책에 서술하였다. **연극 만들기의 과정**은 연출가에 따라 달라질 수 있지만 다음과 같은 과정을 표준적인 방법으로 말할 수 있다.

1) 제작 전 단계(pre-production)
2) 제작 본 단계(main-production)
3) 제작 후 단계(post-production)

복잡한 이야기같이 보이지만 본격적인 작업을 위해 사전에 준비하여 실행하고, 제작 후에 정리와 평가를 포함한 뒤처리를 하는 식의 진행이다. 물론 연출가가 누구냐에 따라, 연출 과정이 어떻게 나오느냐에 따라 연습 과정이 달라질 수 있다. 그러나 내가 말한 것만이 정답은 아니다. 산을 오르는 길은 한 곳만 있는 것은 아니다. 이 점을 유의하라.
연출가가 해야 할 일은 다음과 같이 정리할 수 있다.

1) 작품 선정: 무대를 위한 희곡 고안하기
2) 콘셉트 결정: 연출적 비전 세우기
3) 무대 디자인: 시각적 세계 형성하기
4) 예산
5) 연습 일정(표) 작성
6) 연습 진행: 배우와 작업하기
7) 리허설 진행: 작품의 요소를 통합하기

1) ~ 5)는 제작 전 단계에서 하는 일이고, 6)은 제작 본 단계 그리고 7)은 제작 후 단계에 속한다. 먼저 제작 전 단계의 각 사항에 대해 생각해 보자.

1) 작품 선정

연출가는 자신이 깨달은 얘기, 그가 받은 충격을 보여줄 수 있는 작품을 골라야 한다. 관객들에게 자신이 느꼈던 감동을 그대로 생생하게 전달할 수 있기 때문이다. 유명 연출가 같은 경우는 이미 작품이 정해진 상태에서 연출을 해달라고 부탁을 받는 경우도 있다.

2) 콘셉트 결정

연출가로서 작품의 비전을 세우는 것은 결국 공연 작품의 장르와 스타일 (genre and style)을 결정하는 것과 같다. 한 작품을 비극이나 희극으로 또는 시대극으로, 부조리극으로 갈 것인가를 결정하고, 표현주의로 갈 것인지 사실주의로 갈 것인지 즉 스타일을 정해야 한다. 이것들의 결정에 따라 무대 디자인(stage design)이 나올 수 있다.

3) 무대 디자인

무대 디자인 자체는 디자이너의 작업 영역이지만 공연 작품의 시각적 세계를 형성하는 것은 연출가와 무대 디자이너의 협업을 통해 이루어진다. 따라서 연출가는 무대 디자이너의 입면도와 평면도(floor plan)의 결정에 의견을 개진할 필요가 있다. 왜냐하면 등장인물의 등장과 퇴장, 무대 안에서의 움직임 즉 블로킹은 모두 무대의 등·퇴장로와 가구 배치 등에 크게 영향을 받기 때문이다. 평면도는 실측하고 축척을 통해서 작게 그리는 것을 말한다. 이 축척은 모눈종이에 비율을 정하여 그려야 한다.

무대 디자인은 무대 디자이너가 하지만 무대의 콘셉트는 연출가와 함께해야 한다. 디자이너의 콘셉트와 연출의 콘셉트가 다르면, 서로에게 이득이 되고 작품 제작이 올바른 방향으로 나갈 방법을 마련해야 한다. 그것은 함께 생각해온 것을 말하고 공유하고, 나누고, 요구하는 것이다. 서로 대화하면서 결정해야 한다.

우리가 살아갈 때도 일방적인 대화는 있을 수 없다. 한쪽만 계속 의견을 말한다면 그것은 토론이나 협업이 아니라 명령과 지시에 불과하다. 서로에게 좋을 것이 없다.

4) 예산

예산에 관한 사항은 직업 극단의 경우 연출가가 개입할 수 있는 범위가 제한적이다. 기획 전문가와 재정 전문가에 의해 예산이 세워지고 집행되기 때문이다. 다만 학교에서의 무대 제작 실습인 경우 연출가는 정해진 예산이 각 항목에 맞게, 적절한 비율2)대로 그리고 반드시 올바르고 정직하게 사용되도록 힘써야 한다.

5) 연습 일정(표) 작성

연습 일정(표)은 연출이 직접 짜야 한다. 하루의 연습 시간은 최소 4시간에서 최대 5시간을 넘지 않도록 한다. 무대 제작(work-call), 무대 셋업

---

2) 예를 들어 총 200만 원의 예산 중 무대 제작비로 150만 원을 쓰는 것은 적절하지 않다. 왜냐하면 연극 제작 실습에 참여하는 학생 대부분이 장래에 배우가 될 것을 희망하기 때문에 무대 제작과 조명 디자인, 의상 제작, 기획 비용 등에 골고루 분배되어 제작 실습 과목의 의의, 즉 제작 전 과정을 익히는 경험을 쌓아야 하기 때문이다. 각 항목의 적절한 분배는 이것을 의미한다.

(setup), 테크니컬 리허설과 같이 많은 시간이 집중적으로 필요한 일정은 특별한 날에 횟수를 정해 짠다.[3]

일정표는 포스트 프로덕션부터 일정을 배정해 짠다. 즉 뒤에서부터 시작한다. 이것은 메인 프로덕션의 특정 기간에 지나치게 시간을 뺏겨 정작 다듬기와 리허설 등과 같이 작품의 전체적인 리듬과 템포를 결정하는 연습을 소홀히 하지 않기 위해서 하는 일종의 요령이다.

연습 일정(표)은 먼저 거시적으로 짜고 그다음 미시적으로 짠다. 거시적으로 짜는 것은 프리 프로덕션과 캐스팅, 블로킹, 런 스루, 폴리싱, 리허설, 공연 그리고 스트라이크와 강평회까지 굵직하게 한눈에 볼 수 있도록 짜는 것이다. 이것을 통해 연출가는 작품의 완성도와 연습의 진행을 한눈에 파악할 수 있게 된다.

리허설은 드레스 리허설과 테크니컬 리허설 각각 3번씩(총 6번) 해야 한다. 꼭 6번을 해야 한다. 강평회는 반드시 있어야 한다. 무엇이 부족하고 무엇이 잘 되었는지 배우들과 꼭 나누어야 한다.

표 3-1. 거시적 연습 일정표 ①

---

3) 호서대학교 연극학과의 경우 밤샘 연습은 한 작품당 세 번으로 제한하고 있다. 이는 각각 무대 셋업과 테크니컬 리허설을 위한 것이다. 무대 제작(work-call)은 주말 낮 시간을 이용해 실시한다. 무분별한 밤샘 연습으로 인해 다음날 수업에 지장을 주는 것을 피하기 위해서이다. 지나친 밤샘 연습의 남발은 다음날 다른 수업에 결석하거나 참석하더라도 조는 것을 피할 수 없게 한다. 연극학과에서 모든 과목은 동등한 중요성을 가진다.

블로킹(blocking), 런 스루(run through), 폴리싱(polishing)은 완성된 장면들을 모아서 겹치게 짜는 것이 좋다.[4] 즉 블로킹과 런 스루, 폴리싱은 각각 순차적으로 하는 것이 아니라 완성된 작은 장면 몇 개를 모아서 런 스루를 하고, 완성된 작은 단위의 런 스루를 모아 폴리싱을 하면서 연습의 마지막 단계에서는 점차 폴리싱, 즉 전체적인 다듬기에 집중하라는 것이다.

표 3-2. 거시적 연습 일정표 ②

미시적으로 짜는 것은 각 파트의 해야 할 일을 달력으로 만들어 매일 매일 구체적인 작업 내용을 기록하고 그 진행을 점검하는 것이다. 어떤 날 무엇을 할지 구체적으로 정해야 한다. 배우와 스태프 일정표를 같이 적어도 된다.

	1	2	3	4	5	6	7	기타
배우				→				→
기획				→				
의상								
조명					→			
분장							→	
무대								
…						→		

표 3-3. 미시적 연습 일정표

---

4) 거시적 연습 일정표 ①과 ②를 비교해서 보라. ①은 제작 본 단계의 순서를 중심으로 설명한 그림이고 ②는 실제 중첩하여 연습을 진행하는 형태를 중심으로 설명한 그림이다.

일정표는 수시로 변경될 수 있다. 예상보다 일정이 일찍 끝나는 때가 있을 것이다. 그 시간을 허비하지 말고 뒤에 하려고 준비해 놓았던 일정들을 앞으로 당겨서 행한다. 그것 또한 작성해 놓아라. 강평회 때 무엇이 잘못되어서 일정이 변경되었는지 알 수 있고, 다음 공연 때는 똑같은 실수를 하지 않을 것이다. 실수가 반복되어선 안 된다. 변화나 발전이 반복되어야 한다. 절대 싸워선 안 된다. 서로 이야기해야 한다. 연극 만들기는 협업의 예술이고 연출가는 그것을 이끄는 지도자가 되어야 한다. 잘 되지 않으면 논의하고 풀어야 한다.

연습 일정을 정할 때 한 가지 필수적인 조언이 있다. 그것은 일정을 연극 만들기 과정의 뒤쪽부터 짜라는 것이다. 즉 스트라이크와 강평일을 먼저 정하고 그다음 기술 총연습과 전체 총연습을 정하는 방식으로 일정을 짜는 것이다. 이것은 연출가와 제작진의 에너지가 연습 초기의 대본 읽기에 지나치게 집중되는 것을 방지하는 효과가 있다. 중·고등학교나 아마추어 극단의 경우 대본 읽기와 작품 분석에 연습 대부분의 시간을 쓴 나머지 겨우 행동선만 만들어 공연하는 경우가 많다. 그렇게 되면 이어 연습하기와 다듬기 등 작품의 전체적인 흐름과 세밀한 묘사를 하는 과정을 짧은 시간에 형식적으로 할 수밖에 없다. 이런 경우 공연의 성공을 장담할 수 없다.

6) 연습 진행

사실 연출가의 작업 중 가장 중요한 부분이기도 하다. 추상적인 부분에서는 연출가의 비전과 콘셉트가 중요하다고 할지라도 실제 작업 기간 중 가장 많은 시간을 보내는 것이 바로 배우와 작업을 하는 시간이다.

배우와의 작업은 상호 존중의 분위기 안에서 해야 한다. 즉 수평적인 질서 속에서 서로 토론을 통해 가장 적절한 결론을 도출하기 위해 모여 연습한다. 따라서 연출가와 배우는 각각 자신들이 개별적으로 해야 할 일5)을 모두 마친 뒤 연습실에 모여 이견을 조정하고 합의를 도출해 장면을 완성해야 한다. 생산적인 연습은 성취감을 주고 다음 연습에 대해 기대하게 한다. 반대로 위압적이고 소모적인 연습을 연습에 나쁜 긴장감만을 조성할 뿐 장면 완성에 결코 도움이 되지 않는다.

7) 리허설 진행

연출가의 작업 중 최종적인 단계는 공연의 모든 요소, 즉 배우와 조명, 의상, 음향과 음악, 장면 전환 등의 모든 부분을 전체적인 시각에서 총체적으로 다듬는 것이다. 이것은 종합 예술로서의 연극이 단일 예술로 변환하는 중요한 작업이기도 하다.6) 따라서 이 단계에서 연출가는 마치 음악 콘서트에서 지휘자와 같은 역할을 하게 된다. 연출가는 특히 작품 전체의 리듬과 템포에 집중해야 한다. 리샤르트 바그너의 말처럼, 모든 예술의 최종적인 목표는 리듬의 창조에 있기 때문이다.

그렇다면 구체적으로 연습 일정(표)을 짤 때 작업의 기초가 되는 것은 무엇인가?

---

5) 배우는 연출가의 인형이 아니다. 행동선 그리기(블로킹)의 경우, 연출가의 일방적인 지시에 따라 움직이는 배우들도 있다. 이것은 바람직하지 않다. 연출가는 자신의 의도에 따라 장면의 그림을 완성해 연습장에 오고, 배우 역시 자신의 행동을 상상해 연습장에 와야 한다. 서로 이견이 있으면 토론을 통해 조정하면 된다. 배우가 자신의 행동, 움직임, 대사를 연구하지 않고 연습장에 온다면 그것은 예술가가 아니라 인형이다.

6) 연극을 구성하는 모든 요소, 즉 배우와 의상, 조명, 무대, 희곡, 음악 등은 물리적 결합이 아니라 화학적 결합을 통해 단일물로 변해야 한다.

1. 작업의 기초 단위(작품의 분할)

집을 지을 때 벽돌을 한 장씩 쌓아 올리는 것처럼 작품[7] 연습도 부분 연습에서 시작한다. 따라서 연습 일정(표)에서 가장 중요한 것들은 연습의 가장 작은 단위가 되도록 작품의 장면을 나누는 것이다. 장면을 나누는 것은 두 가지 방법이 있다. 프렌치 신으로 나누는 것과 동기 단위(motivational unit)로 나누는 것이 바로 그것이다.

1) 프렌치 신(French Scene, FS)[8]

등장인물이 등장하고 퇴장한 것을 한 장면으로 잡는다. 작가는 불필요한 사람을 등장시키거나 퇴장시키지 않는다. 엄격하게 말하면, 모든 인물의 등·퇴장은 장면의 의미를 변화시킨다. 따라서 장면 안에서 등장인물의 변화가 없는 것을 한 단위로 보는 것이다. 물론 경우에 따라 프렌치 신의 범위가 너무 작으면 몇 개의 프렌치 신을 하나의 작업 단위로 삼아도 된다. 프렌치 신을 나누는 것은 장면의 의미를 정확하게 파악하는 것에 있지만 결과적으로 연습 일정의 편의를 위한 것이기도 하다.

등장인물의 등·퇴장에 따라 프렌치 신을 만들어라. 이렇게 단위를 나누어보면 연습에 등장하는 인물들만 연습에 참여할 수 있는 이점이 있다. 그래서 런 스루로 들어가기 전에는 배우들이 다른 일을 할 수 있다.[9]

---

7) 공연 대본: 제작 전 단계에 나오는 대본은 다양한 단어가 있지만 보통 스크립트(script)라는 단어를 많이 쓴다. 요즘 공연은 2시간이 넘게 상연이 된다. 공연도 굴곡을 가지고 있다. 한 편의 연극도 긴장과 이완(tension & relax)을 가지고 있다.

8) 프렌치 신의 유래는 프랑스 신고전주의 드라마이다. 규칙의 엄격한 고수를 중요하게 생각했던 당시의 드라마는 등장인물의 등·퇴장을 엄격하게 통제했고, 결과적으로 한 인물의 등장과 퇴장은 장면의 변화를 가져왔다. 현대에 이르러 장면 분할의 방법으로 프렌치 신이 활용되는 것은 바로 여기에서 유래한다.

프렌치 신은 장면의 가장 작은 단위기 때문에 좀 더 큰 단위인 시퀀 스로 묶고 그다음엔 장과 막으로 묶어서 효율적으로 연습한다.

2) 동기 단위(motivational unit, MU)

한 장면 안에서의 동기에 따라 장면을 나누는 것을 의미한다. 모든 장면 은 고유의 목적이 있다. 이 목적은 각 장면에 등장하는 인물들의 욕망과 그 욕망의 충돌, 즉 갈등을 통해 충족된다. 한 장면에서 그 장면의 목적과 갈등을 파악하는 것은 매우 중요하다. 그리고 쉽지 않다. 따라서 연출 초 보자들이 작품을 동기 단위에 따라 나누는 일은 쉽지 않다. 많은 공부와 노력 그리고 실제 연출 경험이 쌓여야 동기 단위에 의한 연습을 할 수 있 을 것이다.

연출은 갈등(conflict)을 알아보는 눈이 있어야 한다. 갈등은 흔히 말 하는 선과 악의 갈등만을 의미하지 않는다. 세련된 작품일수록 그 안에서의 갈등은 '정당한 두 욕망의 충돌'에서 비롯된다. 세상을 많이 경험하거나 경륜이 있는 사람들처럼 연출가는 갈등을 명확하게 읽어낼 수 있어야 한 다. 마음이 흘러가는 것을 볼 수 있어야 연출의 시각이 생긴다. 바로 그 마음이 '동기'이다. 왜 흘러가는지 이유와 원인이 '동기'인 것이다.

일상생활에서는 동기 없는 우연한 행동들이 나타날 수 있다. 그래서 가장 잔인한 걸 '우연'이라고 하고 한계 상황이라고도 한다. 이성적으로 이해하기도 힘들고 갑작스럽게 나타나는 현상 '우연', 동기가 닿질 않는 우 연들이 일상엔 있을 수 있지만 희곡에서는 그럴 수 없다. 작품은 작가가

---

9) 모든 연습 날에 전체 배우가 모이는 것은 비효율적이다. 작품의 전체 리딩이나 리허설 같 은 연습에는 당연히 모든 배우가 모여야 하지만, 작은 단위의 프렌치 신을 연습하는 경우 해당 장면에 등장하는 배우들만 참석하고 다른 배우들은 각자 자신의 일을 하는 것이 보 다 더 효율적이다.

인위적으로 만든 일종의 인위적 재현/재연이기 때문에 연극의 세계에선 동기만이 작용할 뿐이다. 우연이 있다면 그건 작가가 만들어낸 우연이다. 그래서 일상의 우연과 희곡 속 우연은 다르다. 연출가는 그 차이를 읽어낼 줄 알아야 한다.

왜 체홉의 작품을 연출하기가 어려운가? 그것은 체홉의 작품은 피상적으로 봤을 때 드러나는 갈등이 없는 것처럼 보이기 때문이다. 하지만 분석을 깊숙하게 해보면 다양한 서브 텍스트의 존재와 그 의미의 깊이가 여타의 작품들과는 비교가 안 될 정도로 깊고 복잡하기 때문이다.

우리는 성인이다. 성인이 된 다음에는 얼마나 노력하느냐에 따라 성숙의 깊이가 달라진다. 노력한 사람만이 성숙해질 수 있다. 20대 중반의 청년이 60대 노인보다 더 성숙할 수 있다. 모차르트처럼 천재성을 가진 사람을 제외하고 대다수는 노력을 통해 자신의 성숙을 만들어 간다. 물론 노력은 재능을 이길 수 없다. 천재를 당해낼 수는 없지만 노력의 과정에서 행복하다면 그 성취감은 이루 말할 수 없을 것이다. 사실 노력의 결실은 결과가 아니라 과정이다.

연출론을 듣는 우리는 모두 각자 한 사람의 연출가이기 때문에, 연출가로서 한 작품이 어떤 동기를 가지고, 어떻게, 왜 이런 구성을 가진 것인지 복합적으로 생각하고 고민해야 한다. 작품은 작가가 만들어놓은 인공적인 가공물이다. 명작일수록 표면적인 것과는 다른 서브 텍스트가 있을 것이다. 이것에 따라 나누는 것이 MU이다. 따라서 부조리극 같은 경우엔 등장인물의 등퇴장만으로는 동기 단위를 나눌 수 없다.

위의 2개가 작품의 기초 단위를 나누는 방법이다. 이 이야기는 장면 분석을 설명할 때 다시 이야기하도록 하자.

연출론 수업에서는 단위 장면의 행동선(블로킹 blocking)을 만들고 그것을 잘 다듬는 작업(폴리싱 polishing)을 배우는 것이 중요하다. 죽어 있는 활자(대본/대사)를 어떻게 움직임(시각화)으로 만들어내고, 그 움직임을 앙상블로까지 만들어내는 능력을 배워야 한다. 연출 작업의 대부분은 간단히 말해 '시각화(visualization)'라고 할 수 있다. 텍스트는 죽어 있는 활자지만 이것을 눈에 보이는 것으로 만들어내는 것이 연출가의 임무이다. 여기서 한 단계 더 넘어가면 시각화를 넘어서 눈에 보이지 않는 것을 창조해내는 것이 된다.

생텍쥐페리가 말하길 '세상에서 중요한 것은 우리 눈에 보이지 않는다'라고 하였다. 돈이나 밥보다 사랑과 우정 그리고 행복이 더욱 중요한 것처럼 연출가는 텍스트를 시각화하는 작업을 넘어 눈에 보이지 않는 무형의 가치를 창조할 수 있도록 노력해야 한다. 관객들은 눈에 보이는 것보다는 눈에 보이지 않는 것에 의해 더욱 크게 고양될 것이다. 정서의 창조적 자극이야말로 연출가의 오래된 목표일 것이다. 이것이 예술이고 아름다움이다. 그렇지 않으면 예술은 소비적인 일탈 행위와 다를 게 없다. 인간은 예술의 미(美)를 통해 동물과 구별된다. 이런 것들은 억지로 할 수도 없고 해서도 안 된다. 스스로 깨닫고, 자극받고, 성숙한 인간이 되기 위해 노력할 것을 스스로 다짐하고 결단해야 한다.

2. 제작진(staff)

연출가가 제작 기술 부분의 각 영역을 모두 알아야 하는 것은 아니지만 연극 만들기를 총지휘하는 입장에서 각 영역에 대한 기본 지식과 진행

과정에 대한 지식은 갖고 있어야 한다.

※ 기획은 작품 제작에 소요되는 예산의 수립과 집행을 담당한다. 특히 제작비 보충을 위한 후원자 모집과 관객 동원을 위한 홍보 방안 등에 관해 구체적인 계획을 세워 진행해야 한다. 초대장은 최소 2~3주 전에 발송해야 한다. 그리고 의상, 대·소도구는 리허설 전에는 완성되어야 한다. 소도구는 연습 소도구를 만들어 연습에서 대용품으로 사용하도록 한다.

스태프들의 작업 진행에서 기본적으로 중요한 것은 다음과 같다.

1) 콘셉트

분야마다 콘셉트를 정하는 것이 무엇보다 중요하다. 그리고 이 콘셉트는 연출가의 전체 콘셉트와 조화를 이루어야 한다.

2) 작업 일정표

언제 물건을 사러 나가는지, 언제 무대를 세우는지를 정해야 한다. 개별 스태프들의 작업은 전체 스태프의 작업 일정에 맞추어 조정되어야 한다. 따라서 작업 일정은 서로가 의논해서 짜는 것이 좋다.

3) 예산안

스태프마다 예산안이 나와야 한다. 예산안은 보통 가예산에서부터 실행 예산에 이르기까지 세 번 정도 작성한다.

4) 품목

무엇을 사야 하는지, 무엇이 필요한지, 무엇이 없는지 미리 파악해야 하고 스태프 회의 때 서로 의견을 나누어야 한다.

5) 구매/제작

각 영역이 개별적으로 진행하면 전체적인 조정이 어렵게 된다. 특히 학교에서의 제작 실습인 경우 비용을 절감하기 위해 공동구매 및 공동 비용 처리를 하는 것이 좋다. 예를 들면, 물건을 구매할 때 드는 교통비와 식비들을 예산에서 주어야 하는지, 아니면 스태프들 스스로 해결해야 하는지를 결정하기 어렵다. 이를 해결하기 위해선 공동구매 날짜를 정해서 해당 스태프들이 함께 나가 교통비와 식비 등의 비용을 줄이는 것이 좋다.

6) 무대 제작 작업 및 무대 설치(work-call and set-up)

학교에서의 무대 제작 작업과 무대 설치는 합당한 이유가 없는 이상 배역진과 기술진 모두가 함께 참여한다. 따라서 연출은 모두의 동의하에 작업 날짜를 정한다. 장시간에 걸친 집중 작업이기 때문에 연출가는 발생할 수 있는 사고에 대한 대비를 철저하게 해야 한다. 특히 피치 못할 사정으로 작업에 참여하지 못하는 사람들에 대한 대책도 필수적이다. 작업에 참여하지 못하는 경우 반드시 연출가나 조연출가에게 미리 연락을 해야 한다. 연락이 없다면 일부러 빠지는 것으로 간주한다.

7) 비상 연락망

갑작스럽게 예상하지 못한 질병이나 사고로 정해진 연습 일정에 참여하지 못하는 경우 비상 연락망을 통해 연출부에 연락한다.

여기까지가 실제 연습에 들어가기 전인 제작 전 단계(pre-production)이다. 아래의 설명은 제작 본 단계인 공연과 제작 후 단계인 스트라이크와 강평이다.

8) 실행

실제 공연을 뜻한다.

9) 무대 철거

공연이 끝나면 배역진과 기술진 모두가 협력하여 빠르고 안전하게 무대 세트를 철거하고 정리한다. 빌린 옷은 반납하고, 버려야 할 물건들은 빠르게 분리하여 다음번 공연 때 혼란이 있게 해선 안 된다.

10) 강평

공연이 끝나면 특정한 날짜를 선택해 연극 만들기 전 과정에 대한 강평을 시행한다. 무대 제작 작업일과 무대 설치일, 무대 철거일 등과 마찬가지로 강평도 제작에 참여한 모든 인원이 참석한다.[10]

3. 제작 본 단계(main-production)

본격적인 제작 단계를 뜻한다. 물론 제작 본 단계 이전에 제작진과 배역진, 스태프들이 처음 만나는 퍼스트 미팅(first meeting)이 껴 있을 수 있다. 퍼스트 미팅에서는 제작 전 단계에서 준비한 자료들을 전체 제작진에게 설명할 수 있다. 즉 작품의 소개와 연출 콘셉트의 설명, 무대 디자인에 대한 설명 그리고 연습 일정표를 보여주어 모두가 일정을 조절할 수

---

10) 호서대학교 연극학과의 경우, 연극 제작 실습 과목은 과정과 결과에 대한 평가를 하기 때문에 앞에서 말한 전체 인원이 참여해야 하는 작업에 결석한 사람은 학점을 주지 않는다.

있게 하는 것 등이 바로 그것이다. 특히 연습 일정표는 실제 상황에서 나타날 수 있는 변수를 예상해야 한다. 왜냐하면 아무리 일정표를 세세하게 짜도 분명 변수들이 있기 때문이다. 연출부나 스태프들이 이때 배역진과 인사를 한다. 학교에서는 개학한 이후에 수강 신청과 변경이 마감되기 때문에 퍼스트 미팅 이후에 오디션과 캐스팅이 이루어지지만, 프로 극단에서는 미리 오디션 및 캐스팅을 하고 퍼스트 미팅을 갖는 경우도 있다. 퍼스트 미팅이 끝나면 제작 본 단계의 첫 번째인 '작품/대본 읽기(reading)'를 시작한다.[11]

1) 대본 읽기(reading)

캐스팅이 끝나면 모여서 작품을 읽기 시작한다. 어떻게 읽어야 하는가? 배우는 먼저 집에서 작품을 충분히 읽어 와야 한다. 연습할 때 국어책 읽듯 읽으면 안 된다. 우리는 배우가 되기 위해 연극을 전공하는 준프로이다. 대본을 읽을 때는 읽는 것과 말하는 것의 차이를 알아야 한다. 따라서 많이 읽을수록 좋다. 그러나 처음부터 섣부르게 감정을 정해 읽으면 안 된다. 장면과 행동을 상상하면서 읽어야 한다. 특히 상대 배역과의 자극과 반응을 느끼면서 읽어야 한다. 첫 번째 대본 읽기에서의 첫인상은 공연에 매우 중요한 영향을 끼친다.

그렇기 때문에 읽으면서 작품의 주된 갈등(main conflict)이 무엇인지, 등장인물(role, character)이 서로 어떤 관계가 있는지 등에 관해 충분하게 알고 있어야 한다.

---

11) 대본 읽기부터 시작하는 것은 일반적인 연극 만들기의 과정이다. 공동 창작을 통해 대본을 마련하는 경우에는 즉흥 연기부터 시작하는 경우도 있다. 즉흥 연기를 통해 장면을 구성하고 이것들을 모아 공연 대본을 정리, 완성하는 것이다. 따라서 이 경우에는 즉흥 연기가 제작 본 단계의 첫 번째가 된다.

(1) 주인공(protagonist)

(2) 적대자(antagonist)

(3) 조력자

(4) (초)목표(super-objective)

(5) 단어의 의미: 영어를 모르면 영어사전을 찾듯이, 모르는 단어가 있다면
사전을 찾아라.

대본을 읽으면서 적어도 이 다섯 가지는 파악해 놓아야 한다. 기계적으로 읽는 것은 집에서 해라. 함께 모여 읽는 것은 남들을 보면서 조정하기 위함이지 그때 초보적인 연습을 하라는 것이 아니다. 이 때문에 함께 모여서 대본을 읽는 것은 가능한 한 짧게 갖는 것이 좋다. 대본은 집에서 충분히 읽을 수 있다.

대사는 말하는 것을 넘어서면 노래하듯이 나올 수 있다. 또 대사는 크게 입 밖으로 내뱉는 식으로 해야 한다. 안으로 먹으면 감정도 같이 빨려 들어가게 된다. 배우는 욕망을 드러내는 것과 표현하는 것이 자유로워야 한다. 주고받는 연기가 될 수 있도록 연습하자. 대사에는 거리가 있다. 공연의 장면이 살아나려면 대사의 거리도 파악하자.

블로킹 기간은 길게 가는 것이 좋다. 배우들은 자신의 대사를 숙지하고 집에서 자신의 행동을 미리 연습해 와야 한다. 연습장에서는 자신이 구상한 행동과 연출을 서로 비교하여 장면을 완성하는 것이다. 연출가의 그림에 따라 기계적으로, 수동적으로 움직이는 배우는 예술가가 아니다. 이런 경우 시간이 많이 소요되기 때문에 리딩은 짧게 블로킹은 길게 가는 것이다.[12]

---

12) '리딩은 짧게, 블로킹을 길게'라는 경구는 작품의 주제나 의미 분석에 많은 시간을 들이

나는 방학 동안에 프리 프로덕션(pre-production)을 미리 해놓고, 개강을 하면 바로 오디션과 캐스팅을 준비한다. 연출은 다른 사람들보다 적어도 2주 정도 먼저 앞서서 준비해야 한다.

2) 배역 선정과 공개경쟁(audition and casting)

(1) 오디션(audition)

대본 읽기가 어느 정도 끝나면 배역 선정을 위해 오디션을 보아야 한다. 사실 작품 선정 이후 가장 중요한 것이 각 배역에 적절한 사람을 선정하는 것이다. 좋은 작품을 선정하는 것과 성공적인 오디션과 캐스팅은 좋은 공연을 위해 필수적이라고 할 것이다.

오디션을 보기 위해서 준비해야 할 것은 오디션 공고문과 오디션 카드, 그리고 오디션용 대사를 마련하는 것이다.

* **오디션 카드 & 공고문 만들어보기** 오디션 공고문에는 그것을 보는 사람들이 알아야 할 필수적인 정보가 반드시 있어야 한다. 다음과 같은 정보들이 눈에 잘 보이도록 배치되어야 한다.

  - 공고문이라는 것을 알리는 메시지
  - 육하원칙의 글: 언제, 어디서, 누가, 무엇을, 어떻게
  - 게시 기간 (약 2주 정도)
  - 수거일

는 것과 비교하면 많은 장점이 있다. 즉 행동 중심의 장면을 만들 수 있다. 또 배우들이 대사와 움직임을 함께 할 수 있는 기회를 제공하기 때문에 대사의 단순 암기에 의한 기계적 연기에서 벗어나게 만든다. 이러한 연습은 정적이기보다는 동적이기 때문에 장면과 작품에 리듬감과 템포감을 만들어 나가는 것에도 매우 유익하다.

－ 게시자의 연락처

－ 연출가의 경력 사항

－ 오디션에서 무엇에 비중을 많이 두고 볼 것인지 등

오디션은 기초 단계에서는 일반 공개경쟁 오디션(general open audition)과 비공개 개별적 오디션, 그리고 사전 선별 오디션 등이 있다. 일반 공개 오디션은 응시자에게 제한을 두지 않아 원하는 모든 사람이 오디션에 응모할 수 있다. 비공개 개별적 오디션과 사전 선별 오디션은 연출가를 포함한 제작진에서 사전에 일정한 기준을 세워 놓고 해당 배우를 사전 인터뷰하는 것이다. 일반 공개 오디션에서는 응모에 제한을 두지 않기 때문에 많은 사람 중에서 재능이 있는 사람을 선택할 수 있다는 장점이 있지만 시간과 비용이 많이 소요된다는 단점이 있다. 반면에 비공개 개별적 오디션과 사전 선별 오디션은 시간을 단축할 수 있다는 장점이 있지만, 한정된 인원 안에서 배역을 선택해야 하기 때문에 배역 선정에 어려움을 겪을 수도 있다.

연출론 수업에서 장면 발표를 위한 오디션은 수업에 참여하는 사람들을 대상으로 일반 공개 오디션을 하거나 학과의 선·후배들을 대상으로 개별 오디션을 진행할 수도 있다.[13]

오디션 방법이 결정되면 조연출은 오디션 카드와 오디션용 대본을 준비한다.

---

13) 연출론 수업을 함께 듣는 친구들을 선정할 경우 연습 시간을 쉽게 정할 수 있고, 서로 연출가와 배우의 역할을 번갈아 할 수 있다는 장점이 있다. 선배들을 선정할 경우 성숙한 연기력으로 장면에 활기를 띨 수 있다는 장점이 있지만 통솔에는 어려움이 따를 수 있다. 후배를 선정하는 경우에는 초보 배우의 연기를 지도하면서 장면을 만들어야 하는 어려움이 있지만 학생 연출가의 능력을 높이기 위해 여러 방법을 자유롭게 실험해 볼 수 있다는 장점이 있다.

* 오디션 카드(audition card)[14]

2012 2학년 연극제작실습2

Audition Card

이름		학번		
주소				
이메일				
연락처		생년월일		
나이		키		
특기				
지망사항				
지망		CAST		
1. 아쯔닥	극을 읽으며 아쯔닥에게 매력을 느꼈습니다. 먼저 공산주의 영향을 (중략)			
2				
3				
지망		STAFF		
1				
2				
경력사항				

표 3-1. 오디션 카드 견본: 앞면

---

14) 오디션 카드에서 특별히 중요한 것은 오른쪽 상단에 연락처를 기록하는 것이다. 수북하게 쌓여있는 오디션 카드 중에서 필요한 연락처를 찾기 위해서는 오른쪽 상단을 정해 통일해서 연락처를 기록하면 필요한 배우에게 빠르게 연락할 수 있다. 오디션 카드 뒷면에 시간표를 첨부한 것은 공통의 연습 시간을 쉽게 정하기 위해서이다. 예시한 오디션 카드는 호서대학교 연극학과 박○호 학생의 작업 일지에서 발췌, 인용한 것이다.

연극제작실습2 임하는 자세 및 목표 그리고 앞으로 나아갈 방향
이제는 꿈만 꾸는 나이가 아닌, 꿈을 행동으로 옮겨야 하는 때라고 생각합니다. 저는 매
(중략)
앞으로 나아갈 방향은 서로 손 잡고 행복하게 웃으며 나아갔으면 합니다.

시간표						특이사항
	월	화	수	목	금	
1						
2		분장 실습				
3						
4				장면 연구 와 연기	체력 육성 법	
5						매우 활동적이고 건강합니다.
6	서양 연극 사					
7		필라 테스	연극 제작 실습	프랑 스회 화	연극 연출 론	
8						
9					연극 제작 실습	
10						

표 3-2. 오디션 카드 견본: 뒷면

오디션용 대본(cuttings)은 배역 선정을 위해 해당 배역의 대사 중 필요 부분만을 절취한 것이다. 전체 대본을 주는 것보다 특정 상황 속에서 특정 대사를 시험할 수 있도록 제작된 일종의 쪽대본이다.

오디션에서는 대본을 통해 연기력을 점검하는 것 외에 팬터마임이나 즉흥 연기를 통해 배우의 연기력과 능력을 점검하는 방법도 있다.

(2) 배역 선정(casting)

오디션 후에는 배역 선정을 해야 한다. 오디션을 보기 전에 미리 일정 배역을 위해 선정하는 사전 캐스팅(pre-casting)과 오디션 후에 배역 선정을 하는 방법을 적절하게 섞어서 사용하는 것이 좋다. 연출론 수업에서도 두 방법을 다 경험해 보는 것이 좋다.

배역과 배우의 이미지가 얼마나 잘 들어맞는지에 따라 배역을 선정하는 전형적인 배역 선정(typecasting) 방법이 있지만, 일반적으로 배우의 다음과 같은 특성을 고려해 배역을 선정한다.

① 신체적 특성
② 정서적 특성
③ 음성의 특성
④ 전체적인 분위기

배역의 특징과 배우의 특성을 연결해서 가장 적절한 배우에게 해당 배역을 선정한다. 여기에 배우의 특별한 능력, 즉 배우로서 자질, 에너지, 연기 경력, 협력 작업의 가능성 등을 고려해 최종적으로 배역을 선정한다.

연출론 수업에서 장면 발표를 위해 배역을 선정할 경우, 특별히 교육적 목적으로 배역을 선정할 수도 있다. 예를 들어 소극적인 아이에게 적극적인 역할을 시킬 수도 있고, 주연만 해오던 아이에게 조연을 시켜보는 경우 등이 그것이다. 배우의 개인적 발전을 위해 배역을 선정하거나, 한 배역에 두 명의 배우를 선정하는 1역 2인 배역 선정(double casting)과 사고 대비나 훈련을 위해 한 배역의 후보 배역(understudy)을 선정할 수도 있다. 1역 2인 배역 선정으로 같은 역할을 두 명이 하다 보면 서로가 경쟁하게 되어 연기에 집중력이 생길 수도 있지만, 학생 배우의 경우 과도한 경쟁으로 피폐해지는 경우도 생긴다.

후보 배역 선정은 일반적이지 않지만, 연습과 공연 중에 생길 수 있는 갑작스러운 사고나 특별한 교육 목적을 위해 시행하는 방법이다. 후보 배역은 무대에 출연한다는 보장 없이 대기한다. 따라서 연극 현장에서는 신출내기 배우가 그리고 학교에서는 낮은 학년의 학생들이 주로 후보 배역을 맡는다.15)

브레히트를 공부하면서 재현적 연극과 제시적 연극에 대해 생각해본 적이 있다. 연극을 연극이라고 인정하고 하나의 놀이인 것처럼 생각해보라. 연극을 연극이 아니라 사실이라고, 진실이라고 이야기할수록 그 연극은 진실에서 멀어지는 게 된다. 그래서 브레히트처럼 연극을 연극이라고 전제하면 연극의 제작과 관람이 더 편해진다. 장면 묘사에 과장을 더 해도 된다. 브레히트가 바로 그 이야기를 한다. 그래서 편안하게 마음 놓고 우리의 정치, 우리의 현실에 대해 이야기해 보자. 브레히트는 정서에 호소하기보다는 담담하게 관객에게 이야기하고 싶어 했다. 그렇지만 그의 연극도 극장이라는 공간과 연극이라는 형태가 있기 때문에 정서적 공감대가 생기게 된다. 결과적으로 브레히트의 연극에는 지적인 깨달음과 함께 정서적 감동도 있는 것이다.

우리가 연기한다는 것은 우리가 역할에 가깝게 가는 것일까, 아니면 역할을 우리 쪽으로 끌어오는 것일까? 배우가 된다는 건 일반인이 아닌, 예술가가 된다는 것을 의미한다. 따라서 꾸준하게 자신에 대해 훈련해야 한다. 꾸준하게 발성 훈련을 하면서 신체적, 지적, 정서적 훈련을 소홀히 하지 말아야 한다.

---

15) 일부 상업극/대중극이나 뮤지컬 공연에서는 작품의 흥행을 위해 소위 스타를 내세워 공연하는 경우가 많다. 이 경우 스타의 스케줄에 따라 후보 배역이 일정 공연을 소화하게 된다.

스타니슬랍스키에 따르면 배우는 자신에 대한 훈련을 먼저 하고 그 이후 배역 창조에 나서야 한다고 했다. 배우 자신에 대한 작업은 정서적인 훈련과 신체적인 훈련이 있다. 심리적인 내적 훈련은 도덕적 훈련으로 깊이를 더해야 한다. 도덕적인 배우와 비도덕적인 배우는 분위기부터가 다르다. 나쁜 남자와 착한 남자의 이미지와 느낌은 다르다. 체조와 발성 훈련, 화술 등을 포함하는 외적 훈련은 매일 매일, 적어도 10년 이상 꾸준하게 해야 한다. 특기란 10년 이상 꾸준히 훈련해온 특별한 장기를 말한다.

배역 창조의 과정이 있다. 이 과정을 다루는 스타니슬랍스키의 책이 『역할창조』이다. 스타니슬랍스키의 '3개의 책16)은 한 세트다. 우리는 배우 훈련을 하지는 않고 배역 창조를 성급하게 하려 한다. 연극은 일상적인 면을 가지고 있지만 인공적이고 인위적인 요소들도 함께 갖고 있다. 동국대학교 고 안민수 선생님은 자신의 저서 『배우 수련』에서 배우는 배우를 그만둘 때까지 수련해야 한다고 말했다.

(3) 배역 창조

① 배역을 알아가라: 지적 학습

대본을 읽으면서 배역에 대한 정보를 캐낸다. 등장인물의 기질은 어떤지, 어떤 상황에서 어떻게 행동하는지 등 등장인물에 대해 구체적으로 알고 많이 알수록 좋다. 어떤 사람을 이해하고 안다는 것은 배우는 것과 같다. 〈understanding〉은 '이해하기'라는 뜻이다. 선입견을 내려놓고, 상대방을

---

16) 『배우수업』, 『성격창조』, 『역할창조』를 말한다. 그러나 이 책 제목들은 러시아 원어를 영어로 번역한 것을 중역한 것이다. 스타니슬랍스키가 의도한 원래의 책 제목은 각각 『배우 자신에 대한 배우의 작업 1』, 『배우 자신에 대한 배우의 작업 2』, 『역할에 대한 배우의 작업』이다. 그리고 배우 자신에 대한 배우의 작업은 다시 정서/심리적인 작업과 외적/신체적 작업으로 구분하여 저술되었다.

위에 두고, 나 자신을 밑에 두어 순수하게 배역들을 배우고 알아가야 한다. 그렇게 되면 배역을 사랑하게 된다. 악역도 사랑해야 한다. 악역이 하는 악행은 어쩔 수 없이 행하는 것이다. 악역도 알아야 한다.

② 체험하기: 정서적 공감
정서적으로 알아가기를 뜻하는데, 이때 필요한 것이 '상상력'이다. 연기를 잘하기 위한 재능으로는 첫 번째도 상상력, 두 번째도 상상력, 세 번째도 상상력이다.

체험하기는 정서적으로 체험하다. 우리나라 민족은 상대방의 말에 금방 반응을 한다. 연극과에 들어온 사람들은 정서적으로 굴곡이 심하기 때문에 상상도 많이 하고 착각도 많이 한다고 볼 수 있다.

③ 신체화−신체적 구현: 행동으로 옮기기
이때 행동은 그냥 단순한 움직임이 아니라 내적, 외적 행동(action - 내적으로 생각하고 외적으로 행하기)을 말한다. 즉 배우는 언어와 정서 그리고 자신의 신체로 죽어 있는 단어를 살아 있는 행동으로 표현하는 수밖에 없다.

미국에서 번역한 스타니슬랍스키의 책에는 배역 창조에 관한 사항이 이렇게 세 가지만 나와 있지만, 독일에서는 다음의 방식도 포함하여 네 가지로 나와 있다.

④ (관객과) 작용하기
배역과의 지적·정서적·신체적 교감은 개인적 훈련으로도 가능하지만, 관객과 작용하기는 공연을 통해 비로소 완성된다. 연습 상황에서 연출가나 특수 관객 앞에서 하는 배역과의 소통은 불완전하다. 따라서 배역 창조는 연습장이 아니라 극장에서, 즉 관객 앞에서 완성된다. 배우는 관객과 교감하고 그 연장선에서 상호 작용하면서 등장인물을 살아 있는 생생한 창조물로 만들어 간다. 연극 무대는 관객 앞에서 완성된다.

4. 배우와 배역/등장인물(actor: character/role)

배역 창조의 과정은 결국 배우가 자기 자신에서 출발해 배역을 향해 가는 여정과 같다. 창조의 과정에서 배우의 모습이 많이 보일 수도 있고, 등장인물의 모습이 많이 보일 수도 있다. 과거 우리는 연기를 '배우 자신이 등장인물로 완벽하게 변신하는 것'으로 정의했다. 배우가 등장인물로 완벽하게 변신하는 것이 과연 가능한가?

20세기까지의 연기 예술은 모방 예술이었다. 즉 작품 속의 등장인물을 일종의 원본으로 삼아 배우가 최선을 다해 모방/복사하려고 노력하는 것이 연기였다. 그래서 연기에 정답과 오답이 생겼다.

그러나 20세기 후반으로 오면서 연기의 출발점인 배우 자신과 등장인물의 존재에 대한 회의가 생겨났다. 예컨대 라캉, 데리다, 들뢰즈와 같은 현대 철학자들은 '주체는 외부에서 온다'라는 명제를 통해 '주체의 부재'를 말하였고, 등장인물은 처음부터 작가에 의해 창조된 허구의 존재 즉 부존재자일 뿐이다. 그렇다면 배역 창조의 과정은 불확실한 출발점에서 불안하게 출발한, 부존재한 도착점을 가진 불안한 여정이 되고 만다.

이런 측면에서 보면, 배역 창조의 과정에서 흔들리지 않는, 확실한 사실은 배역 창조의 과정에서 관객 앞에 서 있는 배우의 존재이다. 그런데 이 존재는 실체로서의 존재가 아니라 이미지로서의 존재이다. 즉 배우 자신도 아니고 등장인물도 아닌 어느 중간 지점에 존재하는 일종의 이미지(image)라는 것이다.

예를 들어, 흥행에 성공한 드라마에서 여주인공이 착용한 옷과 액세서리를 현실에서 사려고 하는 시청자들이 있다. 그 시청자들에게 배우는 실제 배우 자신이 아니라 드라마 속의 등장인물 즉 허구적 이미지일 뿐이다. 시청자들도 '어떤 배우의 옷과 액세서리'를 사는 것이 아니라 등장인물인 아무개의 옷과 액세서리를 사는 것이다. 결국 우리는 이미지를 보는 것이다.

이렇게 볼 때 캐릭터(character)는 이미지이고 배우(actor)는 그 이미지를 재현하는 사람이다. 재현은 단순한 복사와 다르다.

물론 극장에는 '환영(illusion)'이라는 커다란 힘과 '불신의 자의적 중지(willing suspension of disbelief)'라는 신비한 심리 기제가 작용한다. 배우의 배역 창조는 이 두 요소에 크게 힘입는다. 연극은 무대 위 인물과 장면의 내용이 사실/진실인지 아닌지를 구별/판단하는 것보다는 얼마나 '울고, 웃고, 스릴을 느낄 수 있느냐'가 중요한 예술이다. 물론 서투른 기교로 부자연스러운 연기와 장면이 그것을 방해하지 말아야 한다는 것은 기본이다.

아리스토텔레스는 '비극은 공포와 연민을 불러일으키는 사건을 통해 그런 감정의 카타르시스를 행하는 것이 목적'이라고 말했다. 어떤 끔찍한 사건이 나한테 벌어지면 공포이고, 남에게 벌어지면 연민이 된다. 어느 이웃집에 불이 났다. 그것을 보고 있는 나는 연민의 감정을 느낀다. 하지만 내 집에 불이 나면 공포가 서리게 된다.

무대에는 배우 자신이 다중 인격으로 함께 서 있다. 연기를 하고 있는 나, 다른 배역을 보고 있는 나, 연출가의 눈치를 보고 있는 나 등등. 역할이 배우를 따라가든, 배우가 역할을 따라가든 무대 위에 서 있는 '나'는 쉴 틈 없이 역할과 일치되지 않는 '나'를 의식하면서 배역과 나를 일치시키기 위해 움직인다. 이런 의식의 분열은 무대 위에 배우를 괴롭게 한다. 흥미로운 것은 이런 고민을 너무나 많은 예술가가 하고 있다는 것이다. 우리가 아직 안 하고 있는 것은 우리 연기 예술에 대해, 연극에 대해, 연출에 대해 진지하게 생각해보지 않았기 때문이다. 연극 예술에 관한 모든 것은 체험으로, 공부로 머릿속에 정리가 되어 있어야 한다.

무대에 관해서 이야기해 보도록 하자.

연출가가 연극 만들기의 과정에 대해 잘 알면 실수하지 않고 연출을 잘 할 수 있는 것처럼 무대의 형태와 그 특징도 잘 알아야 한다. 먼저 무대의 종류에 대해서 알아보자.

5. 극장/무대의 종류

먼저 극장(theatre)과 무대(stage)를 구분할 줄 알아야 한다. 극장은 무대를 포함하여 객석과 분장실, 귀중품 보관소, 극장 로비 등을 포함한 건물 전체를 말한다. 무대는 연극 작품이 재현되는, 관객이 마주 보는 공간이다. 이 공간이 관객과 어떤 형태로 관계를 맺느냐에 따라 아래와 같이 무대의 형태를 구분한다.

1) 프로시니엄 무대(proscenium stage)

연극사에서 보았을 때 가장 오랫동안 많이 사용되는 무대이다. 관객이 무대 정면 한쪽에만 있는 형태를 말한다. 바그너(R. Wagner)는 이 무대가 '신비한 틈'을 가지고 있다고 했다. 또 소위 '보이지 않는 제4의 벽'을 가지고 있다는 무대가 바로 이 무대이다. 객석과 무대 사이에 신비한 틈이 있기 때문에 무대 위에 환상(illusion)을 창조하기에 적합하다. 따라서 배우는 관객을 향해 연기를 한다. 제4의 벽이 있기 때문에 배우는 이론적으로는 관객을 등지고 연기할 수도 있다.

체홉의 작품을 원형 무대로 하기란 어렵다. 체홉 작품들은 본래 프로시니엄 무대에서 할 수 있게끔 만들어졌기 때문에 원형 무대를 사용하고자 한다면 굉장한 창의력을 살려야 할 것이다. 따라서 초보 연출가에게 체홉이나 입센의 작품은 프로시니엄 무대를 쓰는 것이 현명하다.

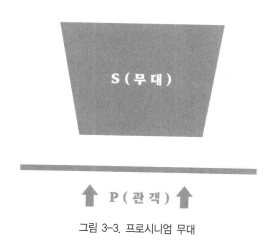

그림 3-3. 프로시니엄 무대

프로시니엄 무대는 여러 가지 관습(convention)을 가지고 있다. 배우 위주로 관습이 만들다 보니 무대를 설명할 때 관객석이 아닌 배우가 서는 무대 방향에서 왼쪽과 오른쪽을 정한다. 또한 무대 오른쪽(right)은 밝고 가벼운 느낌을 주고, 무대 왼쪽(left)은 어둡고 무거운 느낌을 준다. 무대 중앙이 가변보다 관객의 집중을 더 많이 받는다. 그렇다고 중앙만 무대로 사용하다간 배우들이 쓸 수 있는 무대가 현저하게 좁아지게 된다. 그 외에도 오픈 턴(open turn, 몸을 열어 도는 방향 전환)이나 클로즈드 턴(closed turn, 등을 보이고 도는 방향 전환) 등 다양한 것들이 있다. 예를 들어 〈햄릿〉의 '유령'이 대부분 무대 왼쪽 위에서 등장하는 것은 바로 이러한 관습 때문이다.[17]

처음 무대에 서보는 사람들은 매우 어색할 수도 있다. 그렇기 때문에 자주 무대를 걸어 보아야 한다.

2) 돌출 무대(thrust stage)

관객이 무대의 정면과 양 측면에 자리하는 형태의 무대이다. 르네상스 영국 셰익스피어의 무대, 낭만주의 시대의 실내 극장에 설치된 무대들이 바로 이러한 무대에 속한다.

---

17) 셰익스피어, 〈햄릿〉, 1막 1장.

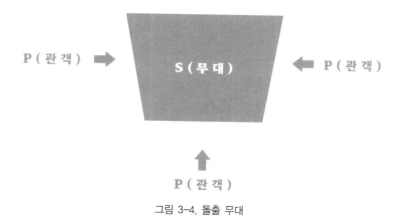

그림 3-4. 돌출 무대

돌출 무대는 관객이 무대 삼면에 자리하고 있어서 관객과 교감을 형성하는 데 매우 유리하다. 그 대신 프로시니엄 무대만큼 환영을 창조하거나 관객의 집중을 요구하기 어렵다. 또 초보 연출가들은 장면의 행동선을 만들어내는 것에 어려움을 느낀다. 마치 패션쇼의 무대와 같은 형태로 만들어진 무대이다. 돌출 무대는 셰익스피어의 작품과 같이 연극을 연극으로 인정하고 관객과 함께 연극을 즐기기 위해 사용할 수 있는 최적의 무대가 된다.

3) 원형 무대(arena stage)

관객이 무대를 둥그렇게 둘러싼 형태의 무대이다. 어떤 사건이 벌어졌을 때 사람들이 취하는 자연스러운 반응으로 이루어지는 형태이다. 따라서 인류가 가진 최초의 무대라고 할 수 있다. 교통사고나 길거리 싸움 등 일상에서 흔하게 볼 수 있는 무대이다. 관객이 무대 사방에 있기 때문에 환영을 만들기에도, 행동선을 만들기도 어렵다. 배우가 몸을 한쪽으로 열어주면 반대쪽으론 닫히기 때문이다. 그래서 원형 무대에서 배우는 자주 움

직여서 자신의 몸을 전체 관객에게 보여주어야 한다. 따라서 연출의 고단
한 노력이 필요할 것이다. 이러한 무대는 마당놀이나 마당극, 판소리와 같
은 전통 연희에서 많이 볼 수 있다.

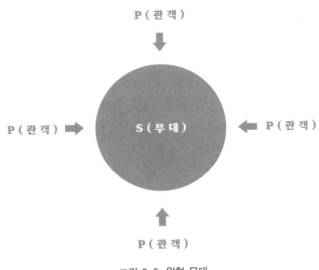

그림 3-5. 원형 무대

4) 블랙박스/빈 공간: 창조적 공간(creative space)

연극은 어떤 형태의 공간에서든 가능하다. 하는 자(배우)와 보는 자(관객)
만 있으면 연극이 성립된다. 우리 인생으로 인용해보면, 우리가 살 때 필
요한 건 많지만 필수 조건은 아니다. 오직 '나'와 '너'만 있으면 된다. 무대
는 고정된 것이 아니다.

창조적 공간은 지하 창고, 운동장, 교실, 바닷가 등 모든 공간을 포함
한다. 현대 연극에서 창조적 공간을 무대로 선택하는 연출가들은 자신의
작품에 전형성 대신 창조성, 혁신성을 불러일으키고 싶기 때문이다.

창조적 공간에 극장이라는 전제를 주면 블랙박스가 된다. 즉 블랙박스는 극장 안에서의 창조적 공간 창출이다. 이 공간에서 연출가는 블랙박스를 프로시니엄 무대로 사용할 수도 있고 돌출 무대로 사용할 수도 있다. 모든 형태의 다양한 실험이 가능하다.

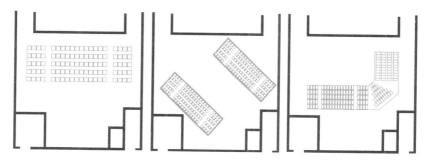

그림 3-6. 다양한 형태의 블랙박스

연출가가 무대를 결정하는 것은 작품의 장르와 스타일을 결정하는 일이기도 하다. 연출가는 자신의 작품이 관객과 어떤 형태로 만날지를 고민하면서 무대를 선택해야 한다. 잘 연습된 작품이 무대 선택을 잘못하면 기대한 만큼의 성과를 거둘 수 없다. 즉 모든 작품은 그것에 가장 잘 어울리는 무대가 있다.

과 제

1. 오디션 공고문 만들어 공지하기
  - 오디션 공고문은 조교실에서 게시를 허락받은 후 학과 복도에 게시한다.

2. 오디션 카드 만들기

3. 오디션용 대본(cuttings) 준비하기

4. 배역 선정하기
 - 배역 선정 및 비상 연락망 만들기

5. 수업 일지 작성하기

네 번째 수업*

▼

대본 읽기: 화술의 15가지 원칙

과제로 준비해온 오디션 공고문과 오디션 카드 그리고 오디션용 대본을 잘 보았다. 연출론 수업은 한 주 한 주 과제와 함께 진행되기 때문에 밀려서는 안 된다. 반드시 일주일에 두 번, 그리고 각각 2시간 정도 연출론에 시간을 할애해야 한다. 이제 오디션 공고문을 학과 복도에 공지하고 2주 이내에 오디션과 배역 선정을 끝내도록 하자. 여기까지 연극 만들기 과정의 제작 전 단계를 마치고 오늘부터는 제작 본 단계의 첫 번째 과정을 시작하자. 그것은 대본 읽기부터 시작한다.

본격적으로 대본 읽기를 시작하기 전 연기에 관한 고전에 관해 잠시

---

* 연출론 수업은 언제나 과제 점검으로 시작해서 본 수업 그리고 다음 수업을 위한 과제 부여로 끝낸다. 그리고 이 과정은 연극 만들기의 과정에 따라, 즉 제작 전 단계에서 시작해 제작 본 단계의 여러 단계, 그리고 마지막으로 제작 후 단계까지 진행된다.

이야기하겠다.

스타니슬랍스키는 러시아 사람으로 그가 쓴 책들은 당연히 러시아어로 쓰여 있다. 이 책들은 현재 영어, 불어, 독어, 일어, 한국어 등 다양한 언어로 전 세계에 번역되어 있다.

그러나 우리나라의 번역서 중 몇 권은 중역이 되어서 번역도 세련되지 못하고, 원본과 그 내용이 심각하게 차이 나는 것들도 있다. 그래서 가장 좋은 방법은 번역된 것이 아니라 원본을 읽는 것이 좋지만 러시아어는 쉽게 접근하기 힘들다. 따라서 우리말로 번역된 책을 보다가 그 내용이 혼란스러우면 영어, 일어 번역본을 참고하는 것이 좋다.

대본 읽기와 관련하여, 특히 배우의 화술 훈련과 관련한 스타니슬랍스키의 저서에 대하여 설명하겠다.[1] 우리나라에 번역된 스타니슬랍스키의 저서 중 배우 연기술과 관련된 책들은 다음과 같다.

『나의 예술 생애』(강량원 옮김, 책숲, 2015)
『배우수업』(신겸수 옮김, 예니, 2014)
『성격 구축』(이대영 옮김, 예니, 2014)
『역할창조』(신은수 옮김, 예니, 2013)

이 네 권이 스타니슬랍스키의 중요한 책이다. 『나의 예술 생애』는 그의 자서전이다. 스타니슬랍스키 스스로 썼고, 이 책은 작가가 살아 있을

---

1) 스타니슬랍스키 시스템과 그의 저서에 관해서는 많은 연구 논문이 있다. 필자의 논문도 이에 관한 것이 있어서 참고로 밝힌다. 김대현, 「스타니슬랍스키 연구사」, 『한국연극학』, 40(2010), 그리고 「스타니슬랍스키와 '시스템' - 시스템 형성의 과정과 그 특성을 중심으로」, 『연극교육연구』, 21(2012) 등을 참고하라. 스타니슬랍스키에 관한 최근의 연구는 다음을 참고하라. 배민희, 『스타니슬랍스키 시스템의 지형학 연구 - 시스템에서 메소드로의 진화를 중심으로』(서울: 솔과학, 2023).

때 출판된 책이다. 나머지 세 권이 스타니슬랍스키의 연기 이론의 핵심을 구성하는 책인데, 영어로 번역된 것을 한국어로 다시 번역한 것이다.

『배우수업』 같은 경우 영어 제목이 'An actor prepares'이다. 그러나 이 책의 독일어 번역 제목은 '자신에 대한 배우의 작업 (1) Die Arbeit des Schauspieler as sich selbs (1)'이다. 예술가가 되기 위해 배우가 어떤 작업/훈련을 해야 하는지에 관한 첫 번째 책이라는 뜻이다.

『성격 구축』의 영어 제목은 'Building a Character'이다. 말 그대로 배우가 배역의 성격 또는 배역 자체를 구현하기 위한 훈련이라는 의미가 강하다. 그러나 이 책의 독일어 번역 제목은 '자신에 대한 배우의 작업 (2) Die Arbeit des Schauspielers an sich selbst (2)'이다. 역시 배우가 예술가가 되기 위한 작업/훈련에 관한 두 번째 책이라는 의미이다. 첫 번째 책이 배우의 심리적 훈련에 관한 내용이 주로 되어 있고, 두 번째 책이 배우의 신체적, 외적 훈련에 관한 내용으로 쓰여 있다는 점을 고려하면, 우리는 이 두 책이 결국 두 책의 '배우 훈련'이 한 가지 목적과 방향을 갖고 있다는 것을 알 수 있다. 즉 우리는 몸과 마음으로 이루어져 있다.

『배우수업』은 배우 훈련 중 내적인 훈련을 다루고, 『성격 구축』은 배우의 외적인 훈련에 대해 나와 있는 책이다. 결국 이 두 권을 '배우 훈련'이라는 하나의 방향으로 보라는 뜻이다.

『역할창조』의 영어 제목은 'Creating a Role'이다. 말 그대로 역할/배역 창조에 관한 책이라는 의미이다. 독일어 번역본 제목은 '역에 대한 배우의 작업 Die Arbeit des Schauspielers an der Rolle'이다. 역할/배역에 관한 배우의 작업이라는 의미이다. 어떻게 등장인물을 창조해 표현하고 구현할 것인가는 『역할창조』 책이 다루었다. 구체적으로 무엇을 해야 하는지 나온다.

이렇게 보면 스타니슬랍스키의 소위 연기론 3부작은 배우의 심리적·내적 훈련에 관한 첫 번째 책, 배우의 신체적·외적 훈련에 관한 두 번째 책 그리고 배역에 관한 책으로 이루어져 있는 셈이다.

따라서 앞서 말한 세 권은 한 세트이다. 세 권 중 한 권이라도 읽지 않는다면, 전체 시스템의 한 부분을 생략하는 것과 같다. 따라서 전공자는 이 책들을 읽지 않고 대강 지인들에게 이야기만 들으면 안 되고, 또 만약 그런 정도라면 연기를 직업으로 삼아서도 안 된다. 자기 눈으로 직접 보고 이해하고 정의를 해봐야 한다.

우리가 연기를 처음 배울 때 흔하게 듣는 말이 있다. 즉 '정서/감정을 먼저 느끼고 나서 연기해라'라는 말이 그것이다. 이 말을 그대로 이해하면 '배우는 언제나 감정을 먼저 진실하게 느끼고 나서 연기해야 한다'라는 말로 받아들이게 된다. 과연 그럴까?

정서/감정이라는 것은 언제나 내가 원하는 상황에서, 원하는 감정을 가져올 수 없다. 즉 이성적인 조절이 가능하지 않다는 것이다. 오히려 『역할창조』를 보면 '정서/감정을 연기의 출발점으로 삼지 말' 것을 강조하여 말한다. 느낌/감정/정서를 연기의 출발점으로 삼지 말고 '신체 행동'을 연기의 출발점으로 하라고 권한다.

신체 행동은 배우가 언제든지 반복할 수 있다. 어느 시점이나 어느 공간에서든 가능하다. 그리고 배우가 행동하면 감정은 따라오게 된다. 그 이야기를 『역할창조』에서 하고 있다. (언젠가 브레히트 연기론을 이야기할 때 스타니슬랍스키 연기론과 비교하여 배우의 감정과 행동에 대해 말해주겠다) 연기를 직업으로 하려는 사람이라면 반드시 위 책들을 직접 읽어보고, 외국어가 능통한 사람은 원본을 찾아 읽어보는 것이 좋겠다.

'자감'이란 무엇인가? 자감은 스타니슬랍스키 연기 시스템에서 굉장히 중요한 개념이다. 러시아어로 '샤마춥수트비에(CAMOЧУВСТВИЕ)'[2]인데, 배우 자신이 배역의 감정을 자신의 감정처럼 일치하여 느끼는 것을 의미한다. '자감'이라는 단어의 조성은 소련의 영향을 받은 북한 언어여서 우리나라의 정확한 번역어는 아직 없다.

대본 읽기에서 기본적으로 피해야 하는 것은 기계적으로 읽는 것이다. 앞 수업에서 말한 것을 기억해 보라. 배우는 대본 읽기에서 시작해서 관객 앞에서 그 배역을 구현하는 사람이다. 따라서 대본을 읽을 때 상상력과 지적 능력을 총동원해야 한다.

첫 번째, 배역과 작품에 관해 알아가기
두 번째, 자신의 배역을 정서적으로 체험하기
세 번째, 배역을 구체적 행동으로 옮기기
네 번째, 관객 앞에서 상호 작용하면서 표현하기

이 네 단계를 보면 배우가 세부적으로 무엇을 해야 하는지 잘 알 수 있다. 여러분이 졸업 후에 배우가 되기를 원한다면 전공 서적과 희곡을 꾸준하게 읽고, 시간 나는 대로 연기 연습과 신체 훈련을 하고, 하루를 정리하면서 배우 수련 일지를 써야 한다. 배우 수련 일지를 쓰는 사람, 즉 배우가 되기 위해 꾸준하게 훈련하는 사람은 분명히 졸업 후에 배우가 되어 있을 것이다. 그러나 아직도 시작하지 않은 사람은 미래에 다른 일을 하고

---

2) 홍재범, 「스타니슬랍스키 시스템 연기용어에 대한 고찰(1)」, 『한국연극학』, 17(2001), 139쪽 이하 참조.

있을 것이다. 지금 상태로 과연 내가 배우가 될 수 있을지 생각해보라.

지난 수업 시간에 우리는 제작 전 단계(pre-production)와 제작 본 단계(main-production)에 대해 이야기했다. 오늘은 제작 본 단계에 대해 좀 더 자세하게 이야기하려 한다.

'대본 읽기'를 하면서 오디션과 배역 선정이 있고 그다음에 행동선을 만들게 된다. 그래서 '리딩은 짧게, 블로킹은 길게 하라'고 한 것이다. 물론 대본 읽기를 대강하라든지, 블로킹을 무조건 기계적으로 길게 하라는 말은 아니다. 집에서 개인적으로 읽는 것은 얼마든지 깊게, 길게 할 수 있다. 함께 모여 읽을 때는 토론과 합의가 필요한 부분들을 유념하면서 읽으라는 것이다. 즉 함께 읽을 때 작품의 주제와 주된 갈등(main conflict)은 무엇인지, 극 구조(plot/structure)는 어떤 형태인지, 등장인물 간 상호 관계는 어떤지, 주요 장면의 핵심 사항은 무엇인지 등등 작품 분석에 관해 여러 사람의 지혜를 모으는 것이 필요하다. 따라서 함께 대본을 읽을 때는 누구든지 자신의 이야기를 자유롭게 할 수 있어야 한다. 즉 반론이 허용되어야 한다.

블로킹을 길게 하라는 의미는 장면의 행동선을 자유롭게 실험해 보라는 의미이다. 연출가가 준비해 온 행동선을 고민 없이 그대로 따르기보다는 적어도 자신의 배역에 관해서는 미리 행동선을 생각해서 연출가와 이견이 있는 경우에는 토론하고 합의하라는 것이다. 이러한 과정에는 필연적으로 시간이 필요하다.

작품 분석의 여러 방법 중 쉽고 재미있는 두 가지를 더 알려주겠다.

1. 행위소 모델3)

들어봤겠지만 A. J. 그레마스(Greimas, 1917~1992)의 〈행위소 모델〉
은 기호학에서 많이 사용하는 방법이다. 작품의 주요 내용을 몇 개의 기
호로 유형화하여 파악하는 것이다. 기호학에서는 모든 희곡을 이러한 방
법으로 파악할 수 있다고 자신한다.

첫 번째는 발신자이다. 발신자는 말 그대로 '신호를 발하는 사람'이
다. 그리고 그 반대쪽에 있는 사람은 수신자다. 발신자와 수신자 사이에
무언가가 왔다 갔다 해야 하는데, 그것이 대상이다. 그리고 이 대상을 가
져다주는 사람이 주체 또는 영웅이다. 이 영웅을 도와주는 사람이 조력자
이다. 그리고 주체가 대상을 획득해 수신자에게 가져다주는 것을 반대하
는 사람이 반대자이다. 모든 희곡은 이 유형으로 파악할 수 있다. 물론 몇
개의 형태는 겹칠 수 있다.

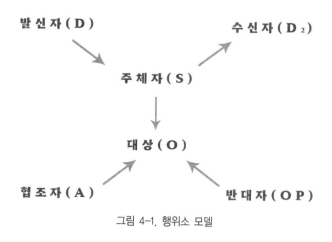

그림 4-1. 행위소 모델

---

3) 안나 위베르스펠드(신현숙 옮김), 『연극기호학』(서울: 문학과지성사, 1988), 66쪽 이하 참조.

2. 스토리(story) 구성의 10요소

이 방법은 〈행위소 모델〉보다 좀 더 단순하다. 모든 희곡 작품은 밸런스 상태, 즉 균형을 이룬 상태에서 출발한다. 밸런스 상태에서 출발한다는 것은 작품의 말미에 이 균형이 파괴되어 있거나 파괴되어 다른 균형으로 가 있는 것이다. 대부분의 희극이 밝고 유쾌한 반면, 비극은 어둡고 쓸쓸하다.

> 1) balance 처음 작품의 균형은-
> 2) protagonist 주인공이-
> 3) plan/will 주체가 대상을 갖기 위해 움직이면, 이 밸런스는-
> 4) disturbance 교란되고 망가져 버린다. 그리고 그것은-
> 5) obstacle 장애에 의해서-
> 6) complication 어떤 장애들이 나타나고 복잡한 진행 과정을 겪게 되다. 그렇게 되면-
> 7) crisis 위기가 나오게 되고, 결국-
> 8) climax 막바지에 도달하여-
> 9) denoument, catastrophe 대단원의 막을 내리게 된다.
> 10) sub-story

서브 스토리는 〈리어왕〉에 보면 '리어왕'이라는 왕가의 이야기 말고도 글로스터 백작의 이야기가 나온다. 그 '부 줄거리'가 있는 작품들에 한해서 서브 스토리를 찾아낼 수 있다.

이렇게 스토리 구성의 10요소로 작품들을 파악해 나갈 수 있다.

분석이라고 하는 것은 분(分, 나누다)과 석(析, 쪼개다)의 의미가 합쳐진 단어이다. 작품을 통으로 보는 게 아니라 조각조각을 내서 이해하기 좋게 나누어 이해하는 것을 의미한다. 그래서 대본을 읽을 때 먼저 분석이 전제되고 실행되어야 한다. 단순히 읽기만 해서는 기계적인 운동에 불과하다. 대본은 머리를 사용해서 같이 읽어야 한다.

그리고 대본을 읽을 때 앞에서 이야기한 것처럼 '배역 알아가기 단계'를 대본 읽을 때 사용한다고 생각하면 된다. 그다음 대본 읽기의 수준이 깊어지면 그다음에 정서적으로 '배역을 체험하는 단계'까지 가야 한다.

배우의 분석은 연출가와 상대 배역과 함께 의논하고 협의해야 한다. 연출가가 생각하는 작품의 모습과 내가 생각하는 모습이 다를 수 있다. 서로 못 본 것이 있을 수 있으니 대화로 토의해보는 것이 좋다.

우리는 작품을 이런 행위소 모델로 한번 분석해 볼 수 있다. 브레히트의 〈코카서스의 백묵원〉에서 대상은 '계곡' 즉 '계곡을 누가 차지하는가?'이다 이것은 계곡을 차지하고자 하는 욕망으로 나타난다. 그리고 이 욕망이 갈등을 초래한다.

우리는 무엇을 욕망할까? 자신에게 결핍된 것을 욕망한다. 〈코카서스의 백묵원〉에서는 사람들이 얻고자 하는 '계곡'을 누가 차지할 것인지를 판단하기 위해 극중극을 만들어놓았다. 극중극 속 주된 관심은 아이를 누가 차지할 것인가로 표현할 수 있다. 이 아이가 대상이 되는 것이다. 누가 차지해야 한다고 하나? 구약 성경의 유명한 솔로몬의 재판에서는 아이를 차지하려는 친모와 다른 여인의 다툼이 소개되어 있다. 그 이야기에서 솔로몬은 친모에게 아이를 돌려주라고 판결하지만, 브레히트의 이 연극에서 재판관인 아쯔닥은 생모보다 목숨을 걸고 아이를 지킨 하녀에게 아이를 주라고 판결한다. 즉 계곡은 계곡을 가장 잘 활용할 수 있는 사람이 가져야 한다고 말하는 것이다. 이 작품을 통해 우리가 알 수 있는 것은 '사회적 필요가 소유를 결정한다'라는 브레히트의 메시지이다. 이건 공산주의 사상이다. 그런데 우리는 자본주의 사회에서 살고 있다. 자본주의는 자본을 가진 사람이 물건을 소유하는 것이다. 이 모순과 충돌을 어떻게 해결할 수 있을까?

이왕 '균형'에 대해 이야기했으니 그 의미에 대해 조금 더 생각해보자. 물론 작품에서 '밸런스'는 중요하다. 산술적으로 보면 1과 10 사이의 밸런스는 5이다. 하지만 우리 삶에서 이 산술적 균형은 형식적으로만 존재하기도 한다. 사람에 따라, 상황에 따라 균형점은 모두 다르다. 예컨대 우리는 어디에 가서 물건을 훔치면 파출소로 가고 감옥에 간다. 그런데 신문이나 TV 뉴스에서 나오듯이, 재벌들이 저지르는 경제 범죄나 정치인과 특권층의 자제들이 저지르는 잘못과 그 처벌은 일반 서민들에게 내려지는 판결과 사뭇 다르다. 사법적 균형이 재벌, 정치인, 특권층으로 치우쳐져 있는 것이다. 그래서 나는 브레히트의 〈코카서스의 백묵원〉을 읽으면서 여러분이 '사회적 필요가 소유를 결정한다'라는 말을 잘 이해하기를 바란다. 그다음에 이해를 넘어서서 '균형'이라는 개념을 이해해주었으면 좋겠다. 모든 사항을 객관적으로 5에다 균형점을 놓고 기계적으로, 칼같이 처리할 수 없는, 상황과 문맥에 따라, 사람에 따라 균형점을 다르게 가져가야 한다. 나는 여러분이 이러한 '유연함'을 이해했으면 좋겠다.

이제 대본 읽기의 원칙에 대해 이야기해 보자.[4]

---

4) 여기에 나오는 대본 읽기의 15가지 원칙은 필자의 저서 『연극 만들기』(서울: 연극과인간, 2004)의 90~111쪽에 수록된 내용을 전재한 것이다.

3. 대본 읽기의 15가지 원칙(화술의 원칙)

배우에게 화술은 굉장히 중요하다. 중·고등학교 연극학과 선생님이 되기 위해서 교직을 듣는 학생들이 치르는 임용 고사의 필수 과목 중 하나가 화술이다. 그 과목에서 중요한 게 바로 이 원칙이다. 반복해서 연습하도록!

1) 천천히, 크게, 또박또박

화술의 15가지 원칙 중 첫 번째 원칙이다. 첫 번째는 가장 중요하다.

연극을 만들 때, 연출을 할 때, 장면 만들기를 할 때 가장 심혈을 기울여야 하는 곳이 바로 첫 장면이다. 소개팅에 나가면 첫인상이 중요하듯이 대본 읽을 때 내 배역에 대해 뚜렷한 인상을 가질 수 있는 기회가 처음 대본 읽을 때이다. 그래서 리딩을 할 때 모든 책을 읽을 때 그렇듯 첫인상을 기록해 놓아보라. 무대에서 최종적으로 만들어놓은 캐릭터는 처음 대본 읽기 때의 인상에서 크게 벗어나지 않는다.

(1) 천천히

대사는 천천히 말해야 한다. 여기엔 몇 가지 뜻이 있는데, 먼저, 무대 대사의 속도는 일상 회화보다 늦다. 초보 연기자들이 무대에 섰을 때 저지르는 실수는 무대 위에서 일상 속 자신이 쓰는 화술 속도로 말을 하는 것이다. 대사를 귀로 한 번 듣는 관객은 그 속도를 따라갈 수 없다.

연극이 일상을 모방하기 때문에, 누구나 연기를 쉽게 할 수 있다고 말한다. 하지만 그렇지 않다. 배우가 말하는 모든 대사를 관객들은 귀로 단 한 번 듣는다. 우리는 희곡을 읽다가 이해가 되지 않으면 반복해서 읽을 수 있다. 하지만 관객들은 아무런 사전 정보 없이 무방비 상태로 와서 귀로 한 번만 듣고 간다. 따라서 배우가 대사를 관객에게 전할 때, 완벽한 의미를 알려줘야 한다. 대사를 빨리하면 관객들은 그 의미를 이해할 수 없다.

즉 '속도의 문제'이다. 그러면 한없이 느리게 또는 될 수 있는 한 느리게 해야 할까? 중요한 것은 대사를 일상의 속도보다 늦게 하면서도 관객들에게는 느리다는 느낌을 주지 않아야 한다는 것이다. 빠르게 하면 의미를 곱씹어서 가져갈 수가 없다. 그래서 '천천히'다. 안민수 선생님이 늘 하는 말씀이 '말을 곱씹고, 대사를 곱씹어라' 하였다. 모르는 말도 100번 읽으면 저절로 알게 된다는 뜻에 '독서백편의자현(讀書百遍義自見)'[5]이라는 말이 있다.

배우는 대사를 정확히 이해하고 말해야 한다. 배우가 대사의 의미를 모른다면 관객들도 모르게 된다. 단어의 의미를 모르면 그 단어가 가진 정조들도 이해할 수 없다. 의미뿐만 아니라 상황과 문맥까지 범위를 확대해 생각하면 더욱 그렇다. 그래서 실제 공연 리허설에서 연출가나 지도교수가 '빠르다'라고 말하는 것은 일단 대사를 천천히 하라는 것을 의미한다.

대사를 빨리하는 사람들은 대사를 기계적으로 암기해 토하듯이 쏟아 놓는다. 그러면 대사의 의미와 정조는 다 날아가 버린다. 배우는 자신의 대사를 바로 그날 처음 하는 것처럼 해야 한다. 마치 우리가 지금 하는 말들이 처음으로 하는 것처럼. 여기에는 생각이 들어가 있기 때문에 대사를 기계적으로 빨리할 수 없다.

---

5) 『삼국지』「위략편」에 나오는 고사성어. 뜻이 어려운 글도 자꾸 되풀이하여 읽으면, 그 뜻을 스스로 깨우쳐 알게 된다는 뜻이다.

대사의 속도를 빨리했을 때 감정과 의미가 날아가는 것을 다르게 활용한 사람도 있다. 독일의 작가 겸 연출가 브레히트는 '굳히기 연습(marking rehearsal)'을 통해 배우나 관객이 등장인물이나 극중 상황에 감정 이입하거나 동일시하는 것을 막으려 했다. 브레히트는 연극연습을 하다가 작품이 거의 완성이 되는 국면에서 패스트 런과 런 스루[6]를 반복한다. 일부러 기계적으로 빠르게 하는 것이다. 그는 이것을 굳히기 연습이라고 불렀다. 브레히트는 배우가 관객들에게 감정적으로 호소하는 것을 싫어했다. 사회를 변혁하기 위해서는 감정보다 이성적 결단이 더 필요하다고 생각했기 때문이다.

그런데 사람의 '감정 이입'과 '동일시'는 타고난 심리 기제여서 인위적으로 완벽하게 없앨 수 없다. 오 헨리(O. Henry)의 〈마지막 잎새〉를 보면, 담벼락에 붙어 있는 잎사귀를 자신과 동일시하여 '잎이 떨어지면 나도 죽겠구나'라고 생각하는 화가처럼, 감정 이입과 동일시는 인간이 자연스럽게 행하는 기본 심리 기제이다.

브레히트는 관객이 배우에게 감정 이입을 해서 그 배우와 동일시를 하면 관객은 배우가 보고 느낀 것만큼만 느낄 수밖에 없다고 생각했다. 담배를 피우면서 연극을 보는 냉철한 관객을 이상적 관객으로 생각한 브레히트에게 감정과 감정 이입 그리고 동일시는 참으로 불편한 동거인이었다.

우리가 어떤 현상을 객관적으로 판단하기 위해서는 '거리(distance)'가

---

6) fast run=through: 몇 개의 기초 단위 장면을 이어서 연습하는 '이어 연습하기'의 한 종류이다. 등장인물의 등·퇴장, 조명의 변화, 음향과 음악의 변화 등 소위 장면의 변화가 있는 부분은 본래의 속도로 진행하고 그 외의 장면들은 최대한 빠르게 진행한다. 보통 최종 기술 리허설(technical rehearsal)에서 큐(cue)의 전환을 연습할 때 시간을 절약하기 위해 사용한다.

필요하다. 예술에서도 '미적 거리(aesthetic distance)'라고 하는 것이 있다. 미적 거리가 없는 관객이 배우나 등장인물/배역에 감정을 이입해서 배우가 웃을 때 웃고, 울 때 울어버리고 만다. 이성적으로 관찰할 수도, 판단할 수도 없는 것이다. 이렇게 되면 비판적 거리를 상실하게 된다. 브레히트에게 이상적인 관객들은 '비판하고, 생각하고, 분석하는 사람'이었다. 그래서 브레히트는 작품을 최종적으로 완성하기 전에 굳히기 연습을 통해 감정을 떨구려고 했던 것이다.

브레히트는 자신의 연극 이론에서 정서/감정들을 털어내길 원했다. 브레히트의 작품 〈사천의 선인(Guter Mensch von Sezuan)〉으로 예를 들어보자. 주인공 센테(Chen-te)가 이웃 사람을 도우려고 했던 행동들은 결국 그녀가 이웃을 착취하는 악덕 사업가로 몰고 간다. 우리가 센테를 동정해서 눈물을 흘리게 되면 카타르시스[7]가 생기게 되는데, 동정심에 들끓고 있던 감정이 정화 또는 배설되어 버리게 된다. 비판적인 이성적 생각이 눈물과 함께 흘러가 버리는 것이다. 그의 이론에 따르면, 잘못된 모순은 모순 그대로 보여줘야 한다. 극히 논리적인 주장인 것이다. 등장인물의 상황과 처지가 그냥 불쌍하다고 함께 울면, 들끓던 감정이 다 해소되어서 집에 돌아가면 더 이상 무대에서 대면했던 모순을 해결할 동력을 상실해 버리는 것이다. 그래서 브레히트는 연극에서 감정/정서를 싫어했다.

그러나 우리가 브레히트의 작품만 하는 것은 아니다. 따라서 대사 연습을 패스트 런처럼 빠르게 가면 안 된다. 대사와 상황을 음미하고 곱씹고, 정조와 상황과 문맥을 파악하고 대사를 해야 한다. 이것은 대사를 천

---

7) 카타르시스(catharsis)에는 '정화'라는 뜻 외에 '배설'이라는 뜻도 있다. 요즈음은 정화보다는 배설을 더 많이 용인한다.

천히 해야 가능하다. 이것이 '천천히'이다.

　　대사를 읽을 때, 실제로는 읽지 말고 말해야 한다. 연극/연기를 전공하는 학생들은 대본을 읽을 때 말하려고 노력하라. 지난 시간에 말했듯이 말하는 것과 읽는 것은 다르다. 대사에 상황과 문맥을 대입하면 다른 느낌이 나온다. 대사에 상황과 문맥을 넣는 시간과 여유가 '천천히'를 만들어낸다. 이것이 '천천히'이다. 이것을 설명할 수 있고 가르칠 수 있어야 연출가가 될 수 있다.

(2) 크게

극장은 물리적으로 인공적인 공간이고 우리가 일상에서 만나는 공간이 아니다. 일상에서 우리가 대화하는 공간보다 크다. 우리가 일상에서 대화하는 공간은 1미터 50센티미터를 벗어나지 않는다. 목소리의 크기를 무의식적으로 몸이 결정해 버린다. 친한 사이일수록 가까이서 말하고, 어색한 사이일수록 멀리서 말하는 것은 매우 자연스럽게 이루어진다. 따라서 극장에서도 거리를 물리적으로 계산하여 언어가 상대 배역과 관객에게 닿아야 한다. 무대에서의 대사가 일상 언어보다 '크게' 말해야 하는 이유가 바로 이것이다.

　　무대의 이러한 인위적 특성을 자신의 연극에 적극적으로 활용한 사람이 바로 브레히트이다. 브레히트의 연극은 연극을 이루는 수단/요소들이 보이는 연극이다. 막도 절반만 올리고 조명도 관객이 볼 수 있도록 노출한다.

　　브레히트가 이처럼 연극의 인위성을 강조하는 것은 관객들의 본능적인 감정 이입과 동일시를 막기 위한 장치를 두길 원했기 때문이다. 그는 관객들이 무대 위 장면/상황에 집중해 감정 이입과 동일시에 빠지더라도

'낯설게 하기'[8]의 여러 수단으로 감정 이입과 동일시가 '중단'될 것을 기대했다.

서사극에서 '중단'이라는 것은 굉장히 중요하다. 감정 이입과 동일시는 인간이 가지고 있는 가장 원초적인 본능적 심리 기제이다. 따라서 아무리 여러 방법을 써도 사람은 자신이 보는 상황에 빠질 수밖에 없다. 이러한 점들을 받아서 아우구스또 보알(Augusto Boal)[9]은 '보이지 않는 연극'을 만들었다. 연극을 통해 사회를 변혁하겠다는 공통 사상을 가진 두 사람이 관객의 감정 이입과 동일시를 대하는 자세는 사뭇 상반된다는 것이 재미있다.

브레히트의 서사극 이론이 아무리 교묘하고, 아무리 뛰어나도 관객들이 감정을 이입하는 것은 본능적이다. 그래서 브레히트의 연극이 연기하다 멈추고, 그러다가 장면 자체를 멈추고 다시 노래 장면으로 가는 것이 바로 이 '중단'을 통해 관객들의 감정 이입과 동일시를 막고 싶어서 그런 것이다.

사실주의 연극은 관객에게 '이것은 연극이 아니라 실제입니다'라고 거짓말한다. 배우 입장에서 보면 굉장히 부담이 가고 힘든 연극이 사실주

---

8) 독일어로는 'Verfremdungseffekt'이다. 영어로는 'alienation effect'. 기존에 잘 알고 있다고 생각하는 사물/대상/개념은 그렇기 때문에 오히려 잘 알지 못하다는 생각에서 출발한다. 따라서 사물을 처음 보는 것처럼 또는 낯선 것을 보는 것처럼 만드는 수단을 통해 그것을 참되게 이해할 수 있다는 개념이다. 국내에서는 오랫동안 '소외 효과'로 번역되어 사용되다가 브레히트학회의 용어 통일 운동으로 '낯설게 하기'로 조정되었다.

9) 브라질 출신의 사회 개혁가 겸 정치인 그리고 연출가이다. '억압받은 자들의 연극'으로 세계적인 명성을 얻은 그는 연극을 통해 사회를 변혁하려는 브레히트에게 강한 영향을 받았다. 관객들의 적극적인 참여를 위해 연극적 상황을 일상에 펼쳐놓고 연극이라는 것을 숨기는, 소위 '보이지 않는 연극'은 그의 대표적인 연출 기법이다. 관객들은 자연스럽게 '극적 상황에 적극적으로 참여하게 되면 사회 개혁을 위한 운동에도 적극적으로 나서게 된다는 것이 보알의 생각이다.

의 연극이다. 하지만 브레히트 연극은 그렇지 않다. 연극을 연극이라고 인정하고 연극성을 드러낼 수 있으니 배우가 무대 위에서 마음껏 놀 수 있다. 따라서 브레히트 연극의 성패는 배우가 무대 위에서 얼마나 마음껏 노느냐에 달려있다.

배우가 평생 잊지 말아야 할 단어가 몇 가지 있는데 그중 하나가 '활력(vitality)'이다. 극단적으로 이야기하면, 배우가 무대 위에서 캐릭터가 깨진 상태로 무대에 서 있더라도 활력과 생기가 있으면 관객들은 무대 위 배우에게 매혹된다. 이것이 가장 중요하다. 활력, 싱싱한 생명력, 이것은 내가 연극 제작 실습을 할 가장 많이 요구하는 단어이다.

관객은 무대 위 배우를 통해 '살아 있음'을 배우고 체험하고자 한다. 따라서 크게 말하는 게 중요하다. 선천적으로 목이 약한 사람이 있다. 올바른 발성 훈련을 거치지 않은 배우는 목을 써서 대사하기 때문에 쉽게 피로를 느끼고 결국 장기 공연을 할 수 없게 된다. 올바른 발성 훈련은 피아노 음계에 맞춰서 호흡을 가다듬고 목소리는 공명강을 활용해 가깝게 또는 멀게 보내는 훈련을 반복하는 것이다. 선천적으로 음성이 약한 사람들이나 성대 결절이 있는 사람들은 쉽게 '음성 쇠약증'에 걸리게 되고 그 상태로 계속 말하게 되면 목이 쉬어서 말을 할 수 없게 된다. 목소리 자체를 잃을 수도 있다.

우리가 원하는 것은 바로 좋은 소리(belcanto)이다. 무대에서의 음량, 즉 음성의 크기는 일상에서 말하는 것을 뛰어넘어야 한다. 적어도 소극장에서 대사할 때 객석 맨 끝에 앉은 관객에게까지 들려야 한다. 그런데 요즈음 우리는 카메라 앞에서의 연기에 익숙해지다 보니까 자연스러움을 강조하게 되었다. 카메라 연기와 극장 연기는 차이가 있으므로 그 양을 조절해야 한다. 카메라 앞에서 음량 조절을 하지 못하면 연기와 매체 간의 균형(밸런스)이 깨지게 된다. 따라서 카메라 앞에서의 연기는 매체의 차이에 따른 음량 조절을 반복해서 훈련하고 이러한 훈련이 체험으로 축적된 이후에 나타나는 자연스러움이라는 조건을 충족해야 한다.

① 음량
위에서 말했듯이 무대에서 배우의 목소리는 관객석 맨 끝까지 들려야 한다. 무대에서 객석 앞으로 투사해서 나가야 한다. 또 대사가 배우의 입 안으로 들어가지 말고 밖으로 나가야 한다. 내 대사로 상대 배우를 친다, 때린다고 생각해야 한다. 실제로 일상에서 친구에게 내 말이 어떻게 전달되는지 생각해보라. 무대 위에서 대사를 속으로 외우면서 대사를 하면 목소리는 밖으로 뻗지 못하고 안으로 들어가 웅얼거리게 된다. 대사를 입 밖으로 꺼내 상대방을 치면 자연스럽게 음량도 커지고 목소리를 쉽게 입 밖으로 내보낼 수 있다.

　　음량을 1에서 10까지의 스케일(척도)로 설정해보자. 또 음의 높낮이 즉 피치(pitch)도 1에서 10까지 설정해보자. 이것을 이용해 음량과 높낮이를 조절하면서 대사를 연습해보라. 대사를 통해 감정이 표현되기 때문에 장면에서의 감정 표현이 잘 안되면 감정 표현 그 자체에 집중하기보다는 오히려 대사의 음량과 높낮이를 재조정하면 자연스럽게 감정이 따라오게 된다. 사실 감정은 직접적으로 표현하기 어렵다. 감정은 대사와 행동을 통해 표현되기 때문이다. 따라서 한 장면에서 목표한 감정 표현이 제대로 되지 않으면 대사의 음량, 거리 그리고 높낮이에 변화를 줄 필요가 있다. 무서워서 뛰는 경우도 있지만, 뛰다 보면 무서워지는 경우도 있기 때문이다.

스타니슬랍스키는 '신체 행동에 연기의 출발점을 두어야 한다'라고 했다. 소위 스타니슬랍스키의 '신체적 행동의 방법론'[10]이다. 여기서 중요한 것은 '신체 행동법'이 연기의 출발점을 말하는 것이지 목표를 말하는 것은 아니라는 사실이다. 연기/연극의 목표는 정서/감정의 창조에 있다. 정서가 손으로 쥘 수 없고 의지대로 통제할 수 없기 때문에 행동부터 시작하는 것이다. 감정은 행동에 따라온다.

한 예를 들어보자. 인천공항발 로스앤젤레스행 비행기는 공중에 떠서 로스앤젤레스로 가는 게 목표이다. 로스앤젤레스에 가기 위해서는 비행기가 일단 공중에 떠야 한다. 비행기가 공중에 날아오르는 데 필요한 것이 바로 활주로이다. 이 비유에서 비행기는 연기, 활주로는 신체 행동, 로스앤젤레스는 초목표가 된다.

노래를 잘 부르는 사람이 연기도 잘한다. 자신의 감정을 표현하는 데 장애가 없어야 한다. 우리는 어려서부터 '얌전하게 자라라', '바르게 자라라'는 말을 들어서 나쁜 짓을 하고 나쁜 행동을 하는 것에 쉽게 그리고 무의식적으로 거부감을 느끼게 된다. 일종의 '강제된 사회화'가 배우에게 감정의 왜곡과 거부를 덧씌우는 것이다. 그렇기에 어떤 의미에서 보면, 배우는 자신이 느낀 것을 왜곡이나 숨김없이 그대로 무대에 드러낼 수 있어야 한다. 이것은 연기 훈련할 때 약간 위험할 수도 있다. 자신의 감정 표현을 왜곡 없이 순수하게 드러내는 과정에서 남에게 상처를 줄 수도 있고 그에 따라 관계의 파탄이 올 수도 있기 때문이다. 하지만 이 훈련의 중요한 목표는 배우 자신에게 어떤 자극이 왔을 때 무의식적인 왜곡을 하지 않는 것이다. 배우가 배역/캐릭터를 체현할 때 왜곡과 억압 없이 표현할 수 있

---

10) 'the method of physical action'을 그대로 번역한 것이다. 초창기의 번역은 요즈음에 이르면 '신체 행동법', '신체 행위법' 등으로 간편하게 번역되고 있다.

어야 하기 때문이다. 그런 의미에서 '배우라는 직업은 저주받은 직업이다[11]'라는 말이 가슴 아프게 다가온다.

② 입

우리말은 자음과 모음이 결합하여 한 음절의 소리가 된다. 따라서 입을 크게 벌려 정확한 모음으로 발음하는 것이 중요하다. 입을 크게 벌려라. 이게 단순한 이야기 같지만 굉장히 중요하다. 발음할 때 아래턱이 떨어질 것처럼 크게 벌리면서 연습해라. 요즈음 우리말에서 많이 없어지고 있는 것 중 하나가 '복모음'이다. 주로 젊은이들이 '돼지'를 '대지'라고, '안 돼'를 '안대'라고 말하는 것을 볼 수 있다. 입을 크게 벌리지 않고 말하기 때문이다. 소위 편하게 발음하는 습관이 복모음들을 죽이고 있다.

연극학과 입시를 준비하면서 연기 학원에서 혀가 짧다고 지적받은 사람이 아주 많다고 들었다. 그런데 이것, 혀 짧은 소리는 실제 혀가 짧은 것이 아니라 어릴 적 잘못된 발음 습관이 교정되지 않은 채 입과 혀를 긴장한 상태에서 발음하는 경우가 대부분이다. 즉 실제 혀가 짧은 사람은 사고로 혀가 잘리는 경우가 아니라면 극히 드물다.

긴장하면 안 되는 것은 혀뿐만 아니라 몸도 마음도 다 똑같다. 따라서 혀와 몸 그리고 마음은 늘 이완되어 있어야 한다. 이것은 모든 운동과 예술에 있어서 첫 번째 전제 조건이 이완인 것과 같다. 긴장보다 이완이 우선이다. 경기가 안 풀리면 감독들은 선수들을 불러서 정신 차리고 긴장을 풀라고 말한다. 긴장하면 하던 것도 되지 않는다.

입을 크게 벌려라. 모음은 입 모양에 따라서 다른 소리가 된다. 배우는 가장 정확한 발음으로 대사를 해야 하기 때문에 꼭 입을 크게 벌리고,

---

11) 메소드 연기로 유명한 말론 브란도(Marlon Brando, Jr. 1924~2004)의 고백이다.

정확한 입술 모습으로 연습하길 바란다.

(3) 또박또박

또박또박은 발음의 문제다. 우리나라 말은 자음과 모음이 합해져서 한 음절을 이룬다. 'ㄱ'이라는 자음과 'ㅏ'라는 모음이 만나 '가'가 되는 것이다. 자음은 혀와 소리가 어느 조음 기관[입, 입술, 치아, 연/경구개, 후두 등]에 부딪혀서 나오느냐에 따라 구별된다.

지겹겠지만 고등학교 때 배웠던 문법을 다시 설명해야겠다. 우리가 배운 법칙들은 무엇이 있는가? 두음 법칙, 자음 접변, 구개음화, 받침 법칙 등이 있다.

'ㅣ'는 혀의 위치가 높다.

'ㅔ'와 'ㅐ'는 혀의 높이 차이도 있고 입의 벌어짐 차이도 될 수 있다.

'ㅏ'는 밖으로 나가는 양성 모음이고, 'ㅓ'는 'ㅏ'보다 약간 입이 닫히는 음성 모음이다.

원순은 입/입술을 둥글게 오므려 발음하기 때문에 붙여진 이름인데 'ㅜ' 가 대표적인 원순 모음이다.

혀의 위치와 조음 장소를 정확하게 지켜서 발음해야 한다.

발음 훈련이든 대사든 입 모양을 정확하게, 크게, 그리고 밖으로 뱉어서 크게, 또박또박 말하도록 노력해라. 기계적으로 읽지 말고 음정에 변화를 주었다가 정확히 말하고 또 크게, 작게 말하기를 반복하면서 다양하게 연습해야 한다. 혼자 읽기 힘들면 둘이나 셋이서 함께 해보는 것도 좋다. 혼자서 연습하는 것은 굉장히 힘들다. 잡생각이 많아 집중해서 오랫동안 꾸준히 할 수 없다. 친구와 같이 연습하면 친구가 고맙고 동지로 여겨진다.

아래 모음 삼각도와 모음 사각도를 참고하기 바란다.

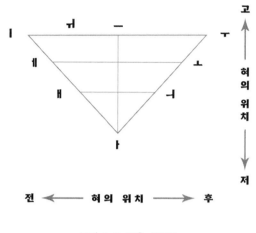

그림 4-2. 모음 삼각도

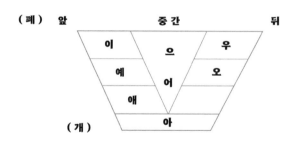

그림 4-3. 모음 사각도

2) 강조, 장단고저

한 문장에서 강세 즉 악센트를 어디에 둘 것인가. 보통 문장은 문장의 구조 및 문법, 낱말의 기능 등을 다루는 통사론[12]과 문장의 의미를 따지는 의미론, 말의 음성학적 문제를 다루는 음성학, 문장의 문맥과 정황을 따지는 화용론으로 분석할 수 있다. 통사론으로 보면 말이 되는데, 의미론으로 보면 안 되는 말도 있다. 문법은 맞는데 의미가 모순되어 통하지 않는 것이다. 예컨대 '형님도 내 나이 되어 보쇼'라는 말이 있다. 형님이 어떻게 내 나이가 될 수 있겠는가? 하지만 이게 화용론으로 보면 맞다. 화용론은 말이 어느 상황에 쓰이느냐에 대한 학문이다. 동생이 오죽 답답하면 이런 말을 하겠는가.

예시 문장 〈너 지금 학교 가니?〉를 살펴보자.

먼저 '너'에다가 강조를 주어 보자. 이 문장에서 중요한 건 '너'이다. 다음은 '지금'에 강조를 두고 그다음 '학교'에 두고, 순차적으로 '가니'에도 두어보자. 우리는 실제 일상생활에서 무의식중에 원하는 낱말에 강조를 찍으면서 말한다. 문제는 무대 위에 올라섰을 때 이 강세가 자연스럽게 작동하지 않는다는 것이다.

문장으로 예시를 들어보자. 〈네가 떠난 그 순간 난 죽은 목숨이 되었어.〉

어느 부분에 강세를 줄 것인가. 네가? 순간? 죽은?

자기 대사에서 가장 중요한 것 '나'다. 내 대사에서 중요한 것은 자기 입장이다. 그렇다면 제2 강세는 어디에 둘 것인가. 대부분 수식하는 말들은 강조를 하지 않는다. 그래서 이 문장의 정답은 '네가 떠난 그 순간(2), 난(1) 죽은 목숨이 되었어'가 된다.[13]

이것은 한 문장에서 내가 강조하고 싶은 단어를 정확하게 강조하고

---

12) 학자에 따라 문장론, 구문론, 월갈 등으로 부르기도 한다.

13) 한국어 문장에서 자명한 주어는 생략할 수 있다. 따라서 '나'가 생략될 수 있기 때문에 제1 강세가 의미 없을 수도 있다. 또 앞에서 언급한 화용론의 시각으로 보면, 어느 단어라도 상황에 따라 강조를 달리할 수 있다.

있느냐의 문제이다. 한 문장에서 특정 단어를 강조하면 자연스럽게 장단 고저의 운율이 생기게 된다. 즉 대사가 노래처럼 되는 것이다. 우리나라 말은 조음의 특성상 주로 3 · 4조나 7 · 5조로 되어있다. 따라서 강조와 운율이 잘 어우러지면 대사는 노래처럼 나올 수 있다. 대사가 노래처럼 나오기 시작할 때 그 대사는 완성되는 것이다.

어느 대학교 교수님이 '대사를 먼저 완벽히 외워야 연기가 가능하다'라고 말하는 것을 들은 적이 있다. 하지만 나는 '대사를 외우지 말고 상황을 먼저 생각하라'고 말한다. 대사를 기계적으로 암기하고 또 그것을 기계적으로 되풀이하는 것이 아니라면 이 둘은 같은 말이다. 대사를 완벽히 외우라는 말은 노래처럼 될 수 있게 하라는 것이고, 상황을 생각하라는 말도 노래처럼 표현할 수 있어야 한다는 의미일 것이다. 무대 위에서 배우들이 대사를 주고받으면 하나의 흐름이 생기면서 점차 에너지도 커지게 된다. 따라서 무대 위에서 대사를 읽듯이 하지 말고 노래하듯이 하자.

3) 띄어 읽기와 호흡-휴지(pause): 극적 휴지(dramatic pause)

띈다고 하는 것은 문장을 읽다가 '사이(pause)'를 둔다는 것이다. 숨을 쉰다는 뜻이다. '숨을 쉰다'는 것은 호흡을 통해 공기를 들여 마시거나 내쉬는 것을 말한다. 그러나 대사를 하다가 한 문장에서 '사이'를 두는 것은 호흡을 통해 에너지를 보충하는 것 외에 다른 기능도 갖고 있다.

첫 번째는 바른 의미의 전달이다. 즉 숨을 잘 못 쉬면 문장은 전혀 다른 의미를 갖게 된다. 대표적인 예가 '아버지가방에들어가신다'이다. 이 문장에서 바르게 숨을 쉬면 '아버지가 방에 들어가신다'라는 의미가 있다. '개가죽을먹다'나 '나물을사다'라는 문장도 마찬가지다. 띄어 읽기에 따라,

즉 숨을 어디에서 쉬느냐에 따라 '개가 죽을 먹을 수도 있고 '개가죽을 먹을 수도 있다. '내가 물을 살 수도 있고 '나물을 살 수도 있는 것도 마찬가지다. 그만큼 어디에서 숨을 쉬느냐 하는 문제는 한 문장의 의미를 결정하기 때문에 매우 중요하게 다루어야 한다.

이것보다 더 중요한 것은 '짧은 문장은 한 호흡에 하라'는 원칙이다.

요즘 TV에서 소위 '발 연기'를 보게 된다. 발 연기는 대사 및 연기 훈련이 충분하지 못한 연기자가 녹화나 공연을 강행할 때 나온다. 연기를 배우지 않아 화술이 미숙한 아이돌 스타들을 기용하면서 생기는 해프닝으로 생각한다. 이런 경우 감독은 어떻게든 장면을 이어가려고 대사를 짧게 끊고 사이사이에 음악을 넣는 방법으로 미숙한 연기를 보충하려고 한다. 낱말마다, 구절마다 끊어지는 대사가 탄생하는 것이다. 호흡 한 번의 양과 길이는 개인마다 다르다. 무대 위 배우들이 흉식 호흡보다 복식 호흡[14]을 선호하는 것은 바로 그 호흡과 에너지양의 차이 때문이다. 인간은 폐로 호흡하다 보니 일상생활에서는 당연히 자연스럽게 흉식 호흡을 하게 된다. 그러나 극장/무대에서는 장면의 긴장도에 따라 흉식과 복식을 혼용해서 사용한다. 무조건 복식 호흡만 쓰다 보면 오히려 필요 없는 긴장이 생기게 된다.

긴 문장을 말할 때, 띌 곳은 배우가 호흡할 때 부담이 되지 않는 선에서, 즉 자연스러운 호흡의 길이에 따라 결정해야 한다. 다만 말이 안 되게 끊어서 관객들이 불편함을 겪지 않도록 해야 한다. 아까 음량을 1에서 10까지 설정했던 것처럼 호흡의 양도 1에서 10까지로 설정해보자. 노래 부

---

14) 복식 호흡은 '배로 숨을 쉬는 것'이 아니다. 호흡 기관과 소화 기관을 구분하는 '횡격막'을 밑으로 내려 보다 깊은 숨을 쉬는 호흡이 복식 호흡이다. '항문 호흡'이나 '어깨 호흡' 등의 표현은 호흡을 길게/깊게 하라는 일종의 상징적 표현일 뿐 실제 항문이나 어깨로 호흡하는 인간은 없다.

르는 것이 호흡에 도움이 된다. 대본에 숨 쉴 곳(쉼표)을 반드시 표시하도록 하자.

아주 긴 문장은 중간에 호흡을 살짝, 즉 반만 해서, 완전히 끊는 것이 아니라 숨만 살짝 보충하면서 대사를 계속하는 방법이 있다. 일종의 호흡하는 기술이다. 이것을 '반 호흡'이라고 하는데, 이것은 호흡을 완전히 띄는 것이 아니라 살짝 띄는 것을 말한다. 문맥상 띄면 안 되기 때문에 살짝 띄면서 숨을 쉬는 것이다.

배우는 입에서 살아 있는 대사를 뱉어야 한다. 잘못된 끊어 읽기는 죽은 대사를 만든다.

두 번째는 '극적 휴지(dramatic pause)'이다. 대사에서 호흡도 충분하고, 안 쉬고 한 번에 갈 수 있는데 극적인 효과를 위해서 일부러 숨을 쉬는 것을 말한다. 보통 강조하고 싶은 단어 앞에서 극적 긴장감을 높여 놓은 상태로 '사이'를 넣는 것이다. 이때 호흡은 완전하게 에너지를 떨어뜨리는 것이 아니라 반 호흡 때처럼 긴장을 유지해야 한다. 따라서 극적 휴지는 짧거나 긴 대사 모두에 활용할 수 있다.

공연 경험이 많은 사람은 누구보다 먼저 '연극 속 가치(dramatic value)'를 안다. 한 작품에서 어떤 역할이 비중이 작아도 매력적인 배역인지 금방 알아차린다. 이런 능력은 누가 대본을 깊이 있게 파느냐에 따라 얻을 수 있다. 파종할 때 밭을 얕게 판 사람은 씨앗이 다 말라 죽지만, 힘들여 깊게 판 후 파종한 사람들은 풍성한 수확을 얻을 수 있다. '대본 읽기'는 파종 전 밭을 깊게 가는 일과 같다.

4) 장음과 단음

현대 한국어에서 가장 구분하기 어려운 것이 바로 장음과 단음이다. 이것

때문에 어떤 선생님들은 장음과 단음의 구별을 가르치지 않는다. 하지만 장음과 단음을 지켜 발음하면 대사가 노래처럼 아름다워진다.

장음과 단음은 사전을 찾아보지 않으면 구분할 수 없다. 따라서 처음 대본을 받으면 사전을 보면서 장음과 단음을 구별해야 한다. 처음에는 매우 힘들고 피곤한 일이지만 익숙해지면 사전 없이도 장음과 단음을 구별할 수 있게 된다.

사전에 '눈:/눈', '창:/창'과 같이 단어 옆에 작은 점 두 개가 찍혀 있는 것이 장음이다. '눈에 눈이 들어가 흐르는 물은 눈:물인가 눈물인가?'나 '창에 창을 던져서 생긴 구멍은 창:구멍인가, 창구멍인가?'[15]와 같이 구별해서 말할 수 있어야 한다.

우리말에는 운문과 산문이 있다. 운문은 시와 같은 말이고 산문은 소설과 같은 말이다. 세계의 모든 연극 대사는 사실주의 연극 이전에 모두 운문으로 되어 있었다. 그래서 배우는 대사를 직선이 아닌 곡선으로 던져야 했다. 사실적이지 않다는 뜻이다. 사실주의 연극이 들어와서야 말을 일상 언어 형태처럼 쓸 수 있게 되었다. 물론 대사는 일상 언어처럼 보이지만 일상 언어가 아니라 사실은 이상적인 완성된 언어이다. 일상에서는 불분명하게 발음하고 말하지만, 무대 위에서는 단 한 번에 끝내야 하기 때문에 정확하게 말해야 한다.

운문에서는 외재율이 있다. 밖에 보이는 운율이라는 뜻이고 산문에는 내재율이 있다. 내재율을 살려 산문 대사를 말하면 노래처럼 들리게 된다. 이것을 가능하게 하는 것이 장음과 단음이다. 앞에서 말한 강세와

---

15) 눈(眼)이 단음이고 눈:(雪)이 장음이다. 따라서 '눈에 눈:이 들어가 흐르는 물은~'으로 읽어야 한다. 창(窓)과 창(槍)은 모두 단음이다. 따라서 '창에 창을 던져서~'로 모두 짧게 발음해야 한다. 노랫소리를 의미하는 '창:(唱)'이 장음이다.

장·단음을 구별할 줄 안다면 대사는 노래로 끝낼 수 있다.

5) 읽어라 〉 말해라 〉 캐릭터로 말해라

화술의 완성 단계를 나타내는 말이기도 하고, 연기의 완성 단계를 나타내는 것이기도 하다. 대본 읽기를 하고, 행동선(blocking)을 만들고, 이어 연습하기(run through)와 다듬기를 한 후에 다시 대본을 읽어보면 대사가 그전과 달라졌다는 느낌을 받는다. 그게 바로 읽기 단계에서 말하기 단계로 발전했다는 변화이다. 주의해야 할 것은 말해야 한다는 점에 쫓겨서 급하게 서두르면 오히려 대사를 이상하게 말할 수 있다. 흔히 말하는 '쪼'가 생기는 것이다. 따라서 우리는 읽을 때, '말하려고 노력해야 한다. '말하려면 상황과 의미를 알아야 한다. 어떤 경우든 의미와 상황을 완벽하게 알지 않으면 자연스럽게 말할 수 없게 된다. 이게 '말해라'이다.

이젠 '캐릭터[16]로 말해라'에 대해 이야기해 보자. 말은 배역의 성격과 기능에 따라 달라진다. 따라서 자연스럽게 말하는 것은 캐릭터에 따라 변화를 겪게 된다. 다만 캐릭터는 상황에 따라 자주 바뀌어서는 안 되기 때문에 캐릭터의 일관성을 지켜야 한다. 다만 극중 인물이 극의 진행에 따라 발전하는 경우도 있기 때문에 캐릭터로 말하는 것은 언제나 신중하게 구사해야 한다. 초보 배우가 가장 많이 하는 오류는 자연스럽더라도 캐릭터가 보이지 않거나 항상 똑같다는 것이다.

---

16) 캐릭터(character)는 등장인물 자체를 의미하는 '배역'과 등장인물의 성격을 의미하는 '성격'으로 구분할 수 있다. '캐릭터로 말해라'는 배우 자신이 아닌, 등장인물의 성격에 부합하게 말하라는 것이다. 일종의 목소리 연기로 볼 수 있다. 보통 배우와 등장인물은 '자세, 시선, 걸음걸이, 어투, 제스처와 비즈니스'에서 차이가 있다. 즉 배우는 무대 위에서 자신을 드러내는 것이 아니라 배역의 자세와 시선, 걸음걸이와 어투를 배역의 제스처와 비즈니스로 표현해야 한다.

6) 대사는 주고받는 법(cue and attack)

독백은 혼자 하는 것이고, 방백은 옆에다 던지는 것이지만 대화는 둘이 하는 것이다. 주고받고, 주고받고 하는 게 대사다. 그래서 독백 연기 대신에 장면 연습을 하라고 하는 얘기는 이 주고받기를 하라는 얘기다. 혼자서 독백 연기를 하는 것은 입시를 위해 생긴 기형인 것이지, 계속 독백 연습만 해서는 안 된다. 실제 연극의 한 장면에서 가장 중요한 대사는 주고받는 대사들이다. 이때 대사를 주고받는 방법 즉 큐(cue)와 어택(attack)을 이해하면 좋다. 대사를 주고받는 방법들은 다음과 같다.

(1) 즉각적으로 되받기, 주고받기

먼저 일상에서 말하는 것처럼 해보자. 어택은 실제로 내가 대사하는 순간이다. 말 그대로 공격하는 것인데, 말을 빨리하느냐 느리게 하느냐에 따라 다르다. 큐는 '내가 대사를 해야 하는구나' 하고 느끼는 순간을 말한다. 그래서 큐는 상대방의 대사 끝에 달려 있다. 즉각적으로 되받을 때는 큐와 어택이 늦다.

> A: 그 편지 돌려줘.
> B: 응, 그래. 알았어.

위 대사에서 큐는 '~돌려줘'의 어느 순간에 있다. 하지만 어택은 대사가 끝나자마자 바로 시작된다. 하지만 오버랩이 되면 큐와 어택이 빠르고 그 사이도 짧다.

(2) 오버랩(overlap): 다 주기 전에 받기

상대방이 대사를 다 하기 전에 맞물려서 내 대사를 하는 것이다.

A: 정 가기 싫으면 안 가도 돼.

B: 그래, 가자!

위 대사에서 B의 큐는 '~싫으면~'의 어디쯤에 있고, 따라서 어택은 '~ 안 가도 돼'의 앞쪽에서 시작된다. 따라서 A의 '~안 가도 돼'와 B의 '~그래, 가자'는 겹쳐서 들리게 된다.

(3) 다 받은 후 '사이(pause)'를 두고 하기

한 사람의 대사가 다 끝나고 난 후 바로 대사를 하는 것이 아니라 '사이'를 두고 대사를 하는 것이다.

A: 그 편지 당장 내려놔!

B: (사이) 알았어. 미안해

위와 같은 대사는 보통 대사 간 긴장의 정도와 밀접한 관계가 있다. 즉 두 사람이 대화하는 장면에서 한 사람의 대사를 '사이'를 두고 받으면 앞 사람의 긴장 정도는 많이 떨어지게 된다.

긴장의 정도 즉 감정/정서의 높낮이를 'emotional key'라고 한다. 감정/정서는 물과 같아서 높고 강렬한 감정은 시간이 지나면 점차 하락하게 된다. 예를 들어 상대방이 7~8 정도의 감정의 힘으로 대사를 하고, 내가 2~3으로 대사를 해야 한다면, 7~8에서 2~3으로 떨어지는 시간의 차이가 있어야 하는데 이게 바로 '사이(pause)'이다.

조명에서도 마찬가지다. 1막에서 9의 밀도로 끝났는데, 2막은 다시 1에서 시작해야 한다면 조명도 9에서 1로 떨어지는 시간의 차이가 있어야 한다. 높은 긴장감이 떨어지는 시간의 길이가 필요한 것이다.

언제 대사를 시작/어택 할 것이냐에 관한 결정은 작가가 대본에 써주는 때도 있고 아니면 연출이 말할 때도 있다. 그 외엔 전부 배우가 정해야 한다. 물론 혼자 하는 것이 아니라 상대 배역과 함께한다. 그래서 대사를 주고받는 것은 상대 배역과 함께 만들어내는 작업이라는 것을 의미한다. 따라서 연습이 끝나면 바로 집에 갈 것이 아니라, 상대 배우와 이야기하는 시간을 가져라. 머리로 이해하는 것도 필요하고, 그것을 몸으로 표현해내기까지 많은 시간과 노력을 기울여야 한다.

(4) 일단 받았다가 사이를 넣기

상대 배역의 대사에 대해 일정한 고려가 필요할 때, 일단 대사를 응답했다가 생각할 여유를 사이를 활용해 만드는 것이다.

A: 어떻게 그런 말을 믿을 수가 있어?
B: 글쎄... (사이) 아무튼 그렇게 됐어.

이때 '사이'의 길이를 어느 정도 해야 할 것인지는 문맥과 상황에 따라 다르다. 따라서 배우는 집에서 혼자 연습할 때 사이의 길이를 기계적으로 결정하지 말고 연습 때 상대 배역 또는 연출과 상의하여 적절한 사이의 길이를 정해야 한다.

(5) 동시에 말하기

말 그대로 두 명 또는 다수의 배역이 동시에 말하는 것이다. 중요한 것은 의미가 전달이 안 될 정도로 혼선을 빚으면 안 되고, 관객이 알아들을 수 있어야 한다는 것이다. 따라서 반복된 연습을 통해 적절한 시간차를 정해 대사해야 한다. 보통 중요하지 않은 대사들은 대본에 인쇄된 순서대로, 순차적으로 하기보다는 이 방법대로 동시에 말하면 대화의 입체성도 생기고 시간 낭비도 줄일 수 있다. 논쟁을 벌일 때, 상대방의 대사를 무시하는 장면에서 주로 사용하기도 한다. 늘 기억해야 할 것은 '무대 위에서는 무질서도 질서 있게 표현해야 한다'는 것이다.

(6) 입체적으로 말하기

대본은 종이에 인쇄된 형태로 배우에게 제공되기 때문에, 모든 대사를 순차적으로 해야 한다는 편견을 가질 수 있다. 그러나 때에 따라서는 대사의 순서가 바뀌어야 문맥과 상황에 어울릴 수 있다.

> A: 하지만 아직 이해할 수 없는 게 있어!
> B: (A에게) 얘야!
> C: 뭐라고? 도대체 뭘 이해할 수 없는 건데?

이 장면을 배우들이 그냥 인쇄된 순서대로 읽으면 평범하고, 평면적인 '망한' 장면이 되고 만다. 어떤 사람들이 이렇게 말을 하겠는가. A와 C가 대화하고 있는 중간에 B가 들어오는 것이다. 그렇다면 배우들끼리 정해야 한다. 여기에서는 B의 역할이 중요하다. 언제 어떻게 둘의 대화 사이에 끼어들지 생각해야 한다. 배우가 연습 전에 충분하게 파악해야 할 것이 이것이다.

위에서 언급한 동시에 말하기와 입체적으로 말하기는 타이밍(적절한 시간 포착)의 예술이기도 하다. 사실 모든 예술에서 타이밍이 절대적으로 중요하지만 특히 연극 무대에서 배우의 대사는 이 타이밍의 적절성에 따라 그 효과가 증대되기도 하고 반감되기도 한다.

7) 의미의 분석: 소리, 단어, 구절, 문장, 문맥

배우가 대사를 기계적으로 외우면 그의 연기는 기계적인 연기가 된다. 또 상대 배역도 피해를 보게 된다. 왜냐하면 연기는 자극과 반응의 연속인데, 자극이 없는 죽은 대사가 오면 어떻게 대응해야 할지 매우 곤란하기 때문이다. 따라서 배우는 대본을 받으면 제일 먼저 대사의 각 문장 속에 있는 소리의 특성, 단어의 정확한 의미, 구절과 문장의 뜻, 그리고 문맥을 제대로 파악해야 한다. '문해력'이라고 말할 수도 있지만, 대사의 전체적인 의미 이전에 소리의 특성과 단어의 정확한 의미까지도 연구해야 한다는 점에서 '문해력'으로 말하는 것은 부족하다.

대사의 의미를 이해하고, 소리와 단어의 특성을 정확하게, 완전하게 전달하라는 것이다. 소리는 정확한 훈련을 통해 정확하게 전달된다. 의미는 여러 번 곱씹어봐야 한다. 한국인이라도 한국어를 정확하게 이해하지 못 할 수도 있다. 따라서 배우는 사전을 가까이 두는 습관을 지녀야 한다.

이해하지도 않고, 이해하지 못 한 채로 내뱉는 대사는 쓰레기와 같다. 아무도 귀담아듣지 않는다. 배우는 자신의 대사를 보석처럼 내뱉어야 한다. 그래야 상대 배우가 소중하게 가져간다. 관객이 소중하게 받는다. 아무 고민 없이, 불분명한 의미의 대사를 누가 소중하게, 가슴 아프게 듣겠는가?

(1) 소리

양성 모음은 밝고 가볍다. 음성 모음은 어둡고 무겁다. 파열음은 날카롭고, 파찰음은 신경을 곤두서게 만든다. 작가는 모든 상황을 고려해 대본에 대사를 창조해 넣는다. 모국어일수록 타성에 젖어 말하기보다는 반복된 훈련으로 정확한 소리 내는 능력을 갖춰야 한다. 소리를 밝게 낼 것인지,

어둡게 낼 것인지, 높은 소리로 말할 것인지, 음울한 소리로 말할 것인지 상황에 따라 천변만화하는 소리의 예술가가 되어야 한다. 한국어가 밝고 능동적인 언어라는 사실을 말해주는 사람들은 생각보다 적다.

(2) 단어

모든 단어는 그 자체가 가진 고유의 느낌이 있다. 예를 들어 '꽃'은 밝고 씩씩하고 환한 느낌을 주고, '아기'는 저절로 웃음이 나오게 한다. '뱀'을 사랑스럽고 소중한 느낌으로 말할 수 있겠는가? '똥'을 신나게 말할 수 있는가?

'유리구슬'과 '깨진 유리구슬'은 읽는 자체만으로도 느낌이 다르다. 조금만 주의를 기울이면 쉽게 구별해 말할 수 있는데, 왜 무대 위에서 습관적으로, 타성에 젖어 펄떡펄떡 뛰는 생선과 같은, 살아 있는 대사를 하지 못하는가?

작가가 얼마나 많은 고심 끝에 대사를 쓰는지 아는가? 적어도 내 대사만큼은 그리고 상대 대사만큼은 각각의 단어를 정확하게 이해하도록 노력하자.

(3) 구절과 문장

배우는 대사의 의미를 이해하지 않고 말할 수 없다. '읽는다'는 것과 '이해한다'는 것은 다른 차원의 이야기이다.

'나는 생각한다, 고로 나는 존재한다'라는 말은 무슨 의미일까? '나는 생각하지 않는 곳에서 존재하고, 존재하지 않는 곳에서 생각한다'라는 말은 또 무엇을 의미할까? 모든 배우가 철학자가 될 필요는 없지만 철학적 사유를 이해할 수 있을 만큼 인문학적 교양을 갖추어야 한다. 그러니 가능한 한 많이 읽어라. 좋은 책을 가려서 읽어야 한다고 하지만 일단 닥치는 대로 읽어야 한다. 문장을 많이 읽어라. 모르는 단어가 나오면 사전을 통해 찾아라. 우선 주변의 좋은 대본들부터 읽기 시작하자. 꾸준한 독서와 시간의 침전이 깊은 눈을 가진 배우를 가능하게 한다.

우리는 살면서 모두 연기를 한다. 상황에 따라 우리의 처세는 달라진다. 죽음의 속성은 굳어 있는 것이다. 반대로 살아 있는 것들은 변한다. 따라서 예술에 있어 변화라고 하는 것은 굉장히 중요하다. 그래서 활력/생동감(vitality)이 중요하다. 또 다른 중요한 V는 변화(variety)이다. 살아 있어서 아름다운 것들은 늘 변한다. 무대에서 우리의 연기는 늘 다양해야 한다. 죽어 있는 것들은 볼 수 없다. 사람들은 살아 생동감 있게 움직이는 것들을 가까이서 보려고 한다.

(4) 문맥

배우가 무지하고 무식하면 안 된다. 자기 대사가 무슨 말인지 알아야 한다. 문장과 문단은 어떻게 다른가? 문장은 '생각의 덩어리'이다. 한 생각이 다양한 여러 사고로 표현된 것이다. 'think'는 '생각하다'지만, 'thoughts'는 '사고'라고 읽는다. 생각들이 모여서 덩어리가 된 것이다. 한 배우의 긴 대사에는 이러한 생각의 흐름이 있는 것이다. 이 변화의 흐름은 상응하는 감정의 높낮이(emotional key)에 의해 다양하게 표현된다.

희곡만 읽어서는 안 된다. 시나 산문, 소설이나 음악 또는 그림이나 조각도 접해 보아라. 화가나 작가들은 작품을 만들 때 정한 구도나 각도가 있다. 그들의 시각 즉 정해진 지점에서 보면 작가가 작품 속에 나타내고자 하는 감정의 변화나 상태들이 나타난다.

8) 부 텍스트(sub-text): 내재적 의미

드라마는 인간 갈등을 주로 다루는 예술이기 때문에 모든 대사는 표면적 의미 외에 숨은 의미를 함께 갖고 있다. 모든 대사에 숨은 의미가 있는 것은 아니지만 적어도 중요한 장면, 중요한 갈등이 나타나는 장면의 대사에는 거의 대부분 숨은 의미가 있다. 이 숨은 의미, 내재된 의미를 '부 텍스트'라고 한다. 얼핏 부가적인 의미처럼 읽히지만 표면 밑에 숨어 잘 안 보이는 또 다른 의미라는 뜻이다.

> A: 날 사랑해요?
> B: 사랑하기는 해요.

위 대사에서 B의 대답은 사랑보다 어떤 다른 감정이 더 크다는 의미를 내포하고 있다. 두 배역 간에 본격적인 갈등이 시작될 수도 있는 순간의 대사이다.

이처럼 어느 한 대사에 내재한 의미를 제대로 읽지 못한 연극은 반드시 망한다. 우리 세상에도 표면의 삶과 내면의 삶이 있다. 그래서 상황을 보고 정확히 이해하고 봐야 한다.

9) 초목표

배우의 행동에는 원인/동기와 목표가 있다. 원인은 배우 행동의 출발점이고 목표는 도착 지점이다. 앞에서 언급한 비행기와 활주로의 비유에서 비행기가 가고자 하는 방향의 종착점, 그것이 바로 목표이다. 초목표는 작은 단위의 목표들이 최종적으로 지향하는 방향성의 종착점이다. 즉 작은 단위의 장면들에 있는 목표들이 최종적으로 지향하는 것이 바로 초목표이다.

그래서 배우는 연극 속 자신이 나오는 장면에서 어떻게 출발하고 무엇을 목표로 움직여야 할지를 고민해야 한다. 먼저 그것이 납득되어야 배우의 연기가 관객들에게도 납득될 것이다. 그러니 배우는 늘 질문해야 한다. '나는 누구인가?', '나는 여기에서 무엇을 하는가?', '나는 그것을 왜 하는가?', '나는 어디에서 왔는가?', '나는 여기에 있는 사람들과 어떤 관계를 맺고 있는가?', '나는 어디로 가는가?'

철학자의 고민처럼 보이는 이러한 자문들이 진지한 반복을 통해 숙성되면 배우의 연기는 예술의 향기를 띠게 된다. 애초에 배우는 철학자이기도 했으니까.

과 제

1. 오디션을 시행하고 배역 선정하기
2. 선정한 작품 읽기
3. 연출 일지 작성하기
4. 수업 일지 작성하기

다섯 번째 수업

▼

대본 읽기와 행동선 만들기

지난 주간에 배역 선정은 잘했니? 쉽지 않지? 이제 배역 선정이 끝나면 본격적으로 대본 연습과 장면 연습을 해야 하니까 빠르게 진도를 나가보자.

지난 시간에 화술의 15가지 원칙 중에서 9번째까지 이야기했으니, 오늘은 지난주에 이어서 10번째 원칙부터 마지막인 15번째 원칙을 다루어보자. 특히 10번째부터 12번째까지는 서로 밀접한 관계가 있는 것들이니까 별개로 설명하더라도 함께 생각하도록 해라.

그리고 이번 주부터 본격적으로 여러분의 배우와 함께 장면 만들기를 하도록 해라. 대본 읽기부터 시작해서 점차 규칙적으로 연습하도록 해라. 연습은 일주일에 두 번 해야 한다. 그리고 연습 전·후에는 연출 일지/작업 일지를 써야 한다.

1. 화술의 15가지 원칙 (2)

10) 대사와 움직임과 감정은 하나다

나는 여기서 움직임을 맨 앞에 두어 '움직임과 대사와 감정은 하나다'라고 말하고 싶다. 대사를 하고 움직이면,[1] 감정은 저절로 따라온다. 왜냐하면 대사와 움직임과 감정이 하나이기 때문이다. 움직이고 대사를 해보면서 정서가 따라오는지 그렇지 않은지 확인해보자.

사실 이것은 스타니슬랍스키가 『역할창조』에서 중점적으로 다루는 부분이다. 즉 소위 '신체 행동법'은 지난 시간에 이야기한 것처럼, 비행기가 하늘을 나는 데 필요한 활주로이다. 그렇게 보면 대사와 행동/움직임은 정서를 낚기 위한 '낚싯밥'과 같다. 정서/감정은 의식적으로 가져오려고 노력해도 쉽게 나타나지 않는다. 배우가 초조해하면 할수록 감정은 억지 감정이 되고 만다. 이것은 배우를 더 긴장시키고, 결국 의도한 감정과는 다른 감정들이 들어오기 쉽다.

한 장면에서의 감정/정서는 신체 행동법과 같은 '낚싯밥'(대사와 행동)을 통해 유인해낼 수 있다. 기계적인 움직임에도 감정이 반응하지는 않는다. 따라서 대본을 통해 파악한 상황과 대사를 먼저 실행하고 그 후에 따라오는 감정을 관찰하는 훈련을 계속해야 한다.

---

1) 대사와 움직임의 관계는 다음과 같이 구분할 수 있다. ① 대사를 하고 움직이기 ② 움직이고 나서 대사하기 ③ 움직이면서 대사하기. 대사를 하고 움직이면 움직임이 강조되고, 움직이고 나서 대사하면 대사가 강조된다. 즉 나중에 하는 것이 강조된다. 따라서 움직이면서 대사하는 것은 대사와 움직임이 서로를 방해하게 된다. 그래서 별로 중요하지 않은 대사에서 움직임을 함께하게 된다. 나중에 '무대 위의 움직임' 항목에서 좀 더 세밀하게 언급하겠다.

11) 감정을 전달하기보다는 상황과 의미를 전달하라

초보 연기자는 장면 연기에서 감정 표현이 중요하다고 생각한다. 연극을 포함한 모든 예술의 궁극적인 목표가 감동이다 보니, 예술가들에게 감정은 강렬하게 직접적으로 표현해야 하는 대상으로 간주된다. 하지만 연극/연기 예술에서 감정은 직접적으로 표현할 수도 없고 또 마음대로 조정할 수도 없는 난감한 대상이다.

초보 연기자들이 장면 연기에서 저지르는 대부분의 잘못은 감정을 직접적으로 표현하려는 시도에서 비롯된다. 하지만 생각해보자. 배우는 어떻게 어떤 한 장면이 매우 슬프거나 화가 난다는 생각, 또는 느낌을 가질 수 있었을까? 배우가 대본을 읽으면서 그 장면의 상황과 의미를 이해했기 때문이다. 따라서 배우는 장면 연기에서 감정을 표현하려고 하기보다는 그 장면의 상황과 의미를 정확하게 전달하려고 노력해야 한다. 감정에 치우쳐 대사를 제대로 하지 못하고 우는 표정이나 흐느끼는 것만으로는 장면을 이해시킬 수도 없고 관객과의 소통을 이루어낼 수도 없다. 이해할 수 없는 과장된 감정 표현은 오히려 관객들 마음의 문을 닫게 만든다. 감정 전달보다 중요한 것은 상황과 내용을 전달하는 것이라는 사실을 기억하자.

그래서 배우가 주의를 기울여야 할 것은 정확한 발음과 발성 그리고 그것과 어울리는 움직임이다. 연극 한 편을 무대에 올리기 위해선 배우는 최소 150번이 넘게 대본을 본다. 모든 장면의 상황과 의미가 배우에게는 익숙하지만, 관객은 겨우 한 번 볼 뿐이다. 따라서 관객들을 극적 상황으로 끌고 가려면 감정보다 한 장면의 상황과 그 의미의 전달에 주의를 기울여야 한다. 감정/정서를 연기의 출발점으로 놓지 말고 대사와 행동을 출발점으로 놓자. 정서는 따라오게 만들어야지 되레 쫓아가면 안 된다. 남녀 간의 사랑도 마찬가지지 않을까?

12) 대사를 암기하기보다는 상황과 행동을 암기해라

배우가 대사 외우는 것은 당연한 일처럼 보인다. 대사를 외어야 그다음 단계로 나아갈 수 있다고 생각한다. 물론 대사를 외우지 않은 상태에서 연기할 수는 없다. 그러니 위 원칙은 대사를 외우는 방법을 바꾸라는 말로 이해해야 한다. 그리고 굳이 암기하려고 들면 대사 자체보다는 상황과 행동을 암기하라는 말이다.

상황과 행동을 암기해서 거기에 대사를 붙이고, 그 상황과 행동을 반복 연습을 계속하는 것이 대사를 외우는 바른 방법이다. 이렇게 대사를 외우면 스타니슬랍스키가 강조했던 '신체 행동법'을 자연스럽게 실천할 수 있게 된다. 물론 움직임과 대사에 자연스럽게 감정이 따라오는 것은 당연한 결과이다. 이렇게 선순환의 고리를 만들어야 한다.

만일 많은 배우가 아직도 하는 것처럼, 꾸역꾸역 기계적으로 대사를 외우면 어떻게 될까? 움직임과 분리되어 기계적으로 외운 대사는 머릿속에 한 권의 대본으로 옮겨 앉는다. 머릿속의 대본은 실제 공연까지 따라와 배우가 연기를 할 때마다 연기에 따라 한 장씩 넘어간다. 이 상태의 배우는 상대 배우와 자연스러운 교감과 소통을 할 수 없게 되고, 결국 장면의 흐름이 끊겨 공연 자체를 실패하게 된다.

그러니 대사를 외우지 마라. 기계적으로 대사를 외우면 기계적인 연기를 하게 된다. 스타니슬랍스키는 배우가 피해야 하는 **네 가지 나쁜 연기**에 관해 언급한 적이 있다.

(1) 기계적 연기

대사를 외우면 머릿속으로 대본이 넘어가고, 기계적인 연기를 하게 된다. 여기서 '기계적'이라는 것은 무대 위에서 배우 상호 간에 작용과 반작용

즉 교감과 소통이 없는 것을 말한다. 교감과 소통이 없는 연기는 장면을 조각내고 극 진행의 흐름을 끊는다.

연기/대사에는 목표가 있어야 한다. 이 목표는 배우 외부에 있는 목표점을 뜻한다. 지난 시간에 나는 대사를 입안으로 먹으면서 하지 말고 대사로 상대 배역을 때리듯 하라고 말했다. 즉 배우는 서로 주고받는 대사를 통해 자극과 반응을 주고받는 것이다. 이것이 반복되면서 하나의 흐름을 형성하고 이 흐름이 결국 바그너가 말한 것처럼 '모든 예술의 궁극적인 목표는 리듬의 창조'를 만들어내는 것이다. 이것이 자극과 반응의 선순환에 의한 자연스럽고 감동적인 연기이다.

지난 시간 우리는 감정의 높낮이(emotional key)에 관해 이야기했다. 서로 교환하는 대사를 여기에 적용할 수 있다. 만일 상대 배우가 자신의 대사를 emotional key 6으로 주었다면 나는 흐름에 따라 emotional key 5나 7로 반응할 수 있을 것이다. 기계적 연기는 자극에 따라 살아 있는 반응이 나오는 것이 아니라 언제나 똑같은, 죽어 있는 연기를 되풀이하는 것이다.

살아 있는 선순환의 교감, 이런 것이 한 장면의 시공간 안에 살아 나와야 한다. 기계적 연기는 변화가 없다. 변화 없는 것은 죽어 있다는 것이고, 죽은 것에는 사람들이 관심을 두지 않는다.

따라서 연기할 때 성급하게 기계적으로 대사하거나 움직이려 하지 말고 상대 배우의 자극에 잘 반응하려고 해야 한다. 배우(actor)의 그리스 원어는 'hypokrites'이고, 그 뜻은 'answerer', 즉 '응답하는 사람'이다. 그리스 비극이 디오니소스 찬가의 지휘자와 합창대의 응답으로 이루어져 있다는 것을 생각하면 잘 이해 갈 것이다.

이것은 좋은 연기가 무엇인지를 잘 시사한다. 즉 좋은 연기는 무턱대고 무엇인가를 하기보다는, 먼저 잘 듣고 그 후에 생기는 반응을 새로운 자극으로 표현하는 것이다. 따라서 배우는 먼저 '말하기'보다 '듣기'를 배워야 한다.

그러면 반응은 어떻게 해야 하는가?

먼저 듣는다. 그리고 본다. 내면으로 집중하기보다 밖에 있는 연기의 목표점을 보는 것이다.[2] 대사를 암기하면, 더구나 그 암기가 불완전하다면 배우는 대사를 틀릴까 두려워하게 되어 상대 배우와 장면에 집중하지 못하게 된다. 또 큐와 어택이 빠르게 진행될 때는 자기 대사에 급급해 상대 배우의 자극에 제대로 대응하지 못하게 된다. 흐름을 만들지 못하고 조각난 장면에서 죽은 연기를 반복할 뿐이다.

기계적인 연기는 죽은 연기와 같다. 장면이 조각나 흐름이 끊기면 배우는 무대가 점점 무서워진다. 무대는 연습 때와는 또 다르게 관객으로부터 자극과 작용이 오는데, 그곳에서 살아 숨 쉬지 못하니까 다시 자신의 대사에만 목숨을 거는 악순환이 반복된다.

왜 대사를 기계적으로 머리에 넣고 연기하면 안 되는 것일까? 배우의 머리에 있는 대사들은 자극과 반응이 없는 죽은 대사이기 때문이다. 배우는 대본을 읽으면서 느꼈던 감정들을 외운 그대로 말하려고 한다. 하지만 이것은 상대 배우의 반응과 새로운 자극으로 새롭게 탄생한 대사가 아니기 때문에 상대 배우와 관객은 왜 이 부분에서 그런 감정이 나타나는지 이해할 수 없게 된다. 관객도 장면의 상황과 의미를 이해해야 감정이 생

---

2) 현행 연극학과의 입시에서 '독백 연기'가 합격의 당락을 좌우하는 중요한 요소이다. 이것은 많은 입시생들의 차이를 살피기 위한 '차악(次惡)'일 뿐 연기 훈련에서 절대적인 것은 아니다. 따라서 호서대학교 연극학과에서는 신입생들에게 독백 연기보다는 장면 연기를 하라고 권장한다. 독백 연기 연습은 배우의 의식이 자신의 내면으로 향하기 때문에 연기에서 중요한, 살아 있는 자극과 반응을 훈련하기에 좋은 방법은 아니다.

기지 않겠는가? 어떤 행동이 생기는 원인과 목표를 이해해야 하는데 막연한 감정 표현과 기계적인 대사는 상대 배우, 그리고 관객과의 교감을 방해하는 장애로 작용한다.

따라서 대사를 암기하기보다는 먼저 장면의 상황과 행동이다. 장면의 상황과 의미를 암기해라. 지금 상황 다음엔 어떤 상황이 오고, 그 상황의 행동은 무엇이며 그 행동의 초목표는 무엇인지, 또 내 행동 다음에 행동은 무엇인지를 먼저 암기해야 한다. 대사는 이러한 행동에 붙여 반복 연습을 통해 몸에 익혀야 한다.

배우가 장면에 등장하기 전, 분석을 통해 준비해야 할 것들을 다음과 같은 질문으로 나타낼 수 있다.

① 나는 누구인가?
연기는 나로부터 출발해 등장인물로 가는 여행과 같다. 출발점에 서 있는 존재는 자연인으로서의 자신이지만, 목표점에 서 있는 등장인물은 작가가 창조한 허구의 인물이다. 그리고 그 과정에 '무대 위의 존재(being on the stage)가 연기의 시공간에서 부유(浮游)하고 있는 것이다.[3]

배우는 자연인으로서 무대에 서 있을 수 없고 그래서도 안 된다. 또 배우가 등장인물로 완벽하게 변신하는 것도 불가능하다. 결국 무대 위의 존재는 나와 등장인물이 혼합된 제3의 존재인 것이다.

---

[3] 이러한 연기론을 나는 '-되기'의 연기론으로 정의한다. '-되기'의 연기론은 '-이기'의 연기론의 반대편에 서 있다. '-이기'의 연기론이 연기를 통해 배우가 등장인물로 완전하게 변신하는 것을 최종 목표 즉 연기의 완성으로 본다면, '-되기'의 연기론은 연기를 출발점과 목표점 사이에서 목표점을 향해 끊임없이 부유하는 것으로 본다. 따라서 '-되기'의 연기론에서 중요한 것은 무대 위에서의 살아 있는 존재의 현장성, 생명력, 존재감이다. 이에 관한 자세한 논의는 다음 논문을 참조하라. 김대현, 「배역창조와 '-되기' 그리고 '자감(自感)'」, 『연극교육연구』, 14(한국연극교육학회, 2008).

연기가 나로부터 출발해 등장인물로 가는 여행과 같다면, 배우가 등장인물로 가는 과정을 10단계로 나눌 수 있을 것이다. 그 진행 단계에 따라 무대 위 존재는 자연인인 배우의 속성이 많은 존재가 되기도 하고, 등장인물의 속성이 많은 등장인물이 되기도 할 것이다. 따라서 이 여행이 참된 것이 되려면, 배우로서의 '나'와 등장인물로서의 '그' 그리고 그 혼합물로서의 '무대 위 존재'에 대해 깊이 고민하고, 분석하고, 표현해야 한다. 그래야 연기가, 그 과정이 참된 존재의 시공간으로 변하기 때문이다.

② 나는 여기서 무엇을 하는가?

'여기서'는 시공간이다. '무엇'은 행동이다. 행동은 대사와 움직임을 통해 사건으로 나타난다. 따라서 배우는 무대에 등장하면 그 장면의 상황은 무엇인지, 극중 장소는 어디인지, 계절과 시간은 언제인지 등을 정확하게 알아야 한다.

'무엇'에 해당하는 행동은 외적 행동과 내적 행동으로 나눌 수 있다. 외적 행동은 무대 위에서의 실제적인 움직임이고, 내적 행동은 등장인물의 내적 갈등이나 생각의 흐름이다. 이것들이 합해져 극적 행동(dramatic action)이 된다.

극적 행동은 첫째, 작가의 지문 둘째, 해설 셋째, 상대 배역의 대사 속에서 우선으로 찾을 수 있다. 이 외에 움직임을 어떻게 할 것인지를 결정하는 과정에서 기술적인 선택이 있을 수 있다. 예컨대 '한 잔의 커피를 마신다', '주전자에 물을 따른다' 등의 지문은 배우에 따라 여러 가지 방법으로 구현될 수 있다.

③ 나는 왜 그것을 하는가?

극적 행동은 동기와 목표를 갖고 있다. 동기는 행동의 원인이기 때문에 연기의 출발점이 된다. 목표는 행동의 지향점이다. 일종의 방향을 지시하는 등대와도 같다. 따라서 '행동 분석'은 첫째 움직임의 동기와 목표를 찾는 일이고 둘째, 움직임의 단위를 정하는 일이다. 즉 배우가 등장인물로 무대에 등장했을 때를 시점으로 퇴장할 때까지의 모든 움직임을 동기와 목표에 따라 나누어 분석하는 것이다. 이러한 행동의 단위와 동기 그리고 목표를 찾으면 배우의 연기는 자신을 설득할 수 있게 된다. 배우가 장면의 행동을 스스로 납득하는 것은 매우 중요하다. 배우가 납득하지 못한 행동을 상대 배역과 관객이 납득할 수는 없기 때문이다. 아니, 납득 여부를 떠나 배우의 연기에 '극적 진실'이라는 힘을 주는 것은 바로 이러한 '행동 분석'에 의한 '신뢰'이기 때문이다.

　　배우의 행동은 모두 동기(motivation)를 갖고 있다. '동기 없이 움직이지 말라'는 현장의 조언은 바로 이러한 동기의 중요성을 반증한다. 동기 없이 움직이는 행동들은 문맥과 대사 그리고 상대 배역에게 자극을 주지 못한다. 따라서 드라마(drama)가 그리스어 'dran'에서 나왔고 그 때문에 행동이 연극에서 가장 중요한 요소라면, 배우는 행동에서 동기를 찾는 일에 적극적이어야 한다. 모든 움직임에는 동기가 있다. 늘 동기를 찾고 함께 하는 일에 익숙해지자. 옆에 앉은 동기 얼굴도 한 번 더 보자. 오늘 점심은 동기들과 함께 먹어 보자. '동기 사랑, 나라 사랑'이라는 말도 있지 않은가?

④ 나와 무대 위 다른 등장인물과의 관계는 어떤가?

인간은 사회적 동물이기 때문에 무대에 등장하는 인물들도 무대 위에서 사회적 관계를 맺는다. 친한 사람과는 가까이 그리고 적대적인 사람과는 무의식중에 거리를 두게 된다. 이러한 거리의 차이는 자연스러운 무대 움직임과 행동선의 형태에 영향을 끼친다. 따라서 나와 무대 위에 다른 등장인물과의 관계를 살피는 것은 매우 중요한 일이 된다. 지난 시간에 배웠던 〈행위소 모델〉 분석을 통해 내가 주인공인지, 발신자인지, 적대자인지 등등을 살펴보고, 또 무대 위 인물들 사이의 우호적 관계와 적대적 관계를 파악해 보자.

⑤ 나는 어디에서 와서 어디로 가는가?

철학적 질문과도 같은 위 물음은 연기의 연속성과 관계가 있다. 배우가 무대에 등장하기 전과 후의 상황, 장소를 묻는 말이다. 이러한 질문은 배우가 무대에 등장했을 때만 연기하는 것이 아니라 등장하기 전과 퇴장하고 난 이후에도 연기의 집중력을 가져야 한다는 것을 지적한다.

　배우는 무대에 등장하기 전에 분장실에서 재미나게 놀다가 들어오는 것이 아니라, 그전의 극적 시공간에서 와야 한다. 배우는 등장하기 전의 시공간을 스스로에게 만들어 주어야 한다. 그리고 그게 준비되면 무대에 올라가야 한다. 이러한 준비는 배우에게 실제 상황에서 상상 속, 극적 시공간으로 손쉽게 들어가게 한다.

　이전 장면과 퇴장 이후의 장면은 대본에 나와 있지 않을 수도 있다. 막으로 가려져 있을 수도 있고, 배우의 입을 통한 묘사로만 나올 수도 있다. 체홉(A. Chekhov, 1860~1904)의 작품을 보면 첫 장면에서 대부분 하녀나 하인이 나와 극중 세계에 대한 정보를 전달한다. 관객이 보는 첫 장면은 하인이 청소를 하는 거실이지만, 그들의 대화는 지난여름 휴가를 보낸 피서지를 보여주는 것이다.

　배우는 퇴장할 때도 그냥 퇴장해서는 안 된다. 관객을 등지고 퇴장하는 순간에도 연기를 계속해야 하는 것이다. 따라서 '어디로 가는지'를 아는 설정하는 것은 연기의 집중력을 유지하는 데 필요한 기술이다. 초보 배우들이 흔히 하는 실수가 바로 퇴장하면서 연기를 그만두는 것이다. 무대 위에서 배우가 연기를 그만두면 등장인물은, 무대 위 존재는 바로 자연인인 배우 그 자신으로 돌아간다. 극적 환상이 깨지는 것이다.

연극이라는 것은 시공간 속에 앉아서 눈에 보이지 않는 시공간을 즐기는 일종의 유희다. 그래서 연극을 '상상의 예술'이라고 하는 것이다. 배우가 상상력이 풍부해야 한다는 것은 바로 이런 것들 때문이다.

위의 질문들을 대본 속에 적어놓고 항상 질문하자.

(2) 유형적 연기

배우가 표현해야 하는 등장인물을 하나의 특정한 인물 유형으로 설정하고 변화 없이 그대로 재현하는 연기이다. 성내는 사람, 뚱뚱한 사람, 게으른 사람 등 대표적 특징 하나로 인물 전체를 표현하는 것이기 때문에 표현하는 것과 전달하는 것에 장점이 있지만, 인물 재현에 변화가 없어서 기계적 연기와 같이 죽어 있다는 공통점이 있다.

영화의 경우 배우의 연기는 카메라에 의해 고정된다. 그러나 이러한 고정은 유형적인 연기로 고정된 것은 아니다. 배우는 카메라 앞에서 상대 배역과 반응하고 또 상상의 관객을 설정하며 변화무쌍한 연기를 펼친다. 다만 연극 무대에서 발생하는 관객과의 직접적인 소통으로 발생하는 교감과 소통이 없을 뿐이다.

유형적인 연기는 기계적인 연기와 마찬가지로 반응이 없다. 정해진 유형을 기계적으로 반복할 뿐이다. 이렇게 보면 유형적 연기는 기계적 연기의 또 다른 형태이다. 지난번에 얘기했던, '인물의 유형에 따른 몸의 무게 중심'도 기계적으로 적용하면 유형적인 연기가 될 수 있다.[4] 중고등학교의 학생 배우들은 노인 역을 연기할 때 빈번하게 쉰 목소리에 허리를 구부정하게 재현한다. 하지만 실제 주변의 할아버지들 중에는 멋진 목소리에 꼿꼿한 허리를 가진 분도 많다.

(3) 과장된 연기

상대 배우와 교감하는 과정에서 상대 배우가 주는 자극에 제대로 반응하지 않고 자기가 정한 '연기/감정의 크기'를 기계적으로 나타내거나, 상대 배우의 자극에 맞추지 않고 그 이상/이하로 재현하는 연기이다. 예를 들면, 내가 상대 배우에게 자극을 2로 주면 상대방은 3이나 2로 받아야 하는데, 갑작스럽게 7(받은 것 이상)로, 또는 1(받은 것 이하)로 받는 것을 의미한다. 상대 배우의 자극과 관계없이 자신만 생각하고 연기한다는 면에서 이것도 기계적 연기의 일종이다.

　　과장된 연기의 두 번째 형태는 '재현의 과장'이다. 즉 대사나 인물 묘사에 있어서 실제 필요한 만큼만 재현해야 하는데, 표현해야 할 크기보다 더 크게/작게 표현하는 것이다. 연극이 일종의 '과장'이기는 하다. 우리 삶을 현미경으로 들여다보는 것이 연극이므로 재현에 있어서 실제보다 강화하거나 축소하기도 한다. 그러나 배우가 맡은 인물의 재현은 말과 움직임, 그리고 감정의 크기가 '실제처럼' 보여야 한다. 이것이 연극의 이중성이기

---

4) 성격 유형에 따른 몸의 중심과 그 자세를 말한다. 예를 들면, 공격적 성격은 무게 중심이 가슴에 있어서 앞으로 나가는 자세, 의심과 생각이 많은 회의형 인물은 머리에 중심이 있어서 고개를 옆이나 앞으로 약간 비스듬히 수그린 자세, 욕심이 많은 수전노는 배에 중심이 있어서 배를 앞으로 내민 자세, 소극적이고 겁이 많은 성격은 엉덩이 부분에 중심이 있어서 엉거주춤한 자세 등을 취한다고 한다. 돈 주앙과 같이 성적 에너지가 많은 성격의 인물은 성기에 중심이 있는 자세를 취한다.

도 하고 연극에서 가장 중요한 '진실다움/박진성'이기도 하다.

연기는 혼자 하는 것이 아니라 상대 배우와 함께 장면을 만드는 것이다. 따라서 장면에는 등장인물들의 대사와 행동으로 인해 일종의 흐름이 생긴다. 이것이 장면과 연극 전체에 리듬과 템포를 결정한다. 따라서 이러한 흐름이 생기기 위해서는 배우들 사이에 서로를 연결하는 '가상의 선'이 생겨야 한다. '듣고 움직인다', 또는 '연기는 (자극에 대한) 반응이다(acting is reacting)' 등과 같은 연기의 격언들은 바로 이 점을 상기시킨다. 따라서 무대 위 배우들에게 교감과 소통은 정말 중요하다.

(4) 거짓 연기

소통 없이 만들어진 연기는 자극 없이 반응을 만들어내는 것이기 때문에 상대 배우를 속이고, 관객을 속이고 결과적으로 자신까지 속이는 처참한 상태에 이르게 한다. 지금까지 언급한 나쁜 연기 네 가지 중 가장 나쁜 연기가 바로 거짓 연기이다. 특히 배우 스스로 장면과 상황에 대한 신뢰가 없는 상태에서 거짓 반응으로 연기한다는 면에서 거짓 연기는 살아 있는 척할 뿐 살아 있지 않다. 상대 배우가 아무리 자극을 보내더라도 반응한 것처럼 행동하지만 사실은 반응한 것이 아니라 '하는 척'할 뿐이다. 따라서 이 연기는 자신뿐만 아니라 상대 배우도 죽은 연기로 이끈다.

어떤 의미로 보면 위에 언급한 모든 나쁜 연기들은 모두 거짓 연기이다. 이런 연기는 대본에 인쇄된 활자에 갇혀 있는 등장인물들을 배우의 말과 움직임 그리고 감정으로 생생하게 살려내 관객에게 감동을 선사하는 '연기 예술'이 아니라 '그런 척'하는 사기이다. 우리는 절대 이런 연기를 해서는 안 된다.

우리는 대사를 기계적으로 암기하면서 이런 실수를 손쉽게 저지르게 된다. 그러니 대사를 기계적으로 외우지 마라. 우리가 외워야 할 것은 상황과 행동 그리고 그 의미일 뿐이다.

배우가 등장인물로서 무대에 올라가는 것도 마찬가지다. 어떤 생각을 하고 무대에 올라가는가. 관객을 의식하고 관객에게 '보이는 연기'를 하지 마라. 차라리 암기한 상황과 행동에 집중하고 그것에 뒤따르는 감정을 기다려라.

초보 배우들이 흔히 하는 오류가 감정에 대한 고민이다. '내가 감정을 잘 살릴 수 있을까?'에 대한 고민, 이러한 고민 자체가 바로 오류다. 처음에 운전면허를 따면 머리로 생각하면서 운전을 한다. 하지만 운전이 몸에 익으면 머리로 다른 생각을 하면서도 운전을 할 수 있다. 이처럼 상황과 행동의 암기는 의식적으로 생각하지 않아도 저절로 몸에서 체현될 수 있도록 반복해서 연습해야 한다. 우선 대본에서 상황과 행동을 '찾고' 그것을 '적어라'. 그다음은 '반복'해서 연습하는 것이다. '어려운 것은 반복하면 쉽고, 그것을 다시 반복하면 세련되어진다. 세련된 것을 반복하면 예술이 된다.'

모든 연극은 리듬과 템포의 형상화이다. 생각이 드러나면 리듬과 템포가 형성되지 않는다. 능숙한 바느질에 '땀'이 보이지 않는 것처럼 연습한 것들은 공연에서 보이지 말아야 한다. 재미없는 연극은 다 그 이유가 있다.

13) 상대방 대사의 연구

아무리 초보 배우라 할지라도 자신의 대사만 연구하는 사람은 없을 것이다. 내 대사는 무엇에 대한 반응인가? 연기는 앞에서 말했듯이 자극에 대한 반응이다. 즉 내가 먼저 움직이는 것이 아니라 상대 배우의 자극에 대한 반응을 따라가는 것이다. 따라서 내가 한 장면에 처음 등장하여 첫 대사, 첫 행동을 할지라도 그것은 자극에 의한 반응이어야 함을 잊지 말자. 장면에 등장해서 첫 번째로 이야기하는 사람이어도 분명 내 대사는 그전에 있었던 다른 사람의 행동에 대한 반응이다.

이처럼 상대방의 대사는 내 반응을 정확하게 할 수 있는 필수적 요소이다. 그러니 상대방 대사를 잘 연구해서, 연습할 때 상대방과 함께 나누어라. 이것은 서로의 연기를 숙성시킬 수 있는 최고의 방법이다.

다만 상대 배역과 토론 중에 자기 생각만 고집하면 논쟁과 갈등으로 번질 수 있다. 대화는 언제나 상대방이 어떤 의도를 가지고 하는지에 대해 고민해야 비로소 성립한다. 상대방에게 집중하고 관심을 가지고 주의 깊게 들으면서 내 생각만 고집하지 말아야 한다. 내 주장으로 고집을 부리면 상대방은 마음의 문을 닫아버린다. 배우는 상대방과 싸움을 하는 사람이 아니라 언제나 부드럽게 사람의 마음에 파고드는 사람이어야 한다.

왜 대본을 분석하고 그 과정에서 상대방 대사까지 연구해야 할까? 배우가 상호 간에 올바른 반응(reaction)을 완성하고 끝없이 자극과 반응을 주며 선순환의 고리를 만들어 결국 좋은 작품을 만들기 위해서이다. 좋은 작품은 좋은 관계 위에서만 만들어진다.

14) 감정의 높낮이(emotional key)

연극은 이완(relax)과 긴장(tension)의 연속으로 이루어진다. 갈등이 유발되어 긴장이 높은 장면 다음에는 반드시 그 긴장을 풀어주는 코믹 요소가 있는 장면이 잇따른다. 우리 인생과 얼마나 비슷한가? 그래서 연극은 우리 삶의 축소판이고, 연극은 인생의 모방이라고 한다. 우리의 인생에 행복한 삶만은 없다. 반대로 불행만 가득한 인생도 없다. 그러니 행복하다고 자만하지 말고 또 불행하다고 포기하지 말자. 우리의 인생은 기쁨의 실과 슬픔의 실이 교차하여 짜인 한 폭의 천인 것이다.

긴장된 장면의 감정/정서는 그 밀도가 높다. 반대로 이완된 장면의 밀도는 낮다. 이것을 기준으로 감정의 높낮이를 설정할 수 있다. '감정의 높낮이'는 한 편의 작품에서 긴장과 이완의 높낮이를 표시한 것이다.

배우는 등장할 장면의 emotional key가 어떤지, 또 상대방의 emotional key는 어떻게 변하는지 알아야 한다. 또 내 대사가 10~15줄로 길다면, 그 대사 안에서 emotional key가 어떻게 바뀌는지 알아야 한다. 이렇게 보면 감정의 높낮이는 대사 사이에서, 상대방 배우와 주고받는 대화에서, 장면의 변화 사이, 장과 막의 사이에서 긴장과 이완을 반복하는 음표처럼 나타난다.

예를 들면, 첫 장면의 emotional key는 절대로 높지 않다. 왜냐하면 극의 진행에 따라 높낮이를 반복해야 하는데, 처음부터 너무 높은 긴장은 다음 진행을 어렵게 하기 때문이다. 절정 부분에서 긴장의 높이와 균형을 맞추기도 어렵다. 따라서 긴장은 한 단계, 한 단계 절정까지 치밀한 계산으로 높여야 한다.

나 자신의 emotional key를 잡을 때 전체적인 극의 구조를 보라. 내가 가진 대사의 기능과 장면의 감정의 밀도를 생각하고 emotional key를 설정하자. 이런 과정을 통해 극 전체의 리듬과 템포가 형성된다. 물론 한 장면의 emotional key는 배우 상호 간의 토론을 통해 결정할 수도 있다. 그러나 최종적인 결정은 연출이 한다.

이렇게 보면 결국 연극 예술은 '언제 대사할 것인가?', '언제 암전할 것인가? 등 서로 연결되는 순간의 시간 조절/결정(timing)의 예술이다. 예술은 정서에 충격을 주기 위한 시청각적, 감각적 장치물이다. 그렇다고 해서 예술이 막연한 감정이나 감각으로 창조되지 않는다.

배우는 자신의 대사를 분석과 연구(study) 없이 그때그때 달라지는 감정에 따라 해서는 안 된다. 한 마디의 대사도 많은 분석 후에 결정된 결과물이어야 한다. 무용, 성악, 피아노, 회화 그리고 연극도 똑같다. 이런 훈련을 매일매일 하지 않으면 그 분야의 전문가, 즉 예술가가 되지 못한다.

한마디 더 하자면, 피아노를 치는 사람들이 제일 중요하게 생각하는 신체 부위는 '손', 성악을 하는 사람들이 중요하게 생각하는 곳은 '성대'다. 배우는 어디일까? 배우의 표현 도구는 자기 신체 전체이다. 그러니 자기 신체를 악기처럼 소중하게 여기고 다루어야 한다. 자기 몸을 소중히 하여 아프지 않게 해야 한다. 몸을 함부로 굴려 병든 상태로 작품에 임하는 것은 함께 연습하는 배우들에게도 또 관객들에게도 죄를 짓는 것이다. 다시 말하지만 '내 몸은 악기다'라고 생각해라. 조율되지 않은 악기로 어떻게 연주를 할 수 있겠나! 몸을 혹사하지 말고 소중하게 여기면서 매일매일 훈련을 통해 가장 건강한 상태로 조율하고 유지하도록 해라.

15) 투사/전달(projection)

투사/전달은 우선으로 무대에서 관객석 끝까지 대사가 들리는 것을 말한다. projection에서 pro-는 '앞으로'의 의미가 있다. 따라서 projection은 '(대사를) 앞으로 던지는 것'을 의미한다.

투사/전달의 두 번째 의미는 '분명한 의미의 전달' 즉 '의미의 투사'를 말한다. 무대에서 무조건 큰 소리가 관객에게 전달되는 것은 아니다. 오히려 분명한 발음과 분명한 의미로 투사된 소리가 관객에게 명확하게 전달된다. 따라서 배우는 큰 목소리보다 좋은 목소리와 정확한 대사의 의미를 앞으로 던지는 훈련을 해야 한다.

투사와 관련한 대사 훈련에는 두 가지 측면을 고려해야 한다. 그것은 첫째, 대사의 방향 즉 목표이고 둘째, 대사의 거리이다.

(1) 대사의 방향

배우는 내가 말하는 대사가 누구를 목표로 하는 것인지 분명하게 해야 한다. 보통 대사는 시선과 함께 나간다. 즉 대사의 대상을 분명하게 보면서 말하기 때문에 대사의 방향과 목표가 일치한다. 이러한 대사는 상대방을 자극하고 새로운 자극이 되어 자신에게 돌아온다. 내 대사가 어디로, 누구에게 가는지 분명하게 해라. 간혹 대사 중에는 상대방에게 가지 않은 대사 즉 방백도 있다. 예외적으로 어떤 한 등장인물에게 시선을 주면서 뒤에 있는 등장인물을 목표로 대사를 하는 경우도 있다. 일종의 '들으라고 하는 대사'이다. 이런 경우 대사의 방향과 목표는 서로 어긋나게 된다.

(2) 대사의 거리

무대는 일종의 '가상의 공간'이기 때문에 대사의 거리가 실제 우리 일상의 거리와는 다르다. 초보 배우들은 무대가 갖는 일정한 크기 때문에 대사를 항상 일정하게 하려고 하는 경향이 있다. 그러나 무대도 가상의 공간 안에 창조된 하나의 세계이기 때문에 한 장면에서 대화할 때 배우는 여러 배우가 서 있는 위치에 따라 변화를 주어야 한다. 거리에 따른 대사의 변화는 장면을 입체적으로 만들고 장면을 더 사실적으로 보이게 한다.

예를 들면, '속삭이는 사랑의 고백 장면'에서, 배우는 상대에게 속삭이지만, 그의 목소리는 객석 끝까지 들려야 한다. 객석 끝까지 들려야 한다는 강박 때문에 큰 목소리로 말하는 것은 장면이 원하는 '속삭임'이 아니다. 이처럼 실제 목소리와 무대 목소리의 균형을 잘 조절하는 것이 배우의 또 다른 능력이 된다. 학생 배우들의 연기에서는 뛰어난 거리 조절을 보기 힘들다. 대부분 이러한 거리감 없이 언제나 일정한 크기로 말하기 때문에 누구에게 하는 대사인지 쉽게 알아차리기 힘들다.

내 대사와 역할에 대해 분명히 알면 알수록, 내가 왜 그리고 누구에게 그 대사를 하는지 알수록, 무대 위 배우의 존재감이 뚜렷해진다. 그 존재감으로 관객 모두에게 대사와 행동 그리고 장면의 의미를 전달하는 것이 바로 projection이다.

우리는 좁은 공간에서는 작은 목소리로 말하고 커다란 장소에서는 큰 목소리로 말한다. 무의식중에 그렇게 하는 것이다. 이것은 모든 사람이 태어나면서 자연스럽게 갖고 있는 '공간 감각(sense of space)'이다. 일상생활에서는 공간 감각을 잘 활용해 말하다가도 무대라는 인공적인 가상의 공간에서는 이 공간 감각을 상실하고 일정하게 말하는 배우들이 있다. 극장에서 연기할 때, 방 안에서 할 때 등등 장소에 따라 내 목소리의 크기를 조절해 보자.

여기까지가 화술의 15가지 원칙이다. 이것을 반복해 학습해서 내 것으로 만들어라. 내가 이것을 얼마나 이해하고 있는지 알아보기 위해서는 주변의 지인들에게 설명하는 방법이 있다. 일종의 브레히트식 '제시적(demonstration) 방법'이다. 지인에게 설명하는 과정에서 내가 잘 이해한 부분은 쉽게 설명할 수 있다. 반대로 정확하게 모르는 것은 설명이 불충분하고 오리무중이 된다. 또 이 제시적 방법을 통해 우리는 다시 한번 화술의 15가지 원칙을 학습할 수 있는 기회를 얻게 된다. 그래서 브레히트의 연극 중 '학습극(lehrstück)'5)은 관객을 위한 연극이라기보다는 배우 자신들의 학습을 위한 것에 그 목표가 있다.

　지금까지 화술의 15가지 원칙을 설명했다. 대본 읽기(reading)를 할 때 늘 옆에 두고 확인하면서 되새기고, 기억해라.

　대본 읽기에서 작은 조언 하나를 첨가하고자 한다. 우리가 발음할 때 자주 실수하는 단어가 〈민주주의의 의의〉, 〈나의 조국〉, 〈나의 회사〉 등에 쓰이는 '의'의 발음이다. 이 '의'는 체언6) 앞에서 발음할 때는 분명하게 복모음으로, 즉 '의'로 발음해야 한다. 그 외에 체언 뒤에서 발음할 때는 모두 '-이'로 발음한다. 또 '의'를 조사로 발음할 때는 '-에'로 발음한다. 그래서 '민주주의의 의의'는 '민주주이에 의이'로 읽어야 한다. '나의 조국'은 '나에 조국'으로, '의사'는 '의사'로 읽어야 한다.

　희곡 작가들은 이러한 낱말 하나, 조사 하나까지도 신중하게 선택해 사용한다. 문제는 외국 작품을 번역하면 우리말의 특성이 잘 반영되지 않는다는 것이다. 특히 그 번역이 문학적 번역일 경우 구어체보다는 문어체로 번역하는 경우가 대부분이다. 주로 능동문 위주인 한국어가 수동문으로 표현되면 행동하는 배우는 연기하기가 쉽지 않게 된다. 또 인칭 대명사 he, she와 같은 단어를 그냥 '그, 그녀'라고 번역하면, 관객들은 우리말을 듣는 것 같지만 우리말이 아닌 이상한 말들을 듣게 된다. 우리나라 말에는 '그'나 '그녀'는 없다.

---

5) 그동안 브레히트의 '학습극'은 '교육극'으로 번역되었다. 그러나 브레히트 연극 연구 단체인 '한국브레히트협회'에서 '교육극'보다는 '학습극'이라는 번역이 보다 더 브레히트의 의도에 부합하다고 판단하였다.

6) 대명사, 수사, 명사를 체언이라고 한다. 낱말의 몸이 된다는 의미이다. 여기에 '조사'가 붙어서 체언의 성격을 나타낸다.

대본 읽기는 본격적인 제작의 첫 단계이다. 첫 단추가 제대로 끼워지지 않으면 그 밑에 있는 단추들은 모두 엉망이 되거나 꼬여버리고 만다. 대본을 읽을 때 앞에서 말한 원칙들을 다시 한번 마음에 새기자.

2. 행동선 그리기/만들기(blocking)

연출론에서 가장 핵심이 되는 수업이 바로 행동선 그리기/만들기 수업이다. 왜냐하면 초보 연출가에게 가장 어려운 것이 대본을 무대 위에 살아 있는 행동[7]으로 만드는 것이기 때문이다. 따라서 행동선을 만들기 위해서 연출가는 대본에서 행동을 찾아낼 수 있어야 한다.

대본에 명시적으로 나타난 행동은 먼저 작가가 정해 놓은 것들이다. 즉 작가는 해설이나 지문에서 배우의 움직임을 명시적으로 표시한다. 대사에서 유추할 수 있는 행동들도 있다. 예를 들면 '이리로 와요'라든지 '가서 창문을 닫아요'라는 대사는 배우의 행동을 명시적으로 표현한다.

대본에 표현되지 않은 행동도 있다. 등장인물의 독특한 자세나 걸음걸이는 작가에 의해 주어지지만, 그 외에 물을 어떻게 따를 것인지, 담배를 어떻게 쥘지 등은 배우가 만들어내야 한다.

마지막으로 연출가의 지시에 따라 대본에 없는 행동이 생길 수 있다.

---

7) 여기에서 '행동'은 사건을 의미하는 'action'보다는 움직임을 뜻하는 '이동(movement)'을 지칭한다. 또 이 '이동'은 소도구를 갖고 연기하는 '비즈니스(business)'와 소도구 없이 주로 손과 팔, 머리와 얼굴 표정을 사용하여 연기하는 '제스처(gesture)'를 포함한다. '이동'이 무대 위에서 장소의 이동을 뜻하기 때문에 비즈니스와 제스처는 움직이면서 할 때는 이동에 포함되고, 한자리에서 움직이지 않고 할 때는 '이동'에 포함되지 않는다. '비즈니스'에 적절한 용어가 정착되지 않아서 그대로 '비즈니스'로 적었다. 필자는 '잔 동작'으로 번역하여 사용한 적이 있다.

연출가는 배우들이 무대에 등장하면 시각선을 고려해서 '무대 구성'을 한다. 배우들이 선 위치에 따라 형성되는 일종의 '구성/구도(composition)'이다. 연출가는 기술적·미학적 이유에서 배우들의 위치를 조정하거나 새로운 움직임을 만들어낼 수 있다. 이때에도 배우는 자신의 움직임에 적합한 동기와 목표를 설정해야 한다.

행동선을 만들기 전에 필수적으로 알아야 하는 두 가지 사전 작업이 있다. 첫째는 프로시니엄 무대(proscenium stage)의 특성과 연극적 관습에 대해 알아야 한다. 둘째는 행동선을 만드는 최소 작업 단위인 프렌치 신(french scene)을 대본에서 추출해야 한다.

먼저 프로시니엄 무대의 특성과 연극적 관습에 대해 알아보자.

여러 가지 무대 형태 중 프로시니엄 무대는 연극에서 가장 오랫동안 그리고 빈번하게 사용되는 무대이다. 프로시니엄 무대는 관객을 무대 앞에만 두기 때문에 무대 위에 '연극적 환영(theatrical illusion)'을 쉽게 만들어낼 수 있다는 장점이 있다. 특히 프로시니엄 아치(proscenium arch)가 일종의 그림틀/사진틀 역할을 하기 때문에 무대 위에 환영을 강화한다. 그래서 비사실주의 연극이 등장하기 전까지, 즉 사실주의 연극을 포함하는 거의 모든 연극이 프로시니엄 무대에서 공연될 수 있다.

오랫동안 사용된 프로시니엄 무대는 연극사를 통해 자연스러운 반복으로 '관습(convention)'이 생겨났다. 사실 연출론의 모든 규칙은 이러한 관습에 기초한다. 따라서 초보 연출가들이 행동선 만들기를 시작하기 위해서는 프로시니엄 무대의 관습에 익숙해야 한다.

프로시니엄 무대의 관습은 관객이 무대 정면만을 바라본다는 사실에 기초한다. 이때 시각선(sight line)[8]이 생기게 되는데, 그 시각선 안의 연기 구역(acting area)이 독특한 분위기를 갖는 관습이 생겼다. 이 관습은 절대적으로 고수해야 하는 원칙이나 규칙 또는 연출의 문법은 아니지만, 초보 연출가들에게는 매우 유용하게 쓸 수 있는 수단이 된다.

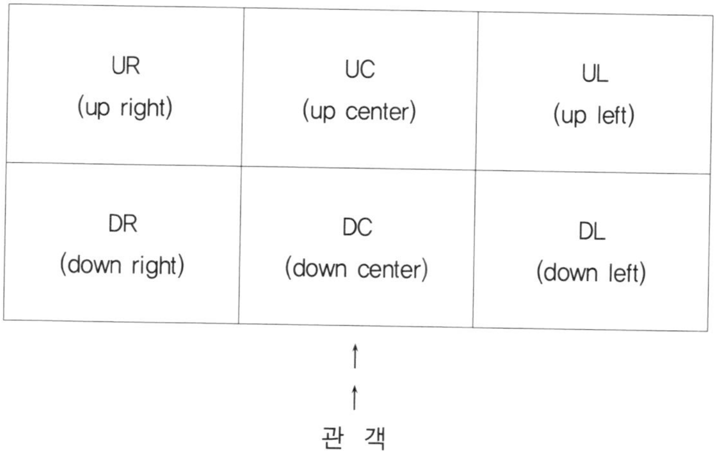

UR (up right)	UC (up center)	UL (up left)
DR (down right)	DC (down center)	DL (down left)

↑
↑
관 객

그림 5-1. 시각선과 무대의 연기 구역

무대의 연기 구역은 가장 간단하게는 6부분으로 나눌 수 있다. 이 외에 필요에 따라 9부분이나 12부분으로 더 세분할 수도 있다. 오랫동안 프로시니엄 무대를 사용하면서 행동/사건이 발생하는 구역이 반복을 통해 특유의 분위기를 갖게 된 것이다. 이러한 분위기를 활용해서 특정 행동은 특정 연기 구역에 배치하는 관습이 생겼다.

프로시니엄 무대의 관습 즉 연기 구역의 분위기는 관객이 무대 전면에 있다는 조건에서 성립한다. 당연히 원형 무대나 돌출 무대에서는 이러

---
8) 관객이 무대를 볼 수 있는 가상의 시선을 의미한다.

한 관습이 통용되지 않는다. 따라서 원형 무대나 돌출 무대에서는 프로시니엄 무대의 관습을 응용해서 적용해야 한다.

　　무대의 방향은 다른 예술이 관객 중심인 것과는 반대로, 배우가 관객을 정면으로 얼굴을 마주 보았을 때 결정된다. 배우 오른쪽을 무대 오른쪽(stage right), 배우 왼쪽을 무대 왼쪽(stage left)이라고 한다.[9] 또 객석에서 먼 무대 뒤쪽은 위 무대(up stage),[10] 객석과 가까운 무대 앞쪽은 아래 무대(down stage)라고 한다. 무대의 중앙은 말 그대로 무대 중앙(stage center)이다. 이것들은 각각 DR, DC, DL, UR, UC, UL라는 약호로 표기할 수 있다. 먼저, 연기 구역은 관객이 보다 쉽게 주의를 기울일 수 있는 정도에 따라 강조된다. 즉 연기 구역은 구역에 따라 강조되는 정도가 다른 것이다. 보통 무대 측면보다는 무대 중앙이, 무대 뒤쪽보다는 무대 아래쪽이 관객의 주의를 받는다. 관객과 가깝기 때문이다. 관객의 시선에 의한 초점이 쉽게 모이는 구역인 것이다. 이런 관습에 따라 연기 구역에서 초점의 강세를 정리하면 다음과 같다.

DC 〉 UC 〉 DR 〉 DL 〉 UR 〉 UL

　　연기 구역은 각각 특유한 분위기를 갖는다. 오른손잡이가 많은 관계로 오른쪽 무대는 왼쪽 무대에 비해 밝고 안정적인 분위기를 갖는다. 왼

---

9) 연극 현장에서는 아직도 무대 왼쪽을 '상수'로, 무대 오른쪽을 '하수'로 사용한다. 일본에서 신극을 수입한 우리나라의 입장에서 어쩔 수 없이 남은 '과거의 유산'이다. 그렇다고 무대 오른쪽과 왼쪽을 stage right, stage left로 바꿔 부를 수도 없다. 이것 또한 해방 이후 밀어닥친 미국의 영향이기 때문이다. 우리말로 된 무대 용어의 정리가 필요하다.

10) 무대 뒤쪽, 즉 위쪽 무대는 무대 뒷부분이 아랫부분보다 위로 들려있는 경사 무대(raked stage)의 흔적이다. 관객이 무대 앞에만 있다 보니 무대가 수평일 경우 무대 뒤, 위쪽 무대가 잘 보이지 않게 된다. 이것을 해결하기 위해 무대 뒤를 위쪽으로 들어 올려 시각선을 개선한 것이다.

쪽 무대는 오른쪽에 비해 어둡고 관객의 집중력이 약하다. 당연히 무대 앞쪽은 무대 뒤쪽보다 관객의 주의 집중을 더 받는다.

이러한 관습/원칙을 각 구역에 조합하면 오른쪽 아래 무대는 가장 안정적인 분위기가 나타난다. 〈우리 읍내〉의 무대 감독이 첫 장면[11]에서 해설을 위해 서는 장소이다. 왼쪽 위 무대는 가장 어둡고 신비스러운 분위기를 갖는다. 따라서 〈햄릿〉의 첫 장면 중 유령의 등장[12]은 이곳이 가장 적합하다. 이런 이유로 〈오델로〉에서 오델로가 데스데모나를 목 졸라 죽이는 장면[13]을 오른쪽 무대에 배치하는 것은 적절하지 않다. 가족들의 오붓한 저녁 식사 장면은 오른쪽 무대로, 살인 장면은 주로 왼쪽 무대에 배치하는 것이 바로 이러한 관습에서 비롯한다. 따라서 연인들의 사랑 장면이 오른쪽 무대에서 재현된다면, 그것은 아름다운 애정 장면이 될 것이지만, 만약 왼쪽 무대에서 재현된다면, 불륜이나 비극적 사랑을 암시하게 된다.

무대 중앙은 관객들의 주의 집중을 가장 많이 받는 구역이다. 따라서 작품의 중심 주제를 전달하기 위한 핵심 장면이 이 부분에서 재현된다. 다만 무대 중앙은 관객의 주의 집중이 가장 강한 부분이기 때문에 너무 빈번한 사용은 오히려 과도한 긴장을 초래할 수 있다. 느낌표를 찍은 문장이 바로 무대 중앙이라고 생각하자. 아무리 멋진 문장이라도 문장마다 느낌표를 찍을 수는 없지 않은가?

프로시니엄 무대의 연기 구역이 갖는 관습은 말 그대로 관습이다. 존중하지만 반드시 그대로 따라야 할 원칙/문법은 아니라는 점을 다시 한번 명심하자. 초보 연출가들이 경험을 쌓게 되면 이러한 관습에서 자연스럽

---

11) Thornton Wilder, 〈우리 읍내〉, 제1막.

12) 셰익스피어, 〈햄릿〉, 1막 1장.

13) 셰익스피어, 〈오델로〉, 5막 2장.

게 벗어나 자신만의 창의적인 무대 구성을 선보일 수 있을 것이다.

본격적인 무대 구성에 앞서서 해결해야 하는 것은 대본을 작업할 수 있는 가장 작은 단위로 분할하는 것이다. 이것은 벽돌을 쌓아 집을 짓는 것과 같다. 벽돌 한 장이 바로 작업의 최소 단위가 되는 것처럼, 대본을 작업할 수 있는 최소 단위로 나누는 것이다.

대본을 분할하는 방법은 두 가지가 있다. 하나는 등장인물의 등·퇴장을 기준으로 기계적으로 나누는 '프렌치 신(french scene)'이고, 다른 하나는 장면의 동기(motivation)를 파악해 이 동기의 변화를 기준으로 나누는 '동기 단위(motivational unit)'이다. 프렌치 신으로 나누는 방법은 기계적으로 적용할 수 있어서 초보 연출가들도 쉽게 할 수 있지만, 동기 단위로 나누는 방법은 각 장면의 동기 변화를 파악하기가 어려워서 초보 연출가들에게는 버거운 방법이 된다.

장면 분할의 본격적인 내용은 다음 수업에서 다루도록 하자.

과 제

1. 화술의 5가지 원칙을 주변 지인에게 설명하기
   - 자신의 말로 다시 설명해서 문서로 작성할 것

2. 연습 일지 작성하기

3. 연습 전·후에 연출의 작업 일지 작성하기

4. 수업 일지 작성하기

여섯 번째 수업

▼

장면 나누기와 무대 구성

지난 주간에 지인들에게 '화술의 15가지 원칙'을 설명해 보았니? 쉽지 않지? 쉽지 않더라도 '화술의 15가지 원칙'을 반복해서 활용해 보아라. 어려운 것은 반복하면 곧 쉽게 할 수 있게 된다. 오늘 수업은 지난 시간에 말한 것처럼 장면 분할과 무대 구성에 관한 내용이다.

먼저 장면 분할의 방법과 내용을 살펴보자.

1. 장면 나누기와 분석

대본 작업은 한 번에 먹을 수 없는 바나나와 같다. 바나나를 작게 나누어 먹는 것처럼, 대본도 작업이 가능한 최소 작업 단위로 나누어야 한다. 지난 시간에 설명한 벽돌 한 장처럼 말이다. 대본을 최소 작업 단위로 나누는 방법은 두 가지가 있다. 첫 번째는 프렌치 신(french scene, FS)으로 나누는 방법이고, 두 번째 방법은 동기 단위(motivational unit, MU)로 나누는 방법이다. 두 가지 방법은 각각 장단점이 있기 때문에 연출가는 자신에게 적합한 방법을 선택하면 된다.

1) 장면 나누기

(1) 프렌치 신(FS)

대본을 등장인물의 등·퇴장에 맞춰 기계적으로 나누는 것이다. 장면에서 한 인물이 등장하거나 퇴장하면 다른 장면으로 나눈다. 작가가 쓴 작품은 일종의 허구의 세계를 담고 있다. 따라서 일종의 재현인 셈이다. 당연히 이 가공의 세계에서 등장인물들을 모두 특유의 '의도(intention)'를 가진다. 왜냐하면 작가는 불필요한 인물을 장면에 등장시키지 않기 때문이다. 등장인물의 퇴장도 마찬가지로 의도의 변화에 의한 것이다.

대본을 프렌치 신으로 나누는 것은 매우 기계적인 작업이어서 경험이 적은 초보 연출가들도 쉽게 할 수 있다는 장점이 있다. 다만 장면의 의도와 동기를 다시 찾아야 한다는 점은 동기 단위로 나누는 것에 비해 작업량이 두 배가 된다는 단점도 있다.

프렌치 신 하나는 벽돌 한 장과 같다. 연출가는 먼저 해당 프렌치 신 하나하나에서 행동선을 만든다. 완성된 프렌치 신들을 연결하면 다시 대본 전체가 되는 것이다.

(2) 동기 단위(MU)

작품에서 동기는 수면 아래 잠겨 있다. 동기는 작품과 대사 분석을 통해 드러난다. 따라서 동기를 찾는 작업은 일정량의 경험이 필요하다.

대본을 동기로 나누는 것은 쉽지 않은 작업이지만 일단 동기를 파악하면 그 동기에 의해 발생하는 행동을 쉽게 찾을 수 있다. 즉 장면에서 행동선을 만들기 쉽다는 것이다. 지난 시간에 말했던 '동기 없이 움직이지 말라', '모든 움직임에는 동기가 있다' 등의 조언을 다시 한번 생각해 보아라.

동기 단위에서 동기는 이야기의 주제와 다르다. 예를 들면 두 연인이 공원 벤치에 앉아 이야기 나누는 장면에서 친구 이야기, 영화 본 이야기, 자신의 고민 등을 서로 나눌 수 있다. 그러나 이야기의 주제가 변한다고 해서 모두 동기 단위로 나눌 수 있는 것은 아니다. 이야기를 하는 중 주제에 변화가 있더라도 두 사람의 애정 확인이라는 동기가 변하지 않는 이상이 장면은 하나의 동기 단위이다.

이와 반대로 등장인물의 변화가 없더라도 동기가 변하면 새로운 동기 단위로 나눌 수 있다. 에드워드 올비(Edward Albee, 1928~2016)의 〈동물원 이야기〉에 등장하는 피터와 제리, 두 인물은 평범한 이야기로 장면을 시작하지만 시간이 지나면서 한 사람이 다른 사람을 살해하는 장면으로 바뀐다.[1] 즉 갑작스럽게 살인의 동기가 생긴 것이다. 비록 그 동기가 이해할 수 없는 것일지라도 두 사람의 대화 장면은 앞과 뒤가 서로 다른 동기 단위로 이루어진 것이다.

대본을 동기 단위로 나누고 나면 그것들을 **기능**에 따라 아래와 같이 분류할 수 있다.

① 이야기 단위(storytelling unit)

작품의 이야기를 진행하는 단위다. 주로 등장인물의 행동에 의해 사건이 벌어지는 장면들이 이야기 단위다. 초기 사실주의 작품의 첫 장면에서

---

1) 에드워드 올비, 〈동물원 이야기〉, 공연 대본 51쪽 이하. (https://cafe.naver.com/pubilc/641076)

두 명의 하인이 작품의 배경을 이야기를 통해 설명하는 장면들도 이에 속한다.

② 성격 묘사 단위(character unit)
단위의 주목적이 등장인물의 성격과 기질의 특성을 드러내는 단위이다. 〈햄릿〉에서 햄릿이 복수하려는 행동을 결정하지 못하고 고민하는 유명한 독백 장면,[2] 테네시 윌리엄스(Tennessee Williams, 1911~1983)의 〈욕망이라는 이름의 전차〉에서 스탠리가 식탁을 거칠게 쓸어버리는 장면,[3] 〈오델로〉에서 오델로가 데스데모나의 불륜을 의심하는 장면[4] 등이 여기에 속한다.

③ 갈등 단위(conflict unit)
등장인물 사이에서 갈등이 폭발하는 장면이다. 극적 구조를 가진 작품에서 가장 뚜렷하게 관찰할 수 있다. 아서 밀러(Arthur Miller, 1915~2005)의 〈시련〉에서 유죄와 결백을 주장하는 아비가일과 존 프라터의 논쟁 장면,[5] 〈산불〉에서 남자를 사이에 둔 점례와 사월이의 갈등 장면[6] 등이 여기에 속한다.

④ 분위기 또는 정서적 효과 단위(mood or emotional effect Unit)
장면에 시적인 분위기나 연인 사이에 정감 어린 분위기를 만들기 위해 제

---

2) 셰익스피어, 〈햄릿〉, 3막 1장.
3) 〈욕망이라는 이름의 전차〉, 제8장. 테네시 윌리엄스라는 이름은 필명이다. 본명은 토마스 래니어 윌리엄스 3세(Thomas Lanier Williams III)다.
4) 셰익스피어, 〈오델로〉, 4막 2장.
5) 아서 밀러, 〈시련〉, 4막.
6) 차범석, 〈산불〉, 3막 3장.

공되는 단위이다. 〈산불〉에서 뒷산에 불이 나는 장면,7) 소포클레스 (Sophocles, B.C. 497 ~ B.C. 406)의 〈오이디푸스 왕〉에서 오이디푸스가 두 눈에 피를 흘리며 등장하는 장면8) 등이 여기에 속한다.

⑤ 복합 단위(complex unit, Unit of combined purposes)
동기 단위는 하나의 기능이 뚜렷한 단위도 있지만, 여러 가지 기능이 뒤섞여 있는 단위도 있다. 따라서 연출가는 한 단위 속의 여러 가지 기능을 잘 살펴보고 앞뒤의 문맥과 장면의 흐름에 따라 하나의 기능을 주된 것으로 선택해야 한다. 나머지 다른 기능들을 보조적인 표현으로 처리하게 된다.

2) 장면 분석과 장면 분석표

(1) 장면 분석

장면 분석은 연출 작업의 핵심이다. 등장인물의 모든 행동 근거가 장면 분석에 근거하기 때문에 연출가는 행동선을 만들기 전에 장면 분석을 완벽하게 마쳐야 한다. 기본적으로 연출가에게 주어진 것이 작품/대본이므로 장면 분석은 대사 분석에서 시작한다. 연출가는 대사 분석을 통해 작품의 전체적인 이야기와 그 구조, 주된 갈등, 주인공과 대적자, 주제와 표현의 여러 문제 등을 파악하게 된다.

프렌치 신이나 동기 단위의 분석은 앞뒤 장면과의 상황과 맥락을 연구하는 것도 필요하다. 각 장면에서 주로 표현되는 행동과 감정은 이러한 맥락의 흐름에서 어긋나서는 안 되기 때문이다.

---

7) 차범석, 〈산불〉, 5막.
8) 소포클레스, 〈오이디푸스 왕〉, 마지막 Kommos(애탄가) 이후.

장면 분석은 작가 연구나 작품에 나타난 시대적/역사적 배경과 당시 사회상에 관한 연구로 그 깊이를 더할 수 있다. 연출가는 장면에서 각각의 등장인물의 행동이 자연스럽게 떠오를 때까지 작품을 반복해서 읽고 장면을 분석해야 한다.

(2) 장면 분석표

프렌치 신이나 동기 단위 모두 등장인물의 변화 즉 등장인물의 등·퇴장이 중요한 변수가 된다. 또 장편 작품인 경우 수많은 단위로 구성되는 경우가 대부분이기 때문에 연출가는 각 단위의 주요 참조 사항들을 하나의 표로 만들어 참고할 수 있다. 주로 단위의 시간과 장소, 등장인물들 그리고 단위의 기능별 특성을 중심으로 간단하게 표로 만들게 된다. 아래는 '장면 분석표'의 한 예이다.

① FS/MU	② character	③ time/place	④ 장면의 내용	⑤ 동기/목표	⑥ 기능(유형)	⑦ 분위기/효과	⑧ rhythm/tempo
1	H. O	푸른 밤. 거실					
2	H	·					
3	H. O	·					
4	·	·					
·	·	·					
·	·	·					
·	·	·					
·	·	·					

표 6-1. 장면 분석표

위 표에서 ① 항목에는 프렌치 신 또는 동기 단위의 순서를 기재한다. 첫 번째 프렌치 신, 두 번째 프렌치 신 등으로 순차를 적는다.

② 항목에는 각 장면에 등장하는 등장인물을 기호로 표시한 것이다. 첫 번째 장면에서 햄릿과 오필리어가 등장했는데 두 번째 장면에서 햄릿만 있다면 오필리어는 퇴장한 것이다. 이런 방법으로 전체 장면의 등장인물들을 정리한다.

③ 항목에는 장면의 시간과 장소를 기록한다. 한 장면에서 시간과 장소는 하나의 상황으로 등장인물들에게 영향을 주기 때문에 매우 중요한 요소이다.

④ 항목에는 해당 장면의 주요 사건(main action)을 기록한다. 주된 행동을 기재하는 것이다.

⑤ 항목에는 각 장면의 동기와 목표를 기록한다. 앞에서 설명한 것처럼 동기는 행동의 원인 즉 출발점이고 목표는 행동의 종착점, 즉 방향이다. 주의할 것은, 각 장면에 등장하는 인물마다 동기와 목표를 갖고 있기 때문에 이것과는 별개로 장면에서 성취하고 싶은 연출가의 선택을 기재해야 한다. 동기와 목표는 단어가 아니라 문장으로, 특히 타동사를 포함하는 능동문으로 적어야 한다. 단어나 수동 형태의 문장은 배우가 행동으로 체현하는 데 적절하지 않다. 즉 '사랑의 쟁취'보다는 '사랑을 차지하겠다'라고 적는 것이다.

⑥ 항목에는 각 단위의 기능, 즉 단위의 성격을 기재한다. 각 단위가 어떤 유형의 단위인지 한눈에 파악할 수 있어서 각 장면의 연결이 어떤 흐름으로 되어 있는지를 파악할 수 있다.

⑦ 항목에는 각 장면의 분위기/정조를 기재한다. 글로 적을 수도 있고 색깔로 칠해도 된다. 이 항목의 내용은 특히 조명 디자인에 참고할 수 있어서 유용하다.

⑧ 항목에는 각 장면의 리듬과 템포를 기록한다. 눈에 보이지 않는

것이어서 초보 연출가가 파악하기에 어렵지만 반복된 학습을 통해 몸에 익히면 다음 작업부터 익숙하게 할 수 있다. 리듬과 템포의 조정은 주로 연습 과정의 마지막 단계에서 하게 되지만, 최소 작업 단위에서 미리 작업해 놓으면 전체 총연습(dress rehearsal)에서 시간을 절약할 수 있다. 참고로 템포는 '속도감(impress of speed)'이고 스피드는 '빠르고 늦기(fast or not)'를 말한다. 리듬은 이러한 템포가 반복되면서 나타나는 일정한 형태의 흐름이다.

리듬은 반복된 패턴들이 갖는 율동감이다. 음악에서 리듬이 중요한 것처럼 연극에서도 리듬은 장면의 활력을 결정하는 중요한 요소이다. 음악에서처럼 연극에서도 한 장면에서 박자, 높낮이, 강세 등 반복되는 패턴을 구성하는 요소는 많다. 주로 등장인물의 대사와 움직임, 장면 전환, 조명의 변화와 음향 및 음악의 변화 등이 리듬의 형성에 직접적으로 관여한다.

예컨대 리듬을 '역동성', '생동감'으로 다르게 표현할 수도 있다. 사람들은 연극 예술가가 아니더라도 서울역 앞 광장의 역동성/생동감과 경남 밀양역 앞 광장의 역동성/생동감을 손쉽게 구별할 수 있을 것이다. 연출가가 장면에서 창조해야 하는 것은 이러한 분명한 역동성/생동감이다.

리듬은 템포와 밀접한 관련이 있다. 따라서 좋은 템포는 좋은 리듬을 만든다. 이 둘은 붙어 다닌다. 리듬은 눈에 보이지 않지만 객석과 무대 전체에 강력한 영향력을 갖고 있다. 연극에서 리듬이 창출되는지의 여부는 공연의 성공과 관객의 몰입을 결정하는 중요한 요소이다. 바그너(R. Wagner)가 한 '모든 예술의 궁극적인 목표는 리듬의 창조이다'라는 말을 다시 한번 음미해 보아라.

각 단위는 작품 전체와의 관계 즉 작품의 흐름(continuity) 속에서 분석되어야 한다. 이것은 너무나 당연한 이야기다. 가령 fs#4의 목표와 동기, 기능을 파악했다면 그 앞뒤에 있는 fs#3과 fs#5의 맥락을 파악해야 한다. 또 fs#4와 그것이 속한 좀 더 큰 단위(sequence)와의 관계는 어떻게 되는지, 그리고 결국 한 장면과 전체 장면이 어떤 흐름과 맥락으로 이루어지는지를 볼 줄 알아야 한다. 정리하면 장면 분석은 먼저 프렌치 신 자체에 대한 분석을 먼저 하고 그다음에 인접한 전후의 프렌치 신을 분석한 다음, 더 큰 단위 즉 시퀀스와 장(場)과 막(幕) 그리고 결국 작품 전체에 대한 분석으로 실행되어야 한다.

(3) 등장인물 표

각 등장인물의 등·퇴장만을 장면별로 정리해 놓은 것이 등장인물 표이다. 장면 분석표의 두 번째 항목을 등장인물별로 다시 정리해 놓은 표이다. 아래의 표는 〈벚꽃동산〉 1막 중 두 개의 프렌치 신을 등장인물의 등·퇴장에 따라 표로 작성해 놓은 것이다.

		라넵	아냐	바랴	가예프	로파힌	뻬챠	피쉬크	샤를로따	에삐	두냐샤	피르스	야샤	행인	역장	우체국직원	손님하인
1	1					O					O						
	2					O				O	O						
	3					O				O							
	4					O				O	O						
	5					O					O						O
2	1	O	O	O	O	O		O	O		O	O					
	2		O								O						
	3		O	O		O					O						
	4		O	O							O		O				
	5		O	O							O						
	6		O	O							O						

표 6-2. 등장인물 표

연출가는 등장인물 표를 이용해 작업/연습 일정을 매우 효율적으로 짤 수 있다. 등장이 겹치는 등장인물들을 한눈에 알아볼 수 있기 때문에 동일한 등장인물이 등장하는 장면들을 한꺼번에 몰아서 연습할 수 있기 때문이다. 이러한 방법은 연습 초기에 시간 낭비를 줄이고, 배우들 역시 등장하지 않는 장면에는 연습에 참여하지 않아도 되어서 불필요한 대기 시간을 줄여주는 효과도 있다.

등장인물 표의 또 다른 기능은 작품의 흐름을 파악할 수 있다는 점이다. 작품은 많은 등장인물이 등장하는 장면과 소수의 등장인물이 등장하는 장면이 서로 섞여서 구성된다. 장면의 밀도와 관련하여 생각하면, 많은 등장인물이 나오는 장면은 당연히 무겁고 화려하다. 반면에 소수의 등장인물로 구성된 장면은 가볍고 소박하다. 물론 극적 긴장감은 등장인물의 숫자와 관계없이 극 진행에 따라 조성된다. 즉 소수의 등장인물이 긴장감을 높일 수도 있고, 다수의 극중 인물이 긴장감을 해소할 수도 있다.

연습 후반기로 가면 이어 연습하기와 리허설이 반복되기 때문에 거의 대부분의 등장인물이 연습 시간에 대기해야 한다. 따라서 등장인물 표에 따른 선별적인 장면 연습[9]은 연습 중반기까지 할 수 있을 것이다.

연출가는 연습 일정을 짤 때 항상 최선, 차선, 그리고 최악의 상황에 대비해야 한다. 우리가 이미 경험한 것처럼 연습은 일정표대로 진행되는 경우가 거의 없다. 그러니 연출가는 어떤 상황이 돌발하더라도 당황하지 않고 의연하게 대처할 수 있도록 미리미리 준비해야 한다. 미리 계획한

---

9) 선별적인 장면 연습은 배우 스스로 할 수도 있지만, 장면 구성에 부족한 부분을 보충하기 위해 조연출이 연습을 진행하는 경우도 있다. 이것은 TV 드라마에서 메인 PD가 주요 장면을 촬영하는 동안 조감독 또는 보조 PD가 부수적인 장면을 촬영하는 것과 유사하다.

연습 일정을 무리하게 고집하기보다는 상황에 맞추어 유연하게 수정하면서 연습을 진행하는 것이 더 효과적이다.

특히 학교에서 학생 배우들을 대상으로 연출을 하는 경우, 작업에 참여하는 학생 배우들이 연습을 통해 무엇인가를 깨달을 수 있도록 그리고 그것을 통해 성취감을 느낄 수 있도록 해주어야 한다. 그래야 연습에 집중도가 높아지고 결과적으로 공연도 잘 할 수 있게 된다. 일종의 선순환이 조성되는 것이다.

그래서 연출가는 연습 전과 후에 작업/연출 일지를 써야 한다. 이번 연습 때는 무엇을 할지, 연습 시간을 어떻게 활용할지, 연습 때 부족한 부분은 무엇이었는지, 배우에게 어떤 과제를 내어줄지 등을 사전/사후 작업을 통해 정해 놓아야 한다. 연출가와 배우 간의 신뢰는 이런 준비를 통해 굳건하게 구축된다.

직업 극단의 경우 매일 연습하는 것이 원칙이지만, 학교의 경우, 특히 연출론 장면 발표를 위한 연습은 일주일에 2번, 각각 두 시간 정도의 연습으로 충분하다. 2시간을 어떻게 활용할지, 또 어떻게 다 함께 모일 시간을 만들 수 있는지 고민해라. 그렇게 그때그때 상황에 맞추어 고쳐가면서 연습을 진행해라.

작업일정표는 한번 정했다고 해서 반드시 지켜야 하는 건 아니다. 일정은 미래이기 때문에 언제 바뀔지 모른다. 보다 합리적인 연습을 위해서 개선하고 변경하는 것은 늘 해야 하는 일이다. 검은색으로 인쇄된 일정표 위에 빨간 펜, 파란 펜으로 수정한 부분을 기록하면 나중에 왜 연습이 변경되었고 또 할 수 없었는지 깨닫고 반성할 수 있다. 이런 점들은 다음번 연습 일정에 참고 사항이 되어 도움을 준다.

연출가는 자신의 일을 열심히 하는 것도 중요하지만 배우와 제작진이 자신이 해야 할 일들을 열심히 하게 만드는 것이 더 중요하다. 특히 학생 배우와 같은 초보 배우들에게는 연습할 때 자발적으로 집중하게 만들어야 한다. 자율성과 자발성은 타의에 의해 계발되기 쉽지 않기 때문에 연출가는 세심한 계획과 배려를 통해 연습의 자율성과 자발성을 높여야 한다.

작품의 해석과 대사 분석이 연출가의 고유 업무이기는 하지만 배우 역시 자신의 대사와 자신이 등장하는 장면에 대한 연구를 게을리해서는 안 된다. 또 행동선을 만들 때 연출가의 지시에 무조건 수동적으로 따르기보다는 자신이 고민했던 부분을 연출가에게 의견으로 제시하면서 보다 적극적으로 장면 연습에 참여하도록 해야 한다. 적어도 20세기까지는 연극에서 가장 중요한 요소는 배우이지 않았는가?

연출가는 협력 예술가들 즉 무대 디자이너, 조명 디자이너, 의상 디자이너, 분장 디자이너 등 각 분야의 전문가들과 소통하며 작업해야 한다. 따라서 해당 분야의 필요한 지식을 통해 연출가가 요구하는 것이 무엇인지를 명확하게 제시해야 한다. 디자이너들의 계획(concept)과 작업 일정표, 최종 완성 시기 등을 충분하게 토론하고 실행하도록 해야 한다.

연출론 장면 발표의 경우 연출가가 전체 제작진의 역할을 해야 하기 때문에 실제 연극 현장에서와 같은 작업을 진행할 수는 없다. 장면 연출에 필요한 최소한의 대·소도구와 의상, 높낮이 표현을 위한 몇 개의 덧마루(platform) 외에는 다른 작업을 할 필요가 없다. 왜냐하면 연출론 수업의 최우선 목표는 연출을 배우려는 학생들에게 행동 구현과 장면 구성의 방법을 알려주는 것이기 때문이다. 다만 각 분야의 작업이 어떤 과정으로 진행되고 또 무엇이 핵심인지를 아는 것은 매우 중요하다.

2. 예술과 기술

그리스 원어 'Ars'의 의미는 '기술(τέχνη, technē)', 특히 손 기술을 뜻한다. 이 단어는 시간의 흐름과 함께 의미가 확대되면서 '예술'이 되었고 요즈음은 주로 '예술'이라는 의미로 사용된다. 예술은 가르쳐서 배울 수 있는 것이 아니다. 예술은 깨닫는 것이다. 반면 기술은 체계적인 교육을 통해 가르칠 수 있다. 다행히 기술을 습득해 나가는 과정에서 예술에 눈뜰 수는 있다. 따라서 연출, 연기, 연기 기술도 가르치고 배울 수 있다. 다만 그것을 예술의 경지까지 끌어올리기 위해서는 부단히 노력해야 한다. 결국 우리 학문(연출론/연기술)은 배우면서 깨달아야 한다. 그때야 우리는 후대에 무엇인가를 남길 수 있다.

3. 무대 구성/구도(stage composition)

무대 구성은 3차원의 무대 공간을 2차원의 화폭으로 환원해서 작업한다. 따라서 무대 구성의 여러 원칙은 미술/회화의 여러 원칙에서 비롯한 것들이 많다. 다만 회화에서 화폭을 결정하는 그림틀이 무대를 위에서 본 평면도의 상상의 틀로 바뀐다는 점은 주목해야 한다. 프로시니엄 무대의 경우 아래와 같은 사다리꼴의 형태를 평면도에서 볼 수 있다. 여기에 상상의 선인 시각선을 대입하고 난 나머지 공간이 배우를 배치할 수 있는 실제적인 연기 구역이 된다. 시각선은 무대 앞에 앉은 관객들이 볼 수 있는 공간을 구분한 선이기 때문에 시각선을 벗어난 구역에는 행동선을 그리기 힘들다.

그림의 경우 그림틀이 현실과 예술의 공간을 구분하는 경계로 작용하지만 프로시니엄 무대에서는 '보이지 않는 제4의 벽' 앞에 존재하는 프로시니엄 아치(proscenium arch)가 그림틀로 작용한다. 3차원 공간에서 수직으로 선 그림틀인 셈이다. 연출가는 이 틀 안쪽의 공간에 '극적 환영'을 창조한다.

그래서 '무대 위에 무대 세트(장치와 대도구)와 배우를 어떻게, 어떤 형태로 배치할 것인가?'라는 질문은 장면 만들기 작업에서 늘 연출가의 머리를 떠나지 않는다. 무대 세트는 고정되어 있기 때문에 연출가는 주로 배우의 위치와 움직임을 가지고 무대 구성 작업을 한다.

1) 점

무대 공간에서 한 사람의 배우는 일종의 '점'으로 작용한다. 두 사람의 배우가 무대 위에 위치하면 그 두 사람을 연결하는 '선'이 생긴다. 세 사람이 위치하면 그들 사이에 '면'이 생긴다. 이 면 위에 극의 진행에 따라 극적 환영인 공간이 창출되는 것이다.

따라서 연출가는 먼저 한 사람의 등장인물을 무대 위 어느 위치에 세울 것인가를 고민해야 한다. 특히 3차원의 무대이기 때문에 배우와 공간과의 관계를 기술적으로, 미학적으로 고민해야 한다.

그림 6-1. 오른쪽에 치우친 구도

그림 6-1에서 오른쪽 아래 무대에 극단적으로 치우쳐 서 있는 배우의 모습은 안정감보다는 미묘한 불편함을 느끼게 한다. 사람의 숫자에 비해 무대에 비어 있는 공간이 너무 많기 때문이다.

똑같이 왼쪽 위 무대에 치
우쳐 있는 무대그림(그림 6-2)도
사람과 공간의 균형이 많지 않아
무엇인가 어긋나 있다는 느낌을
준다. 더구나 왼쪽 위 무대는 어
둡고 신비스러운 느낌을 주는 관
습이 있지 않은가?

그림 6-2. 왼쪽에 치우친 구도

그림 6-3에서 무대 중앙에,
그리고 관객석에 좀 더 가깝게
서 있는 배우는 안정감 있고 편
안한 느낌을 준다. 무대의 한가
운데 위치하기 때문에 무대 균형
도 잘 잡혀 있다. 그 대신 매번

그림 6-3. 무대 중앙에 자리한 구도

배우가 무대 중앙에만 위치한다면 오히려 관객에게 답답함이나 부담감을
줄 수도 있다. 따라서 무대 중앙은 작품의 주요 장면에서 주제를 강조할
때 등, 정말 필요한 순간에 선택적으로 사용하는 것이 좋다.

무대 균형은 먼저 빈 무대를 생각하면 된다. 앞에서 말한 것처럼, 프
로시니엄 무대의 오른쪽은 왼쪽에 비해 밝고 가벼운 분위기를 갖고 있어
서 빈 무대 상태로는 심리적으로 무대가 왼쪽으로 기우는 것처럼 보인다.
따라서 연출가나 무대 디자이너는 무대 오른쪽에 소파를 배치하고, 왼쪽
에는 가벼운 탁자와 의자를 배치해서 무대 균형을 맞추려고 한다.

특히 배우는 무의식적으로 대도구에 붙어서 연기하려는 습관이 있기
때문에 대도구의 배치는 연기 구역의 움직임 양을 계산해서 배치해야 한
다. 균형이 맞지 않은 무대는 관객을 불편하게 만들기 때문이다.

2) 선

두 명의 배우가 무대에 서면 두 사람을 연결하는 가상의 선이 생긴다. 따라서 배우의 움직임에 따라 다양한 선이 나타난다. 여러 가지 선들은 대표적으로 다음의 세 가지 형태로 수렴된다.

(1) 수평선

그림 6-4. 수평선

두 명의 배우가 같은 높이로 무대 위에 서 있을 경우 생기는 가상의 선이다. 수평선은 안정적인 느낌을 주기 때문에 대화 장면에서 주로 쓰이는 행동선이다. 그러나 관객이 무대 앞쪽에서 바라보기 때문에 너무 많이 사용하면 답답함이나 지루함을 느끼게 한다. 두 사람이 '사분의 삼(3/4) 열린 자세'[10]로 마주보고 대화할 때 나타나는 선이어서 공연에서 자주 관찰할 수 있다.

(2) 수직선

수직선은 배우 몸의 자세 중 '측면 자세(profile position)'와 관계가 깊다. 프로시니엄 무대에서 배우가 측면으로 서면 관객의 시선이 닿는 부분이 최소화된다. 공연에서 관객과의 접촉은 매우 중요하기 때문에 실제 무대에서 측면 자세를 보기는 힘들다. 두 명의 배우가 관객 앞에서 앞뒤로 서

---

10) 무대에 선 배우 자세의 한 가지. 관객을 마주 보고 선 자세에서 약간 비스듬히 몸을 돌린 자세이다. 오른쪽 무대에서는 '오른쪽 사분의 삼(3/4) 열린 자세'라고 하고, 왼쪽 무대에서는 '왼쪽 사분의 삼 열린 자세'라고 한다. 자세한 설명은 178쪽 "배우 몸의 자세" 부분을 참고하라.

는 경우도 매우 드물다. 왜냐하
면 관객이 앞에 선 배우 때문에
뒤에 있는 배우를 볼 수 없기 때
문이다. 이것은 배우가 정면 자
세로 서든지, 측면 자세로 서든지
마찬가지다. 따라서 연출가가 특

그림 6-5. 수직선

별한 의도를 갖고 사용하기 전에는 수직선이 나타나는 경우는 거의 없다.
무대 위에서 춤을 추거나 연출의 특별한 의도에 따라 수직선을 만드는 경
우에나 볼 수 있다.

(3) 대각선

대각선은 프로시니엄 무대에서
가장 빈번하게 사용하는 형태이
다. 무대를 사선으로 가로지르기
때문에 관객의 눈에는 무대가 입
체감 있게 보인다. 연기 구역과
배우 몸자세를 활용해 관객의 시

그림 6-6. 대각선

선을 쉽게 조절할 수 있다. 관객은 대각선의 경우 양 끝에 서 있는 배우
중 정면이 많이 노출된 사람 그리고 객석에 가까운 사람에게 시선을 집중
한다.

　선은 짧고 긴 것이 있다. 대각선의 경우도 마찬가지다. 대각선의 길
이는 등장인물의 극중 관계에 따라 결정된다. 친밀한 사이는 짧게, 공식적
인 관계는 적절한 길이, 그리고 대적하는 사이는 가능한 한 긴 길이의 대
각선으로 나타난다. 이러한 특성은 설명보다는 배우를 무대 위에 세워놓

고 직접 관찰해 보아야 잘 알 수 있다.

3) 면

배우 세 명이 무대에 서면 이때부터 '선'이 아닌 '면'이 나타나기 시작한다. 그리고 이 면은 일종의 장(場), 계(界) 또는 공간(空間)으로 작용한다. 무대 위에 하나의 '가상의 세계'가 나타나는 것이다.

연출가가 다수의 등장인물을 무대에 세울 때 가장 많이 사용하는 형태는 '삼각형', '사다리형', 그리고 '반원형'의 구도이다.

(1) 삼각형

삼각형은 연출가가 가장 빈번하게 사용하는 무대 구도 형태이다. 주로 〈정삼각형〉, 〈역삼각형〉, 〈부등 삼각형〉 등의 세 가지로 나타난다.

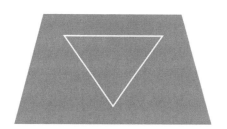

그림 6-7. 정삼각형

세 개의 꼭짓점이 자연스럽게 관객의 초점을 모으기 때문에 연출가는 강조하고 싶은 배우를 꼭짓점에 세우면 된다. 정삼각형에서는 무대 앞쪽의 꼭짓점이 강조되고, 역삼각형의 경우에는 위 무대 쪽의 꼭짓점에 선 배우가 강조된다.

그림 6-8. 부등 삼각형 구도

부등 삼각형은 여러 가지로 변형을 주어서 사용할 수 있다. 특정한 형태가 고정된 상태로 있는 것이 아니기 때문에 연출가는 부등 삼각형의 형태를 배우의 몸자세와 연기 구역을 혼합해 초점을 쉽게 가져가는 수단으로 사용한다.

(2) 사다리형

사다리형은 〈한여름 밤의 꿈〉에 서와 같이 두 쌍의 연인을 동시에 무대에 세울 때, 서로의 움직임을 가리지 않고 보여줄 수 있는 유일한 형태이다. 이 형태를 사분의 일(1/4) 정도 회전시키면

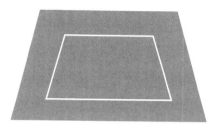

그림 6-9. 사다리꼴 구도

'마름모꼴'의 응용 형태를 얻을 수 있다. 레어티스와 드미트리우스가 다툴 때 싸움을 말리는 헬레나와 허미어의 교차 행동을 시선을 가리지 않고 처리할 수 있다.

반원형과 원형은 실제 무대에서 보기 쉽지 않다. 우리 일상에서 잘 나타나는 형태가 아니기 때문에 무대 위에서도 자주 나타나지 않는다. 〈시련〉에서 엘리자베스와 마을 소녀들의 춤추는 첫 장면처럼 동그랗게 원을 그리면서 춤을 추다가 반원형으로 서서 대화를 나누는 형태로 처리되는 것이 보통이다.

무대 구성 능력은 경험과 경력에 따라 발전한다. 즉 관심을 갖고 일상생활의 다양한 형태를 세심하게 살피는 연출가는 무대 실천을 통해 다양한 무대 구성을 실험할 수 있게 된다. 그러니 기회가 닿는 대로 사람이 많이 모인 거리에 나가서 사람들이 어떻게, 어떤 형태로 모여 있는지 살펴

보아라. 거리에 나가서 사람들을 살펴보기 어렵다면 화보나 명화를 통해 그림의 구도를 파악해 보는 것도 좋다. 서점에 가면 전공 서적을 먼저 보고, 그다음에 명화집을 살펴보도록 해라. 대부분 서점은 우리 전공인 연극 영화 서가 옆에 회화/미술 관련 책들을 배치해 놓고 있다. 책방을 그냥 지나치지 말고 꼭 들르길 바란다. 또, 인사동이나 청담동의 갤러리에 가서 전시된 작품들을 감상해라. 무대 구도는 많이 고민하고 많이 발견한 사람이 더 재미있고 다양한 형태를 만들어낼 수 있다.

무대 위에 다수의 등장인물이 나올 때 초보 연출가는 당황해서 혼란스러운 무대 구성을 하는 경우가 많다. 이런 경우 연출가는 비슷한 등장인물들을 집단으로 묶어주고 그 집단을 다시 한 사람의 등장인물로 취급하면 무대를 쉽게 정리할 수 있다. 연출론을 배우는 여러분은 주로 대각선과 삼각형 구도를 이용해 장면을 구성하기 바란다.

지금까지 우리는 장면을 만들기 위한 기초 작업에 관해 배우고 있다. 작품 작업을 위해 최소 단위로 나누는 방법, 해당 장면에 등장하는 인물을 어떤 형태로 배치할 것인지에 관한 논의가 바로 그것이다. 이것이 해결되면 그다음 단계는 대사와 움직임의 관계를 분석하고 그것을 무대 위에 다시 창조하는 일이다.

앞 수업 시간에 무대 위에서의 움직임은 작가에 의해 주어진 '지문'과 '해설' 외에 대사에서도 찾아낼 수 있다고 설명했다. 특히 지문이나 해설에서 지시하는 움직임을 대사에 붙이는 것은 생각만큼 쉬운 일은 아니다.

먼저 무대 위에서 배우는 장소를 이동하거나 제자리에 서서 대사를 할 수 있다. 먼저 무대 위의 한 지점에서 다른 한 지점으로 옮겨가는 것을 움직임(movement)이라고 한다. 이 움직임 속에는 장소의 이동 없이 제자리에서 하거나 이동하면서 하는 비즈니스(business)와 제스처(gesture)가 있다. 비즈니스는 전화기, 담배 등과 같이 개인 소품을 갖고 하는 연기이고, 제스처는 소품 없이 주로 손과 어깨 등을 움직이는 것이다. 비즈니스와 제스처는 제자리에서 할 수도 있고, 움직이면서 할 수도 있다.

결국 대사와 움직임의 관계를 살펴보면 다음과 같이 정리할 수 있다.

움직이면서 하는 대사

움직이지 않고 하는 대사

배우가 무대 위에서 움직이지 않으면 일종의 정지된 그림(stilled picture)으로 나타난다. 첫 번째 정지된 그림과 다음 정지된 그림을 연결하는 것이 움직임/이동(movement)이다. 이것은 아래 그림으로 나타낼 수 있다.

그림 6-10. 무대 위 움직임과 정지 상태의 반복

우리는 이러한 형태를 만화/애니메이션에서 발견할 수 있다. 만화/애니메이션은 정지된 두 그림 사이를 독자들의 상상력으로 메꾸어 가는 시각적/정신적 오락이다. 따라서 두 그림 사이가 너무 멀면 그림 사이의 동작이 떠오르지 않고, 그림 사이가 너무 짧으면 독자의 상상력을 자극하지 못하게 된다. 결국 만화/애니메이션의 성패는 두 그림 사이의 적절한 거리 즉 균형을 찾는 일이다.

연극의 진행은 결국 움직임이 있는 대사와 움직임이 없는 대사의 반복이다. 배우는 움직이고 나서 대사하든지, 대사를 하고 움직이든지, 아니면 대사와 움직임을 동시에 하든지, 세 가지 선택 사이에서 하나를 결정하게 된다.

1) 움직이고 나서 대사하기

2) 대사하고 나서 움직이기

3) 움직이면서 동시에 대사하기

그림 6-11. 움직임과 대사의 여러 형태

이 세 가지 형태의 조합을 보면 자연스럽게 무엇이 배우에게 어떤 의미가 있는지를 살피게 된다. 관객의 입장에서 보면 대사와 움직임 중에서 나중에 하는 것에 더 주의가 집중된다. 즉 배우의 입장에서 보면 강조하고 싶은 것을 나중에 하는 것이다. 움직임을 강조하고 싶으면 먼저 대사를 하고 나서 움직이고, 대사를 강조하고 싶으면 먼저 움직이고 나서 대사를 하는 것이다.

움직이면서 동시에 대사를 하면, 움직임과 대사가 서로를 방해하게 된다. 따라서 움직이면서 하는 대사들은 대부분 그리 중요한 대사가 아닌 경우가 많다. 이런 의미로 보면, 중요한 대사에서는 움직이지 않는 것이 관객의 주의를 모을 수 있다. 그래서 이렇게 정리할 수 있다.

중요한 대사를 할 때는 움직이지 마라.
움직임을 강조하고 싶으면 대사하지 마라.

연출가는 말로 설명하고 배우는 행동으로 보여준다. 초보 연출가들은 배우의 대사와 움직임의 상관관계를 몸에 익히려면 배우로 하여금 움직이게도 하고, 움직이지 말게도 해봐야 한다. '어떤 경우에 어떻게 할 것인가'를 실제 배우의 움직임과 대사를 통해 확인해보는 것이다.

4. 주의 집중을 위한 연출가의 도구

장면 만들기에서 무대 구성은 결국 연출가가 관객들에게 보이고 싶은 것은 보여주고, 가리고 싶은 것은 숨기는 미학적·기술적 방법이다. 무대 구성 외에 연출가가 직접적으로 관객의 주의를 조절할 수 있는 몇 가지 요소/수단이 있다.

1) 배우 몸의 자세(body position)

배우 몸의 자세는 배우가 무대 위에서 등장인물로 관객과 '대면'했을 때 결정된다. 관객은 배우의 몸 특히 전면부를 많이 볼수록 그 배우에게 집중하게 된다. 보통 관객과 대면하는 자세를 '열린 자세(open position)'라 하고, 관객을 등진 자세를 '닫힌 자세(closed position)'라고 한다. 몸자세의 원칙은 배우의 전면이 많이 노출될수록 강조를 많이 받는다. 따라서 배우가 관객을 똑바로 바라보는 정면 자세가 가장 강하다. 당연히 관객을 등진 뒷모습은 관객의 주의 집중을 받기 힘들다. 다만 역설적으로 뒷모습이 가장 강할 때도 있다. 혼자서만 뒤돌았을 경우이다.

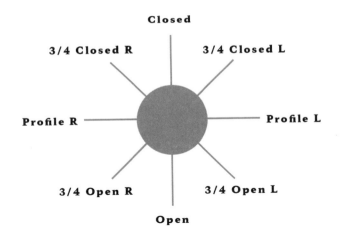

그림 6-12. 배우 몸자세의 예

위 그림에 나타난 것처럼, 몸자세의 기본적인 8가지 자세 중 가장 약한 자세가 3/4 닫힌 자세이다. 이 자세로 서 있으면 배우가 잘 보이지 않는다. 그리고 앞에서 언급한 것처럼, 프로시니엄 무대에서 수평과 수직,

즉 정면 자세와 측면 자세는 신중하게 선택해서 사용해야 한다. 왜냐하면 정면 자세는 너무 강하기 때문에 빈번하게 사용하는 것보다는 중요한 장면에 아껴서 사용해야 한다. 또 측면 자세는 관객의 시선이 머무를 접촉면이 너무 좁아서 특수한 목적으로만 사용해야 한다. 그래서 배우가 무대위에서 가장 무난하게 취할 수 있는 자세가 3/4 열린 자세다. 연출가의 특별한 지시가 없으면 배우들은 보통 이 자세를 취한다.

따라서 배우는 가능한 한 관객에게 자신의 앞면을 많이 보여주려고 노력해야 한다. 무대에서 방향 전환을 할 때도 몸의 전면부를 중심으로, 즉 앞을 보면서 방향을 바꾸어야 한다. 이것을 '열린 방향 전환(open turn)'이라고 한다. 뒤를 보이면서 하는 것은 '닫힌 방향 전환(closed turn)'이다. 그러나 방향 전환에 걸리는 시간이 열린 방향 전환보다 닫힌 방향 전환이 짧을 경우에는 '짧은 방향 전환(short turn)'을 해야 한다. 방향 전환에 관해서는 다음 수업에 다시 한번 자세하게 말하도록 하겠다. 배우는 이러한 방향 전환을 익숙하게 할 때까지 반복해서 무대에서 걸어보아야 한다.

관객은 무대 위에서 움직이는 사람에게 시선을 주게 된다. 따라서 무대 앞에서 한 등장인물이 대사하고 있을 때 무대 뒤에서 비즈니스나 제스처를 하면, 관객은 대사하는 사람보다 움직이는 사람을 보게 된다. 연출가의 의도와 전혀 상관없는 초점 이동이 일어나게 되는 것이다. 이처럼 배우는 무대에서의 '반응(reaction)'을 매우 조심스럽게 해야 하고, 연출가는 의도하지 않는 지저분한 움직임들을 강력하게 통제해야 한다.

2) 초점(focus)

일상에서 사람들은 다른 사람들이 보는 것을 따라 본다. 여러 사람 모두 어떤 방향/사물을 바라보고 있으면 길을 가던 사람들도 그것에 눈을 돌리는 것이다. 이처럼 연출가도 무대 위 등장인물들의 시선을 통해 관객의 시선을 조절할 수 있다. 시선이 목표물에 머무는 지점이 바로 초점이다. 연출가는 이 초점을 이용해 관객들의 시선을 조종할 수 있다

　연출가가 사용할 수 있는 초점은 두 가지가 있다. 하나는 직접 초점이고 다른 하나는 간접 초점이다.

(1) 직접 초점

직접 초점은 초점을 모아주고 싶은 사람에게 다른 사람들의 시선을 모아주는 것이다. 즉 강조하고 싶은 등장인물을 무대 위의 모든 등장인물이 주목하는 것이다. 사람들은 다른 사람이 보는 것을 보는 경향이 있기 때문에 관객들도 자연스럽게 연출이 원하는 인물에게 시선을 주게 된다. 직접적으로 시선을 준다는 의미에서 이것을 '직접 초점'이라고 한다.

(2) 간접초점

간접 초점은 일종의 변화이다. 이것은 강조하고 싶은 사람을 모든 사람이 보는 것이 아니라 몇 사람은 다른 사람을 보고, 그 사람이 원래 강조하고 싶은 사람을 보는 방법이다. 시선이 한 번 우회해서 목표 대상으로 가는 것이다. 그래서 간접 초점을 '지연된 초점(delayed focus)'이라고 말하기도 한다.

　직접 초점은 사람의 시선을 효과적으로 모을 수 있는 방법이지만 너무 직설적이어서 변화가 필요하다. 그래서 간접 초점을 중간중간 사용해 무대 구성을 다채롭게 하는 것이다. 예술은 결국 '은유'이지 않을까? 은유가 없는 일상은 일종의 '날것'이다. 이 '날것'을 '익은 것'으로 바꾸는 것이

바로 예술이다. 그래서 간접 초점은 직접 초점에 비해 사용 빈도가 낮지만 참으로 소중한 변화의 열쇠가 된다. 좋아하는 사람을 부릅뜬 눈으로 보는 사람과 친구 눈을 통해 보는 사람을 상상해 보자. 누가 더 사랑스러운가?

3) 높낮이(level)

무대에서 높은 곳에 위치한 등장인물은 다른 사람에 비해 강조를 받는다. 즉 관객은 높은 곳에 있는 등장인물을 주목하게 된다. 높으면 높을수록 강조된다. 우리 주변에서 보면 교회 강대상이 높은 것, 왕궁에 왕좌가 높이 있는 것 등이 바로 이러한 효과를 노리기 때문이다. 등장인물 대부분이 높은 곳에 있다면 상대적으로 낮은 곳에 있는 등장인물이 강조된다.

따라서 무대 구성과 관련해서 생각하면 평평한 무대 바닥보다는 높낮이가 있는 무대 바닥이 연출가의 무대 구성에 효과적이다. 높낮이의 변화만으로 아주 예쁜 구도가 나온다.

4) 공간(space)

여러 사람이 집단을 이루어 한곳에 모여 있는 상황에서 한 사람이 그 집단을 떠나 무대 위 어떤 한 지점으로 이동한다면, 관객들은 그 사람에게 주의를 집중하게 된다. 즉 집단보다는 개인이, 좁은 공간에 밀집해 있는 사람들보다는 넓은 공간에서 혼자 있는 등장인물이 강조된다. 따라서 연출가는 작품의 주인공에게 공간을 많이 주려고 한다. 중요한 등장인물은 넓은 공간을 차지한다. 그러니 무대 위에 많은 등장인물이 있을 때 강조하고 싶은 사람이 있으면 그 사람을 떨어뜨려 놓자.

5) 연기 구역(acting area)

프로시니엄 무대의 연기 구역과 관습에 대해서는 이전 수업에서 충분하게 언급했다. 무대라는 곳이 등장인물들이 기본적으로 사용하는 공간이기 때문에 연기 구역은 보통 다른 수단들과 함께 관객의 주의 집중을 위해 사용된다. 즉 연기 구역과 초점, 연기 구역과 몸자세, 연기 구역과 높낮이, 연기 구역과 공간 등을 연결해서 생각해보고 또 실제 배우를 활용해 연습해보아라. 아래 그림은 9 분할된 프로시니엄 무대의 연기 구역을 나타낸다.

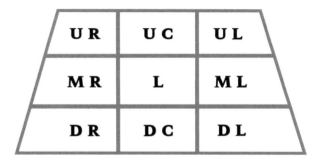

그림 6-13. 연기 구역 9등분의 예

연출가가 관객의 주의 집중을 위해 활용할 수 있는 위의 5가지 수단 사이에는 효과의 측면에서 미묘한 힘의 차이가 있다. 그러나 연출가가 이 5가지 수단을 서로 혼합해서 사용하기 때문에 그때그때 상황에서 가장 유용한 것을 선택해서 사용한다. 또 이것들을 모두 상대적인 방법으로 활용할 수 있다. 예를 들면 몸자세 중에서 완전히 닫힌 자세는 가장 약한 자세이지만, 무대 위 모든 등장인물이 열린 자세로 서 있을 때는 오히려 닫힌 자세로 서 있는 등장인물이 강조된다.

장면 만들기는 결국 배우들에게 자신의 움직임을 만들어주고, 각 움직임의 조합과 조화를 기술적·미학적 요구에 따라 가장 적합한 형태로 정하는 일이다. 이 작업은 연출가에게 가장 기본적인 능력이기 때문에 연출가는 이 과정에 가장 많은 시간을 소비하게 된다.

장면 만들기가 연출가의 고유 업무이기는 하지만 연출가만이 이 작업을 독점하는 것은 아니다. 오히려 연출가에 따라 배우가 적극적으로 이 작업에 참여하도록 격려하기도 한다. 사실 연출가의 지시에 수동적으로 움직이는 배우는 예술가라기보다는 하나의 인형에 불과할지도 모른다.

그래서 배우는 적어도 대사 연구를 통해 자신의 움직임을 상상하고 연출과 토론하여 자신의 의견을 반영할 수 있어야 한다. 여기에 배우가 연출을 배워야 하는 이유가 있다.

연극 현장에서 문제는 배우들이 머리를 비워놓고 연기한다는 것이다. 연출가가 움직이라고 할 때까지 움직일 생각을 하지 않는다. 연출가가 행동선을 그려줘야 움직인다는 배우들도 있다.

배우는 연습장에 오기 전에 자기 대사와 행동선에 관해 고민하고 연습해야 한다. 모든 움직임이 이미 대본 속에 규정되어 있기 때문에, 배우는 자신의 노력 여하에 따라 얼마든지 행동선을 끄집어낼 수 있다. 기술적, 기능적 그리고 미학적 조합은 연출가와 상의해서 결정하면 된다. 우리는 왜 함께 모여서 연습할까? 각기 연습한 것들을 모아서 '하나의 장면, 하나의 연극'으로 만들어야 하기 때문이다.

따라서 게으른 배우는 절대 무대에 오를 자격이 없다. 자신의 행동선을 연출에게 자신 있게 설명할 수 있는 배우가 일류 배우이다. 대사가 많든 적든 자신의 행동선을 생각해 와서 연출에게 보여주고, 의견이 서로 갈리면 논리적으로 설득해라.

연출도 자신의 의도를 배우에게 충분히 설명할 수 있어야 한다. 어떻게 보면 한 집단의 성숙도는 그 집단이 반대 논리를 허용하느냐, 그렇지 않으냐에 따라 짐작해 볼 수 있다. 반대 논리가 허락되지 않는 집단은 군대와 같은 곳이다. 그러나 우리는 예술을 하는 집단이다. 자라온 성장 과정과 가치관이 다른 사람들이 한 현상에 대해 어떻게 똑같은 견해를 가질 수 있단 말인가? 자신의 의견을 검증하기 위해서, 보다 나은 해결책을 찾기 위해서 반대 논리의 용인은 매우 중요하다. 연습 현장에서 '나는 그렇게 생각하지 않는다!'라고 자유롭게 말할 수 있어야 한다.

물론 부정을 위한 부정과 억지는 토론을 성숙시키기보다는 시간과 에너지를 낭비한다. 반대 논리 안에는 논리적인 설명과 논리적인 설득이 있어야 한다.

반대 논리는 사람들의 관계에서도 접목시킬 수 있다. 연극은 우리의 삶을 모방한다. 우리 삶이 탄탄대로 잘 뻗어지는가? 세상에 쉬운 일이 어디 있겠는가. 누구도 고통 없는 삶을 살지 못한다. 연극 만들기는 서로 다른 가치관을 가진 사람들이 함께 모여 작업하는 것인데 왜 어려움이 없겠는가. 어려움은 옆으로 지나갈수록 해결되기보다는 문제만 심각해진다. 어려움을 논리적 토론과 타협으로 타고 넘어야 한다.

과 제

1. 장면 나누기

2. 연습 일정표 짜기
- 거시적 일정표와 미시적 일정표 짜기

3. 배우들과 연습하기
- 대본 읽기
- 일주일에 두 번, 각각 2시간씩 연습하기

4. 연습 일지 작성하기

5. 연습 전·후에 연출의 작업 일지 작성하기

6. 수업 일지 작성하기

일곱 번째 수업
▼
무대 위 배우 움직임의
몇 가지 특징과 기술들

한 주 동안 잘 지냈니?

연출론 수업이 벌써 일곱 번째다. 지난주 과제가 끔찍하게 많았지? 이제 연습을 시작했으니까 하나씩 하나씩 차근차근해 나가자. 일주일에 두 번, 한 번에 두 시간씩 정기적으로 연습하는 것은 매우 중요하다. 이것은 반드시 지키도록 하자. 연출론 때문에 다른 과목의 수업이나 과제가 방해받아서는 안 된다. 어려운 일이 한꺼번에 몰려오면 당황하기 쉽다. 이럴 때는 당황하지 말고 하나씩 하나씩 하면 된다.

우선 연출 파일의 목차 점검을 다시 하자. 연출가는 이 점검을 통해 무엇을 안 했는지, 또 무엇을 먼저 해야 할지가 분명해진다. 일의 순서를 정리해라.

자신의 장면을 위한 무대로 고민을 시작해야 한다. 탁자와 의자 몇 개로 꾸미는 무대일지라도 정면도와 평면도에 관한 고민을 해야 한다. 무대를 어떻게 꾸밀지에 관한 고민도 글로 적어서 연출 파일에 모아놓자.

이제 연습을 시작하면서 꼭 지켜야 하는 루틴(routine)을 만들도록 해라. 그것은 지난 시간에 과제로 내준 것, 즉 연습 전·후에 연출의 작업 일지(연출 일지)를 쓰는 것이다. 연습 전에 쓰는 작업 일지는 효과적인 연습을 위해 필요하고, 연습 후에 쓰는 작업 일지는 연습을 반성하고 다음번 연습의 효율을 높이는 데 유용하다. 브레히트(Bertolt Brecht)의 작업 일지가 유명하다. 작업 일지만 따로 출판될 정도로 잘 정리되어 있고, 브레히트 연구에서 필수적인 자료로 활용될 정도로 작업의 세세한 내용이 잘 정리되어 있다.

연습 일정표가 피상적이고 모호해선 안 된다. 연습 일정표만으로 누구든지 연습을 진행시킬 수 있을 정도로 짜임새 있고 세밀해야 한다. 늘 기억해라. 연출가는 늘 거시적으로 보고 미시적으로 작업해야 한다. 크게 보고 구체적으로 작은 것들을 해 나가야 한다. 자투리 시간도 확인해야 한다.

작업 일지와 연습 일지를 한쌍으로 묶어서 파일에 끼워라. 즉 연습을 한번 하면 작업 일지는 연습 일지의 앞뒤로 한 장씩, 합쳐서 총 3장의 일지가 쌓여야 한다. 주말에는 주중에 밀렸던 것들을 다시 확인하고, 미뤄놓았던 것이나 부족한 것들을 보충해야 한다. 절대 남에게 보여주기 위해 하지 말고 자신에게 칭찬받을 수 있도록 내실 있게 해라.

내 연출론 수업에서 소중한 것은 교수의 수업 내용이 아니다. 연출론 수업을 통해 생각이 성장하고, 생활이 바뀌고, 인격이 성장하는, 내 학생들의 성숙이 가장 소중한 수업의 목표다. 그러니 우리가 공부한 것들을 실제로 고민하고 그 노력의 흔적들을 파일에 끼워 넣어라. 진지하게 자신을 대면해라.

　20세기 이후 연극에서 연출가의 역할은 참으로 지대하다. 배우 역시 수동적인 참여에 머물러서는 안 된다. 연출가는 배우를, 배우는 연출가를 이해하려고 노력해라. 연출론 수업의 실제적인 작업을 통해 연출가로서, 배우로서 성장할 수 있다. 연출가는 배우를 이해하면서 더 좋은 연출을 할 수 있고, 배우 역시 연출가의 역할과 기술을 이해하면서 연기의 폭을 넓힐 수 있다. 그러니 진지하게 달려들어 끈기 있게 공부해보자.

　지난 시간에 우리는 장면 만들기 즉 장면을 나누고 그 장면 속에서 행동을 찾는 방법들에 대해 배웠다.[1] 또 그 행동들을 어떤 형태로 만들어 무대 구조를 형성할 것인지 그에 관한 원칙과 이론에 대해 배웠다. 관객의 주의 집중을 마음대로 조절할 수 있는 연출가의 3가지 유용한 수단이 생각나니? 다시 한번 상기해 보자. 무엇 무엇이 있었지? 첫째, 몸자세(body position), 둘째, 연기 구역(acting area), 셋째, 높낮이(level), 넷째, 공간(space) 그리고 마지막으로 초점(focus) 등이 그것이다. 이 다섯 가지 요소를 직접 무대 위에서 배우와 함께 실험해 보도록 해라.

---

[1] 사실 장면 만들기는 제작 본 단계 중 '행동선 만들기(blocking)', '이어 연습하기(run-through)', '다듬기(polishing)'까지 도달해야 완성된다. 이런 의미에서 보면 행동선 만들기는 주로 배우의 움직임 중 이동(movement)을 찾고, 정하는 것이 주 과제이다. 이어 연습하기에서는 단위 장면들을 연결하여 흐름을 완성하고 다듬기에서는 장면을 풍성하게 만들기 위해 주로 비즈니스(business)와 제스처(gesture)를 적당한 반응과 함께 채워 넣는다.

오늘 수업에서는 무대 위 배우의 움직임에 관해서 나머지 몇 가지 기술과 유용한 조언을 소개하도록 하겠다. 특히 간단한 장면을 만들어 실제 움직임과 대사 사이의 관계를 체험해 볼 것이다. 이것이 끝나면 다음 시간에는 연극 만들기의 과정 중 '이어 연습하기(run-through)'에 대해 설명할 것이다.

장면을 만들 때 맨 먼저 생각해야 하는 것은 '무대'이다. 배우가 움직일 수 있는 한계 공간이 어디까지인지, 무대 위에는 어떤 대도구와 소도구들이 있는지 등을 파악해야 장면의 구도를 결정할 수 있다.

그래서 먼저 '무대 평면도(ground plan)'에 대해 고민해야 한다. 연출론 수업에서 장면 발표를 하는 경우에는 책상 하나와 의자 몇 개, 그리고 최소한의 의상 정도면 충분하다. 특히 무대에서 등·퇴장을 결정하는 출입구는 평면도로 미리 결정해 놓아야 한다. 배우는 무대 안에서 복잡하게 움직이더라도 결과적으로 출입구를 통해 나가고 들어온다. 즉 배우 동선의 처음과 마지막이 고정되는 것이다. 등·퇴장의 변화는 무대 구도의 변화를 가져온다. 대본에서 주어진 등·퇴장로만 사용하면 모든 연출가의 그림이 다 비슷해진다. 그러니 대본의 장면을 상상하면서 보다 창의적으로 변화의 가능성을 구상해야 한다. 그래야 작품과 무대 구도가 다양해진다. 연출가가 다양한 무대 등·퇴장의 가능성에 대해 늘 고민하는 이유가 여기에 있다.

그다음으로 '대도구'의 종류와 형태 그리고 그것의 배치에 대해 고민해야 한다. 배우는 무대 위에 소파가 있거나 테이블이 있을 때, 본능적으로 그 대도구에 붙어서 연기하려 한다. 역으로 생각하면 대도구를 어디에 놓느냐에 따라 배우의 움직임이 중첩되는 것이다. 산술적인 무게 중심과 미학적인 무게 중심을 고려해서 대도구를 배치해야 한다.

프로시니엄 무대는 관객이 정면에 앉아 있는 무대이지만, 배우는 무대 배경 앞에서 연기하는 것이 아니라, 무대 환경 속에서 연기한다. 그래서 덧마루(platform), 바닥(floor) 그리고 벽(flat)을 세워서 무대 장치를 만들어야 한다.

초보 연출가와 초보 배우가 저지르는 많은 실수 중 하나가 의자에 계속 앉아 있거나 가만히 서 있는 것이다. 이런 경우 장면은 정적인 분위기를 갖게 되고 쉽게 지루하다는 인상을 주게 된다. 그러니 장면을 만들 때 가능한 한 움직임을 많이 만들고 나중에 불필요한 움직임을 잘라내는 게 좋다.

1. 움직임과 대사

이전 수업 시간에 언급했던 움직임과 대사의 관계를 간단한 예시 장면을 만들어 실습해 보자.

모든 움직임과 대사는 아래와 같은 형태 중 하나임을 기억하자.

- 움직이고 나서 대사하는 것 (M→D, movement→dialogue)
- 대사하고 움직이는 것 (D→M, dialogue→movement)
- 움직이면서 대사하는 것 (MD→, movement and dialogue)

문제는 이것들을 어떤 상황에서, 어떻게 사용할 것인지를 아는 것이다. 예시 장면을 통해 살펴보자.

지난 저녁 사소한 오해로 말다툼을 하고 헤어진 연인. 남자는 불편한 마음으로 잠을 못 자고 밤새 뒤척이다가 날이 밝자마자 연인의 집으로 향한다. 그녀의 집에 도착한 남자는 방문을 가볍게 두드린 후, 문을 연다. 여자는 방문을 등진 채 창문을 바라보고 서 있다가 들어오는 남자를 보고 몸을 돌린다.

남자: 안녕?
여자: 안녕?
남자: (여자에게 다가가 껴안는다) 미안해! 내가 잘못했어.

위 예시 장면에서 남자가 무대에 등장한 이후부터 움직임을 찾을 수 있다. 그 앞의 해설 내용이 등장하는 남자의 심리적 상황을 구성하거나 동기를 제공할 수 있지만, 관객들은 남자가 방문을 열고 무대에 등장한 이후부터 그의 움직임을 볼 수 있다.

예상할 수 있는 모든 움직임(movement, business, gesture)은 남자와 여자의 경우 각각 다음과 같다.

남자) 방문을 여는 동작 / 방문을 닫는 동작 / 여자를 보는 동작 /
여자에게 다가가는 동작 / 여자를 껴안는 동작
여자) 창에서 문 쪽으로 돌아서는 동작 / 남자를 보는 동작 /
남자에게 안기는 동작

이 외에 남자의 경우 방문을 연 다음 바로 여자를 한 번 보고 다시 방문을 닫을 수도 있다. 일단 "미안해! 내가 잘못했어"라는 대사를 중심으로 움직임과 대사의 관계를 살펴보자.

① 여자에게 다가가 껴안는 동작을 한 후 대사를 할 수 있다.

> 지난 저녁 사소한 오해로 말다툼을 하고 헤어진 연인. 남자는 불편한 마음으로 잠을 못 자고 밤새 뒤척이다가 날이 밝자마자 연인의 집으로 향한다. 그녀의 집에 도착한 남자는 방문을 가볍게 두드린 후, 문을 연다. 여자는 방문을 등진 채 창문을 바라보고 서 있다가 들어오는 남자를 보고 몸을 돌린다.
>
> (창에서 몸을 돌려 남자를 보는 여자를 향해 대사한다.)
> 남자: 안녕?
> 여자: 안녕?
> (여자에게 다가가 껴안는다. 그다음 대사한다.)
> 남자: 미안해! 내가 잘못했어.

이 경우 어떤 것이 눈에 띄게 강조되는가? 움직임? 동작? 확실하게 하기 위해 실제 이 장면을 몸으로 직접 실연해 보자.

다음 장면을 연달아서 해보면 움직임과 대사 중 어떤 것이 강조되는지 확실하게 알 수 있을 것이다.

② 남자가 해당 대사를 먼저 하고 여자에게 다가가 껴안는다.

> 지난 저녁 사소한 오해로 말다툼을 하고 헤어진 연인. 남자는 불편한 마음으로 잠을 못 자고 밤새 뒤척이다가 날이 밝자마자 연인의 집으로 향한다. 그녀의 집에 도착한 남자는 방문을 가볍게 두드린 후, 문을 연다. 여자는 방문을 등진 채 창문을 바라보고 서 있다가 들어오는 남자를 보고 몸을 돌린다.
>
> (창에서 몸을 돌려 남자를 보는 여자를 향해 대사한다.)
> 남자: 안녕?
> 여자: 안녕?
> (그 자리에 서서 먼저 대사한다.)
> 남자: 미안해! 내가 잘못했어.
> (대사가 끝난 후 여자에게 다가가 껴안는다.)

필요하다면 두 장면을 움직임과 대사를 번갈아 바꿔가며 실연하고 관찰해 보라. 움직임과 대사 중 어떤 것이 더 강조되는가?

예시 장면을 통해 드러나는 것은, 움직임과 대사 중 나중에 하는 것이 더 강조된다는 것이다. 즉 연출가는 강조하고 싶은 것을 나중에 하면 된다. 대사를 강조하고 싶다면 먼저 움직이고 나서 대사를 하고, 움직임을 강조하고 싶으면 대사를 하고 난 후 움직이는 것이다.

마지막으로 움직임과 대사를 동시에 하는 경우를 관찰해보자.

③ 남자는 움직이면서 동시에 대사를 할 수 있다.

> 지난 저녁 사소한 오해로 말다툼을 하고 헤어진 연인. 남자는 불편한 마음으로 잠을 못 자고 밤새 뒤척이다가 날이 밝자마자 연인의 집으로 향한다. 그녀의 집에 도착한 남자는 방문을 가볍게 두드린 후, 문을 연다. 여자는 방문을 등진 채 창문을 바라보고 서 있다가 들어오는 남자를 보고 몸을 돌린다.
>
> (창에서 몸을 돌려 남자를 보는 여자를 향해 대사한다.)
> 남자: 안녕?
> 여자: 안녕?
> (여자를 향해 움직이면서 대사한다. 즉 여자에게 다가서면서, 그리고 여자를 껴안으면서 대사한다.)
> 남자: 미안해! 내가 잘못했어.

위 장면에서 분명하게 드러나는 것은 움직임과 대사가 서로 방해한다는 것이다. 즉 관객은 움직임과 대사 중 어느 것에도 주의를 집중하지 않는다. 따라서 움직이면서 대사하는 경우, 그 움직임이나 대사는 중요하지 않은 경우가 대부분이다.

정리하면, 중요하게 봐야 할 것은 움직이고 난 후 대사하는 것과 대사하고 난 후 움직이는 것 중 어느 것이 더 강조되는지 보아야 하는 것이다. '대사를 하고 다가가 껴안는 것'과 '다가가 껴안고 난 후 대사하는 것' 중 어느 것이 더 강한 인상을 주는 걸까?

– 대사하고 난 후 껴안는 것: 껴안는 것이 강조됨

– 껴안고 난 후 대사하는 것: 대사하는 것이 강조됨

이렇듯 강조하고 싶은 것을 '나중에' 하라고 지시하는 것이다.

③의 경우, 즉 움직임과 대사를 동시에 하는 경우 서로 방해가 되어 관객의 주의를 모으기 힘들다는 것은 이미 이야기했다. 그런데 이것을 연출가의 입장에서 반대로 생각하면, 배우를 움직이고 싶을 때 이 방법을 이용할 수 있다는 것이다. 연출가는 대본에서 숨은 의미가 없는 평범한 대사나 긴장감 없는 상황에서 하는 평범한 대사를 배우가 움직이는 대사로 이용할 수 있다. 배우 역시 무대 위에서 움직이고 싶을 때 이처럼 상대적으로 약한 대사를 선택해서 움직이면 된다.

위의 예시 상황에서 움직임 자체 외에 고려해야 할 것들이 있다. 즉 남자가 문에 들어올 때까지의 동작선은 주저함, 두려움 등으로 머뭇거리지만, 방에 들어와 접근할 때는 확신을 가져야 한다. 따라서 방에 들어올 때 움직임의 질(quality)과 여자에게 다가갈 때 움직임의 질은 분명 차이가 있다.

움직임의 질 외에 고려해야 할 것은 움직임의 기능적・기술적 측면이다. 예시 상황에서 문을 여닫는 자세・시선・비즈니스 등을 고려해야 하고, 껴안을 때도 상대 배역의 키와 자세를 고려해 기술적인 요구를 충족해야 한다. 배우의 움직임은 인쇄되어 있는 대사를 살아나게 만드는 요소이다. 펄떡거리며 튀는 생선처럼 대사는 움직임에 의해 나(배우)를 자극하고, 상대 배우를 자극하고, 결과적으로 관객을 자극해야 한다. 이것을 가능하게 하는 것이 바로 연출이며 연출가이다. 그래서 연출은 신과 같다고 말하는 것이다.

그래서 이제부터 살펴보아야 할 것은 배우의 무대 위 움직임이 가져야 할 특징들이다.

1) 방향(direction)

배우가 무대에서 움직이는 방향을 말한다. 프로시니엄 무대의 특성상 수평과 수직으로 움직이는 것은 특별한 상황이 아니면 피해야 한다. 이런 측면에서 관객의 시선을 가리는 움직임과 제스처는 가능한 한 피해야 한다. 따라서 걸을 때 직선으로 가기보다는 곡선을 그리면서 가야 하고, 앞으로 나갈 때는 수직선이 아니라 사선으로 나가야 한다. 여러 사람이 있는 곳에서 수직선으로 나가면 각이 좁아져서 관객은 뒤에 있는 배우를 보지 못해 답답한 느낌이 들기 쉽다.

2) 힘(strength)

움직임의 질(quality)에 관한 내용이다. 즉 배우의 움직임, 걸음걸이는 장면의 상황과 등장인물의 심리적 상태에 따라 그 힘이 다 다르다. 시험을 보기 전에 걸음걸이와 끝난 다음에 걸음걸이를 상상해 보라.

3) 속도(speed)

우선 속도와 템포(tempo)를 구분해야 한다. 속도는 '빠르고 늦기'를 말한다. 이에 비해 템포는 '속도감(impression)'을 말한다. 주의해야 하는 것은, 속도가 빠르다고 언제나 속도감이 빠른 것은 아니다. 빠른 속도가 변화 없이 지속되면 템포는 오히려 하강한다. 따라서 '좋은 템포는 빠른 템포'이기 때문에 빠른 템포를 유지하려면 속도에 변화를 주어야 한다. 배우의 움직임이 율동감 있게 변화무쌍해야 하는 이유가 여기에 있다. 빠른 속도의 움직임과 빠른 템포의 움직임을 스스로 움직이면서 몸에 익히도록 하자.

4) 지속성(duration)

움직임의 길이를 의미한다. 즉 무대 위에서 움직일 때 얼마나 긴 시간 동안 움직일 것인가에 관한 것이다. 특히 지속성은 템포와 깊은 관계가 있다. 변화가 없는, 일정한 긴 움직임이 얼마나 템포에 영향을 줄 것인지는 생각만 해도 알 것이다. 따라서 배우가 무대 위에서 길게 움직일 때는 늘 템포를 고민해야 한다.

5) 타이밍(timing)

타이밍은 우리말로 '적절한 시기'이다. 타이밍은 연극뿐만 아니라 모든 예술에서 핵심 요소이다. 배우가 무대 위에서 직접 실연하는 연극 같은 경우에 타이밍을 맞추는 것은 움직임뿐만 아니라 대사의 주고받기, 시선의 교환, 등 · 퇴장 등 사실 모든 순간에 절대적이다. 따라서 타이밍을 맞추기 어려운 장면들은 반복을 통해 숙련이 될 때까지 연습해야 한다.

타이밍은 리듬과 템포의 창조에도 절대적 요소가 된다. 우리가 잊지 말아야 할 것은 '무대는 물이 꽉 찬 수조와 같다'[2]는 것이다. 상상해 보아라. 물길을 걸어보면, 물의 저항을 느낄 수 있다. 또 내가 지났던 공간에 물이 다시 메꿔지는 것도 볼 수 있다. 따라서 무대 위에서도 한 움직임은 다른 움직임에 반드시 영향을 준다. 이러한 상호 작용이 표면으로 나타난 것이 바로 '무대 균형(balancing)'이다. 배우의 무대 움직임, 등 · 퇴장, 무대

---

[2] 필자는 고(故) 안민수 동국대 교수님께 연출을 배웠다. 연출론 수업 시간에 배운 황금과 같은 수많은 지식과 지혜가 나를 이끈 지침들이었다. 특히 '무대는 물이 꽉 찬 수조와 같다'는 말씀은 내가 연출한 무대의 리듬과 템포를 결정짓는 중요한 격언이 되었다.

균형, 조명의 변화, 대사의 반복 등이 위의 요소들과 합쳐지고 반복되면서 무대 위에 리듬과 템포가 만들어진다. 모든 예술의 궁극적 목적이 리듬의 창조라면 이것은 연출가에게 얼마나 중요한 요소일까? 리듬과 템포는 눈으로 볼 수 없지만 느낄 수는 있다. 오히려 감각적이기 때문에 즉각적인 영향을 미친다. 그렇다면 잘 만든 연극은 눈으로 보지 않아도 알 수 있지 않을까? 잘 만든 장면은 눈을 감고도 알 수 있다.

2. 움직임의 기술들

이제 무대 위 움직임에 필요한 기술들에 대해 이야기해 보자.

1) 지나가기(cross)

"무대 위에서 한 등장인물이 다른 등장인물의 앞을 지나가는 것"[3]을 '지나가기(cross)'라고 말한다. 관객들은 무대 위에서 움직이는 사람에게 주의를 집중하기 때문에 '지나가기'는 관객의 시선을 모으는 효과가 있다. 따라서 무대 앞에서 한 등장인물이 대사하고 있을 때,

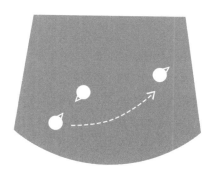

그림 7-1. 지나가기(cross)

---

3) "앉아 있거나 엎드린 등장인물의 앞이나 뒤를 지나가는 것은 가로지르기가 아니다." John E. Dietrich & Ralph W. Duckwall, *Play Direction*, 2nd ed. (New Jersey: Prentice-Hall, 1983), 95쪽.

무대 뒤쪽의 다른 등장인물이 움직이는 것은 매우 바람직하지 않다. 관객의 시선이 집중되어야 할 사람의 초점을 빼앗아 가기 때문이다. 앉아 있거나 엎드려 있는 등장인물의 앞뒤를 지나가는 것은 '지나가기'라고 말하지 않는다. 아마도 이것은 '시선 경쟁'과 관계가 있을 것이다. 즉 무대 위에 서 있는 두 명의 등장인물 중 움직이는 사람에게 초점이 가기 때문에 '지나가기'의 기술은 초점을 가져오기 위한 특별한 기술이 된다.

2) 무대 균형 잡기(balancing, dressing)

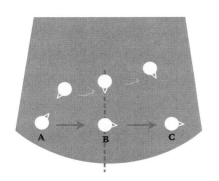

그림 7-2. 무대 균형 잡기

무대 균형 잡기는 지나가기와 밀접한 관계가 있다. 균형 잡기는 한 등장인물이 다른 등장인물을 가로지를 때, 지나가는 인물이 서 있는 인물의 얼굴을 지나갈 때를 시점으로 방향을 전환하는 것이다. 즉 서 있는 인물은 지나가는 인물을 따라 시선을 집중하다가 지나가는 인물이 자신의 얼굴을 통과할 때 방향을 바꾸어 그 인물을 보는 것이다. 이때 배우의 몸자세는 지나간 배우를 향한다.

앞에서 언급한 것처럼, 무대 균형 잡기는 배우 상호 간의 흐름을 만들고 장면의 리듬과 템포 형성에 영향을 끼친다. 만약 한 등장인물이 자신을 지나가 문으로 퇴장하면 서 있는 등장인물은 균형을 잡은 후 퇴장하는 배우의 흐름을 타고 약간 퇴장하는 쪽으로 움직여서 다시 무대 균형을 잡아야 한다.

3) 초점 주고받기

무대 위에서 배우 상호 간의 시선은 관객의 시선을 모아주는 역할을 한다. 즉 연출가는 배우의 시선을 통해 관객을 시선을 조절할 수 있다. 움직임과 관련해서 배우는 무대의 앞쪽 또는 뒤쪽으로 이동하여 관객의 시선을 가져올 수 있다. 움직임으로 초점을 가져오는 방법에는 네 가지 형태가 있다.

(1) 초점 나누기(share)

무대 위에서 두 명의 등장인물이 사분의 삼(3/4) 열린 자세로 서로 마주보고 선 형태이다. 두 명이 모두 같은 무게의 집중을 받는다. 관객은 두 사람을 동등한 극적 가치를 갖는 인물로 느낀다.

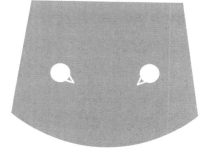

그림 7-3. 초점 나누기

(2) 초점 주기(give)

나누는 자세에서 한 등장인물이 무대 아래쪽으로 이동해 무대 균형을 잡으면 그 인물은 자연스럽게 위 무대의 인물을 바라보아야 한다. 이 경우 이동한 등장인물의 몸자세는 닫힌 자세가 된다. 관객은 열린 자세의 인물에게 주의를 집중하기 때문에 이러한 움직임은 서 있는

그림 7-4. 초점 주기

인물에게 초점을 주는 셈이 된다. 이것을 '초점 주기'라고 한다.

(3) 초점 가져오기(take)와 초점 훔치기(steal)

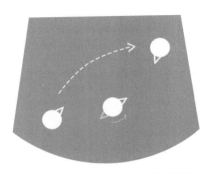

그림 7-5. 초점 가져오기와 초점 훔치기

초점 가져오기는 초점 주기와 반대로, 한 등장인물이 서 있는 등장인물의 위쪽으로 움직여 열린 자세로 서는 것이다. 이 경우 서 있는 인물은 무대 균형을 위해 위쪽의 인물을 바라보아야 한다. 자연히 그의 몸자세는 닫힌 자세로 바뀌고, 움직여서 열린 자세로 선 인물에게 관객의 초점이 몰린다. 서 있던 인물이 움직여서 관객의 초점을 가져가기 때문에 이러한 움직임을 '초점 가져가기'라고 말한다.

'초점 훔치기'는 연출가나 상대 배우와 협의하지 않은 채 초점을 가져가는 것이다. 초보 배우들이 자주 범하는 실수이기도 하다. 무대에서 관객의 초점을 조절하는 것은 장면 만들기에서 매우 중요한 요소이기 때문에 연출가는 배우에게 '초점 훔치기'를 엄격하게 금지해야 한다.

4) 무대에서의 방향 전환

프로시니엄 무대의 특성으로 배우는 무대 위에서 자신의 앞면을 보여주면서 방향을 바꾸어야 한다.

무대에서는 기본적으로 언제나 '열린 방향 전환(open turn)'을 해야 한다. 관객이 앞쪽에만 있기 때문이다. 연출가는 배우에게 빈 무대에서 항상 걷는 연습과 방향 전환을 연습하도록 해야 한다. 의식적으로 하지 않아도 저절로 배우의 몸과 손이 객석을 향해 열려 있을 때까지 연습시켜야 한다. 따라서 '닫힌 방향 전환(close turn)'은 꼭 필요한 경우가 아니라면

해서는 안 된다.

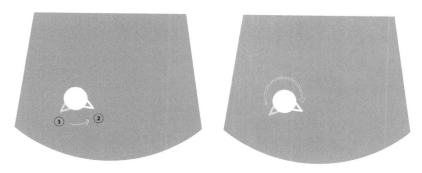

그림 7-6. 열린 전환과 닫힌 전환

다만 한 가지 예외가 있다. 그것은 '짧은, 신속한 방향 전환 (short turn)'이다. 예를 들면 배우의 몸자세가 3/4 닫힌 몸자세일 때 열린 방향 전환을 하면 시간이 오래 걸리게 된다. 그럴 때는 시간이 짧게 걸리는 닫힌 방향 전환을 하는 것이 좋다. 이런 경우의

그림 7-7. 짧은, 신속한 방향 전환

방향 전환을 '짧은, 신속한 방향 전환'이라고 한다.

3. 기타 무대 움직임의 주의 사항

1) 제스처

너무 많은 제스처는 등장인물의 대사와 얼굴 표정 연기에 방해가 된다. 제스처는 언제나 대사에 적절한 양과 질을 가져야 한다. 특히 프로시니엄 무대에서 제스처는 말하는 배우의 얼굴이나 몸을 지나치게 가리지 않도록 주의해야 한다. 이것은 앞으로 나아갈 때 뒤에 있는 배우를 가리지 않기 위해 사선으로 나가는 것과 같은 요령이다.

2) 앉고 서기

무대에서 앉고 서는 것은 전적으로 대사의 내용과 등장인물의 성격 특징에 달려 있다. 즉 어린아이가 의자에서 일어서는 것과 성인 남자가 일어서는 것 그리고 노년의 등장인물이 일어서고 앉는 것은 분명히 다르다. 따라서 연출가는 배우에게 각 연령층의 움직임을 잘 관찰하고 난 후 성격의 특징에 따라 일어서고 앉으라고 해야 한다.

3) 등장하기와 퇴장하기

많은 사람이 등장하는 경우 첫 대사를 말하는 등장인물은 맨 나중에 등장해야 한다. 만일 처음이나 중간에 첫 대사를 말하는 인물이 등장하면 그가 하는 대사는 나머지 사람들의 등장으로 방해받기 때문이다.

퇴장하는 경우에도 마찬가지다. 특히 퇴장하는 인물은 퇴장하기 직전에 대사를 하도록 하는 것이 좋다. 이것은 배우의 집중력을 유지해 연기를 계속할 수 있도록 할 뿐 아니라 무대에 남아 있는 인물들이 그 대사에 집중해서 장면의 분위기를 유지할 수 있도록 한다. 퇴장 직전에 하는 대사는 특별히 '퇴장 대사(tag line)'라고 한다.

　프로시니엄 무대에서 등장할 때는 열린 몸자세로 문을 열고, 닫아야 한다. 이것은 배우의 몸이 닫히면 관객들은 시선을 거두고 다른 곳을 보기 때문이다.

4) 먹기와 마시기

무대에서 실제로 먹고 마시는 것은 주의해야 한다. 첫째는 배우의 발성과 연기에 방해될 수 있기 때문이다. 둘째는 연극과 연기의 '환상(illusion)'이 '실제(fact)' 때문에 깨질 수 있다. 따라서 배우는 능숙한 마임으로 먹고 마시는 연기를 처리해야 한다.

5) 포옹하기와 키스하기

장면 중에 등장인물들의 포옹과 키스는 예민한 문제이다. 특히 초보 연기자들과 함께 일하는 연출가에게 포옹과 키스 장면은 연습 초기부터 연습해야 하는 어려운 문제이다.

　포옹 장면에서 주의해야 하는 것은 포옹하는 자세이다. 초보 배우들은 상대방과의 포옹이 어색해 엉거주춤한 자세로 포옹한다. 즉 상체를 맞대기는 하지만 하체는 엉덩이를 뒤로 뺀 자세로 하는 것이다. 이러한 어색한 자세는 상대 배우도 어색하게 만들고 관객도 웃음을 금치 못하게 한다. 따라서 자연스럽게 포옹하는 자세를 가르쳐주고 연습 초기부터 반복하게 해서 어색함을 없애야 한다.

　무대에서 실제로 키스하는 것은 매우 위험하다. 장면의 환상도 깨지고 관객들의 주의가 극의 내용보다 키스 자체에 집중되기 때문이다. 그래서 연출가는 '가리기(covering)' 기술을 사용해 키스 장면을 만들어야 한다.

가리기 기술은 아래 무대에 위치한 인물이 수직으로 위치한 다른 인물의 얼굴을 포옹과 함께 자신의 얼굴로 가리고 키스하는 자세를 취하는 것이다. 이러한 기술은 일종의 '관습(convention)'에 속하는 것이어서 배우와 관객 모두를 만족시킬 수 있다.

6) 난투 장면

두 사람의 싸움이나 집단 난투 장면은 연출가에게 많은 고민을 안겨 준다. 무대 위에 일종의 무질서를 만들어야 하기 때문이다. 해결 방법은 하나밖에 없다. 즉 싸움 장면을 하나씩 세밀하게 설계하고 그것을 반복해서 연습하는 것이다. 이것을 '무질서도 질서 있게 만든다'라고 말한다.

특히 뺨을 때리거나 주먹으로 얼굴이나 상체를 가격하는 장면은 세밀하게 집중해서 연출해야 한다. 잘못하면 부상의 위험이 있을 뿐만 아니라, 장면 자체가 망가질 위험이 크다.

7) 칼로 베기와 찌르기

〈햄릿〉의 마지막에서 햄릿과 레어티스의 결투는 작품을 끝내는 중요한 장면이다.[4] 이 결투로 햄릿을 포함해 많은 사람이 죽기 때문에 치열하고 처절한 결투가 필수적이다. 또 〈로미오와 줄리엣〉에서 로미오가 싸움 중에 티볼트를 칼로 찔러 죽이는 장면은 작품의 비극성을 극대화하는 중요한 장면이다.[5] 연출가에게 이런 장면은 일종의 도전이다. 영화와 달리 연극은 무대 위에서 직접 결투 장면을 보여주어야 하기 때문에 대역을 쓸

---

4) 셰익스피어, 〈햄릿〉, 5막 2장.
5) 셰익스피어, 〈로미오와 줄리엣〉, 2막 6장. 〈로미오와 줄리엣〉의 원제는 〈로미오와 줄리엣의 비극Tragedy of Romeo and Juliet〉이다.

수도 없다.

연출가는 세밀한 계획과 반복 연습을 통해 이런 장면을 연출할 수밖에 없다. 특히 찌르기와 같은 위험한 동작은 '가리기 기술'을 사용해 겨드랑이 사이로 찌르는 등의 방법을 써야 한다. 찌르는 인물이 무대 아래쪽에 서서 닫힌 자세로 무대 위에 위치한 인물을 가리면서 찌르는 것이다.

8) 넘어지기

무대에서 실수로 넘어지는 것이나 다른 인물에 의해 내동댕이를 당하는 것도 매우 위험한 동작이다. 이 동작은 무수한 연습을 통해 자연스럽고 우아하게 처리해야 한다. 넘어지는 것이 너무 실제 같으면 관객들은 환영에서 나와 배우의 건강을 걱정하게 되고, 너무 어색하면 장면 연출의 사실성이 떨어지게 된다. 그래서 이런 장면은 자연스럽고 우아하게 할 수 있을 때까지 연습해야 한다.

9) 죽음 장면

그리스 연극에서는 주검을 무대 위에 보여 주지 않았다. 이것은 현대 연극에서도 마찬가지다. 실제로 무대 위에서 살인 장면을 통해 쓰러지는 인물이 생기면 그 처리가 매우 복잡하다. 주검을 무대 위에 오랫동안 방치하면 관객의 주의를 모을 수 있고, 주검으로 남은 배우가 호흡하거나 움직이는 등의 문제가 발생하기 때문이다.

따라서 연출가는 무대 위의 주검을 가능한 한 빠른 시간 내에 무대 밖으로 내보내야 한다. 만일 이러한 처리가 불가능하다면 관객의 시선에서 먼 연기 구역, 예를 들면 왼쪽 위 무대에 닫힌 자세로 누워있게 처리해야 한다.

지난 시간까지 우리는 장면 만들기, 즉 최소 작업 단위는 프렌치 신 또는 동기 단위 하나에서 행동을 찾고 움직임과 대사를 연결하는 작업을 했다. 이때 이것을 보다 효과적으로 하기 위해 덧마루, 계단(step), 벽(plat)을 이용하라는 조언도 했다. 특히 무대 바닥과 천장 공간(fly)을 꼭 염두에 두어야 한다. 무대 바닥의 높낮이를 두면 무대 구성이 다채로워지고, 천장 공간을 장식하면 무대 위 환영을 만드는 데 굉장히 쉬워진다.

　　먼저 **무대 구성이 당연하게 가져야 하는 특성들**에 대해 알아보자.

1) 장면의 무대 구성은 자연스러워야 한다(naturalness)

'자연스러움'에 대한 기준과 정의는 시대마다 시대의 기준에 따라 다르기 마련이다. 사실주의 스타일이 무대와 연기에 적용되기 시작하면서 무대 연기와 움직임은 일상의 그것과 매우 비슷해졌다. 예를 들어 무대 위 배우 간에 나타나는 거리(distance)는 일상의 논리에 맞는, 상식적인 거리이어야 한다. 예를 들면, 〈로미오와 줄리엣〉에서 로미오와 줄리엣의 첫 만남은 공식적인 거리를 두고 하는 만남이다.[6] 하지만 이 만남은 발코니 장면 이후 아주 가까운 거리로 표현되어야 한다.[7] 물론 적대적인 두 등장인물이 친밀한 인물끼리 취하는 거리, 즉 손을 뻗어서 닿을 수 있는 거리를 가져서도 안 된다.

　　초보 연출가에게는 어렵겠지만, 무대 구성이 보는 사람들에게 인위적이고 이상하다는 느낌을 주어서는 안 된다. 브레히트의 작업도 어색한 장면을 자연스럽게 만들기 위해 여러 번 행동선을 반복하면서 '부정의 부정(안 되는 것들을 점차 빼는 방법)'을 통해 장면을 완성한다. 브레히트가

---

6) 셰익스피어, 〈로미오와 줄리엣〉, 1막 5장.
7) 셰익스피어, 〈로미오와 줄리엣〉, 2막 2장.

자신의 장면을 쉽고 자연스럽게 보이기 위해[8] 연습의 막바지에 초등학생들에게 시연하도록 했다는 에피소드는 유명하다. 이것이 작품의 논리에 따르는 자연스러움이다. 장면은 늘 상식적이고 자연스러워야 한다.

2) 장면의 무대 구성은 그 자체로 이야기를 말해주어야 한다(storytelling)

무대 구성은 구성만 가지고도 장면의 이야기를 말해줄 수 있어야 한다. 잘 만든 작품인 경우 외국 순회공연단의 공연은 말을 알아듣지 못해도 장면만으로도 이해할 수 있다. 장면의 배경과 배우들의 움직임, 그리고 그 움직임의 세기와 타이밍, 지속성 등이 언어를 대신해 소통의 역할을 맡는다. 말을 알아듣지는 못해도 맨 앞에 등장하는 사람은 지배자, 맨 뒤에 따라오는 사람은 하인임을 분명히 알 수 있는 것처럼 말이다.

배우는 자신으로부터 출발해 배역을 체현하기 위한 여정을 시작한다. 배우 자신의 자연적인 인격이 연기의 출발점이라면, 그가 체현해야 할 등장인물/배역은 종착역이며 따라서 배역 창조의 방향이 된다. 이때 배우는 자연인으로서의 자신과는 전혀 다른 '자세, 시선, 걸음걸이, 어투, 비즈니스와 제스처'[9]를 관객에게 보여주어야 한다. 이때 무대 위에 존재하는 인물은 자연인으로서의 배우도 아니고 완전하게 배역으로 변신한 등장인물이 아니다.

---

8) 이러한 표현은 자칫 브레히트의 소위 서사극 이론에 어긋난다는 반론을 야기할 수 있다. 그러나 브레히트의 '이상함, 낯섦'은 '어색함'이나 '부자연스러움'이 아니다. 오히려 그의 서사극은 예술적으로, 미학적으로 매우 자연스럽고 뛰어나 관객들이 자연스럽게 동일시와 감정 이입을 했다는 신문 기사들도 있을 정도이다.

9) 배우가 배역 창조를 위해서 이 다섯 개 요소를 철저하게 훈련해야 한다. 그리고 배역 창조에 반영해야 한다.

사실 배역 창조에서 출발하지 못하면, 그것은 무대 위에서 자신을 벌거벗는 것과 같다. 그리고 허구의 인물인 등장인물로 완벽하게 변신한다는 것은 이론상으로만 가능한 일이다. 이렇게 보면 배우는 무대 위에서 배우 자신도 아니고 등장인물도 아닌, 관객과의 관계 속에서 새롭게 탄생하는 '무대 위 존재(being on the stage)'가 된다. 무대 위 존재로서 배우가 무대에서 살아 숨 쉬는 현장이 바로 '행위 현장(action spot)'[10]인 것이다.

배우의 자세와 관련해서 조금 더 설명할 것이 있다.

브레히트의 서사극에서 '자세'는 그의 연기론의 핵심이라고 말할 수 있을 정도로 중요하다. 자세는 라틴어 'gestus'를 번역한 용어이다. 그래서 브레히트의 연기론을 '게스투스 연기론'으로 부르기도 한다.

브레히트의 '자세'를 이해하기 위해서는 그가 자주 사용했던 정확하나 용어, 즉 '소찌알레 게스투스(soziale gestus)'를 이해해야 한다. 국내에서는 김석만이 '사회적 몸짓'으로 번역하였다. 공산주의 사상에 깊이 경도되어 있던 브레히트에게 사회는 계급 투쟁의 장(場)일 뿐, 그 이상도 그 이하도 아니었다. 따라서 사회의 모든 사람들은 자신의 계층을 드러내는 특유한 자세를 갖고 있다고 했다. 모든 사람들은 자신이 속한 사회 계층의 몸짓을 가지고 있다는 것이다. 계급 투쟁의 일환으로 각 계층에 속한 사람들은 각자의 이익을 위해 투쟁하기 마련이다. 부자는 가난한 자를 핍박해 자본을 형성하고 또 가난한 사람들은 부자의 돈을 쟁취하기 위해 투쟁하는 것이다. 그래서 브레히트의 작품은 이러한 차별적인 계급성에 의

---

10) 행위 현장에 대한 상세한 논의는 다음 논문을 참조하라. 김대현, 「장면 연출과 행위 현장」, 『연극교육연구』 22 (2013).

한 자세의 비교, 충돌을 중요하게 생각한다. 따라서 어떤 사람이 길을 걷다가 그냥 미끄러져 넘어지는 것에는 계급성이 하나도 드러나지 않기 때문에 이것을 '사회적 몸짓'으로 보지 않는다. 반대로 누추한 옷을 입은 사람이 식량을 얻으려 노력하는데, 경비견의 으르렁거리는 소리를 듣고 물릴까 봐 두려워 취하는 방어적 자세에는 계급성이 드러난다. 그는 이러한 방어적 자세를 사회적 몸짓으로 정의한다. 〈억척어멈과 그 자식들〉[11]에도 억척 어멈이 돈을 셀 때의 자세는 돈에 대한 집착과 그래야만 살아남을 수 있는 그 계층의 특유한 몸짓이 드러난다. 이런 것들이 말하지 않아도, 자세만으로 그 내용을 알 수 있는 것이다.

4. 감정/정서(feeling/emotion)

무대 구성은 구성 그 자체로 감정/정서를 전달해야 한다. 지난 수업에서 무대에서의 움직임에는 여러 가지 특징, 즉 방향, 질, 세기 등이 있다고 말했다. 무대 구성도 마찬가지다. 무대 구성의 형태는 그 장면이 갖고 있는 정서를 대사와 움직임보다도 먼저 관객에게 보여준다. 다만 무대 구성의 경우 움직임 외에 자세, 표정, 비즈니스와 제스처, 시선 등이 복합적으로 표현을 같이한다. 기쁨을 표현하는 사람들과 한 사람을 위로하기 위해 모인 사람들의 형태는 당연히 다를 수밖에 없다는 것을 기억하기 바란다.

---

11) 브레히트, 〈억척어멈과 그 자식들－30년 전쟁의 연대기〉, 2장, 억척어멈과 군목 그리고 취사병의 대화 중에서.

5. 등장인물 사이의 관계(relationship)

초보 연출가는 등장인물이 많이 나오는 부분을 무서워한다. 한 사람 한 사람의 움직임을 설계해야 하는 입장에서 등장인물의 수가 많으면 그만큼 고려해야 할 사항이 많아지기 때문이다.

이런 경우 비슷한 성격과 기능을 가진 등장인물들을 함께 묶어주는 것이 해결책이다. 그리고 이 집단을 한 사람으로 취급해 다시 무대 구성을 하는 것이다. 이때 비슷한 성격의 인물들 사이의 거리는 서로 가까워질 수밖에 없다. 친소(親疏)에 따른 구분 외에도 '좋고 나쁨', '지배와 피지배' 등의 기준으로 묶을 수도 있다. 회사에 가 보면 가장 높은 사람이 맨 뒤에 자리 잡고 있다. 즉, 뒷사람이 앞사람을 감시, 관찰하는 지배적 위치를 보여준다. 복종(dominate)시키는 것이다. 관객들은 이러한 무대 구성을 통해 등장인물 사이의 관계와 역학 관계를 무의식적으로 받아들이게 된다.

연극은 은유를 통해 표현된다. 벌거벗은(naked) 것이 아니라 누드(nude)인 것이다. 환영의 집인 극장에서 '날것'이나 '직유'는 극장의 환상을 깨트리고 등장인물의 페르소나(persona)를 배우의 얼굴로 드러나게 만든다. 작품 속 캐릭터(character)가 배우(actor)로 떨어지는 것이다. 이것은 예술가에서 매춘부로 변하는 것과 같다. 그래서는 안 된다.

무대 구성은 모두 연출가의 의도에 따라 나타난다. 즉 연출가의 의도가 없는 무대 구성은 없다는 것이다. 그래서 무질서도 질서 있게, 계획에 맞게 창조해야 한다.

행동선 만들기 단계에서 주로 배우의 움직임(movement)을 만든다.

이 움직임이 무대 구성을 형성하는 핵심 요소이다. 나머지 비즈니스 (business)와 제스처(gesture)는 이어 연습하기(run-through) 단계나 다듬기 (polishing) 단계에서 만든다. 화폭에 나무를 그릴 때 먼저 줄기를 그리고 그다음 가지와 잎사귀를 그리는 것처럼, 행동선 만들기 단계에서 움직임을 통해 무대 구성을 마치고, 이후 이어 연습하기와 다듬기 단계에서 비즈니스와 제스처로 장면을 완성하는 것이다. 이런 이유로 연습 일정을 짤 때 행동선 만들기와 이어 연습하기 그리고 다듬기를 서로 겹치게 짜라고 한 것이다.

표 7-1. 연습 일정: 행동선 만들기, 이어 연습하기, 다듬기 연습의 중첩

이런 것들은 우리가 무대에서 직접 해보아야 한다. 행동선 만들기 단계에서 제일 중요한 것은 대본에서 행동을 찾는 것이다. 행동은 작가의 대본에 이미 나와 있다. 지문과 해설, 대사 속에 말이다. 그리고 기술적으로 요구하는 것들, 연출가가 그림을 그리고 싶어 하는 미학적 요구 속에서 행동을 찾아내야 한다. 그다음에야 비로소 대사와 움직임의 관계를 보는 것이다. 대본에서 행동을 찾는 요령을 정리하면 다음과 같다.

① 대본의 해설과 지문에 나타난 움직임을 찾는다.
② 대사에 나타난 움직임을 찾는다.
③ 기술적 측면에서 필요한 움직임을 찾는다. 차를 찻잔에 어떻게 따를지 등.
④ 연출가의 미학적 필요에 따른 움직임.

연출가는 먼저 장면 만들기에 필요한 모든 움직임에 대해 고민하고 확정해야 한다. 그다음 배우들에게 자신들의 대사에 어울리는 행동들을 생각해 오라고 부탁해야 한다. 왜냐하면 무대 위 모든 움직임에는 그에 합당한 이유 즉 동기가 있어야 한다. 배우 입장에서 동기는 자신의 움직임과 대사를 스스로 납득할 수 있는 절대적 근거이다. 따라서 연출가 외에 무대 위 움직임에 대해 가장 많이 고민하는 사람은 배우이다. 연출가는 배우와의 협업을 통해서만 성공적으로 장면을 만들 수 있다.

무대 위의 모든 움직임에는 동기가 있다. 따라서 연출가가 자신의 미학적 요구에 따라 움직임을 요구하더라도 배우는 동기 없이 움직여서는 안 된다. 물론 일상생활에서는 우연이라는 한계 상황이 있다. 한계 상황이란 인간이 어쩔 수 없이 그냥 받아들여야 하는 모순된 상황, 예를 들면 동기를 찾을 수 없는 상황이 바로 그것이다. 이런 것들이 실제 우리 삶에 있다. 또 실제 삶에는 무질서와 무의미가 존재한다.

19~20세기에는 인간은 모든 자연현상을 인간의 이성으로 설명할 수 있다고 보았다. 인과적 세계관을 토대로 말이다. 살인도 분명히 그 원인, 동기가 있다고 믿었다. 그러나 까뮈(Albert Camus, 1913~1960)가 『이방인』에서 주인공 뫼르쏘를 통해 '눈이 부셔서 살인을 했다'라고 서술함으로써 인간의 행동에 설명할 수 없는 파편이 있음을 주장했다. 우리 실제 삶에서는 이런 우연과 무질서가 나타나지만, 연극은 작가가 뚜렷한 동기와 예술관을 통해 만든 재현물이다. 따라서 우연도 연극에서는 동기/이유가 있어야 한다. 연극과 같은 허구와 실재를 착각해서는 안 된다. 지금 우리 사회에서 컴퓨터 게임과 같은 사이버 공간의 허구와 실재를 착각해서 문제를 제기하는 사람들이 있다. 허구의 세계와 현실을 구분하지 못하는 사람

들은 가치와 윤리를 착각한다. 사이버 공간에서는 분노를 느끼면 바로 총을 쏘거나 칼을 휘두를 수 있지만, 실제 삶에서 분노를 바로 표출해서는 절대 안 된다. 그런데 불행하게도 이런 일이 너무 많은 것이 문제이다.

이렇게 우리는 장면 구성에 필요한 원칙과 기술들을 배웠다. 이제부터는 실제 장면을 연출하면서 배운 것을 몸에 익혀야 한다. 여러분을 도와주는 학생 배우들과 함께 장면 구성의 원칙과 기술들을 적용해 보아라.

연습할 때 대본 읽기는 짧게, 행동선 그리기는 길게 하는 것을 잊지 마라. 또 장면 만들기 작업을 연출가 혼자만 하려고 하지 마라. 연극 만들기는 협업을 통해 완성하는 작업이다. 배우와 함께 자유로운 분위기 속에서 작업하도록 해라.

특히 연출가는 배우의 자율성과 적극성을 자극해야 한다. 배우가 연습장에서만 연습하지 않도록, 즉 집에서도 스스로 대본을 읽고 자신의 대사를 연구할 수 있도록 해야 한다. 적어도 배우가 자신의 움직임은 자신의 대사를 통해 상상하고 만들어보게 하는 것이 좋다. 연습장에서 연출가가 일방적으로 지시하고 그것을 배우가 수동적으로 따라 하는 것은 예술가 집단의 작업이 아닐 것이다.

그래서 연출가는 늘 과잉 연출과 과소 연출 사이에서 균형을 잡아야한다. 최선의 답은 배우의 적극성과 자율성을 살리는 것이다. 배우는 적어도 자신의 움직임은 자신이 가져와야 한다. 배우가 연습실에 올 땐 머리를 비워놓고 오게 하지 마라. 사실 우리나라 배우들은 재능이 넘치는 예술가다. 하지만 언제부터인가 연출가들이 동작선을 하나하나 지시하고 잡아주다 보니 배우들이 수동적으로 바뀌어버렸다. 과잉 연출로 배우가 머리를 비워놓고 수동적으로 변하게 하지 마라.

무대는 밀폐된 공간이다. 앞서 말했듯이 무대는 물이 들어있는 수조와 같다. 하나의 움직임은 다른 움직임에 영향을 끼친다. 배우(actor)는 그리스어로 '히포크리스테스(hypokristes)'라고 했다 뜻은 '응답하는 자(answerer)'이다. 그리스 연극이 디오니소스 합창단의 지휘자와 합창단의 즉흥적 대화에서 나온 것을 생각하면 그 역할이 분명하다. 사실 배우는 먼저 말하기보다는 잘 듣고 대답하는 사람이다. 그렇기 때문에 먼저 들어야 한다. 잊지 말자. 모든 대사와 움직임은 반응이다. 첫 대사, 첫 움직임일지라도 그것은 반응이어야 한다.

무대에서 모든 움직임과 대사는 하나의 작용으로 기능한다. 즉 모든 움직임과 대사는 끊어지지 않는 선으로 연결되어 있다. 배우가 퇴장했을 때 무대 위에 남은 인물들은 퇴장한 배우의 흐름이 반동으로 돌아와야 반응하게 된다.

마지막으로 **무대 흔들기**에 대해 알려주겠다.

'무대 흔들기'는 장면 만들기에서 긴장이 쌓이는 장면이 계속될 때, 배우와 관객의 긴장을 털어주기 위해 연출가가 사용하는 현장 기술이다. 주로 무대 전체를 관통하는 긴 움직임이나 등장인물 전체를 하나의 움직임으로 묶어 강력하고 빠른 움직임으로 무대를 흔드는 것이다. 계속되는 대화 장면이나 긴장이 계속되는 장면 이후에 일종의 '코믹 릴리프(comic relief)' 역할을 하는 것이다. 진지한 연극이 90~120분 정도 지속된다고 했을 때, 두 번 또는 세 번 정도의 '무대 흔들기'가 필요하다.

연출가가 창조한 장면은 세 개의 V를 가져야 한다.

첫째, '**개연성**(verisimilitude)'이다. 개연성은 '반드시 그럴 것이다.'라는 가능성에 기반한다. 연출가가 만든 장면에 관객이 동의할 수 있어야 한다. 개연성은 다른 말로 '진실의 외향', '진실의 얼굴'이라고도 한다. 연극에 개연성이 없으면 관객들은 장면이 만든 이야기와 연기를 허황된 소리로 치부해 결국 차가운 반응을 보이게 된다. 예술은 완숙한 기술이 필요하지만 그것 자체가 목적이 아니라 감동을 목표로 한다. 관객들은 감동을 통해 고양된 상태로 나아가는 것이다.

둘째, '**생동감**(vitality)'이 느껴져야 한다. 관객은 극장에 '울고, 웃고, 스릴을 느끼고 싶어서 온다'. 따라서 장면과 배우는 에너지로 넘쳐 있어야 한다. 생명의 충일감으로, 배우의 자신감과 자부심에서 나오는 생동감을 항상 넘치게 해야 한다.

셋째, '**다양성**(variety)'이다. 무대 위에 재현된 움직임, 대사, 장면, 장면 등은 변화가 없으면 지루하다. 인간관계도 그렇지 않은가? 모든 살아 있는 생물은 끊임없이 변화한다. 변화가 없으면 죽은 것과 같다. 분수의 물이 항상 똑같은 형태로 떨어지지 않듯이, 시냇물이 언제나 똑같이 흐르지 않듯이 장면 연출에도 변화가 필요하다. 변화가 없으면 재미가 없어지게 된다.

무대에서 이것들을 회복해라. 고등학생 때 아무것도 모르고 했던 연기가 연극학과에 들어온 뒤 하는 연기보다 낫다. 연극학과에서 연기에 대해 배운 뒤의 연기는 규칙에는 맞지만 생동감이 사라져 버렸기 때문이다.

인간들은 빵만으로 살 수 없다. 인간의 결핍은 물질의 충족으로 채워지지 않는다. 그래서 우리는 바보 같지만 연극을 한다. 연극을 하면서, 연출을 하면서 힘든 것, 고통스러운 것이 있으면 피하지 말아야 한다. 그것을 타고 넘어가야 한다. 피하려고 옆으로 도망하면 그 길에서 다시 그 고난을 대면할 것이다. 힘들더라도, 아프더라도 참고 넘어가면 고통을 넘은 내 모습은 성숙한 것으로 달라져 있을 것이다.

이제 다음 시간에는 '이어 연습하기'에 대해 이야기하자.

과 제

1. 장면 만들기/무대 구성하기
– 장면 나누기에 따라 순차적으로/선별적으로 장면 만들기

2. 연습 일지 작성하기

3. 연습 전·후에 연출의 작업 일지 작성하기

4. 수업 일지 작성하기

여덟 번째 수업

▼

이어 연습하기와 다듬기

벌써 여덟 번째 수업 시간이다. 잘 지냈니?

지난주 학생 배우들과 연습한 것은 어땠니? 잘 준비해서 실수 없이 잘했니? 연출가가 열심히 해야 하는 것은 말할 필요가 없는 것이지만, 그 것보다 더 중요한 것은 학생 배우들이 열심히 할 수 있도록 동기 부여를 하는 것이다.

동기 부여 중에 최고는 학생 배우들이 성취감을 느낄 수 있도록, 너 희들의 연습을 통해 학생 배우들이 무엇인가를 배웠고 또 그것을 통해 성 장했다는 확신을 주는 것이다. 성취감은 자신감으로, 자신감은 자존감으 로 연결된다. 우리 연출론 수업에서 후배 학생 배우들을 장면 발표에 쓰 는 것에는 이런 이유도 있다. 그러니 자발적으로, 그리고 적극적으로 연습 할 수 있도록 하자.

오늘은 특별히 여러분의 파일을 한번 점검하고 수업에 들어가도록 하자. 모두 책상 위에 자신의 연출 파일을 올려놓고 내가 지나가면서 하는 질문에 답하도록 하자. 자, 뒤에 앉은 학생들의 연출 파일부터 시작하자.

오늘 수업은 이어 연습하기(run-through)와 다듬기(polishing)이다. 먼저 이어 연습하기에 대해 공부해 보자.

1. 이어 연습하기(run-through)

이어 연습하기는 연극 만들기 단계 중 가장 복잡한 과정이다. 보통 행동선 만들기 다음에 오는 과정으로, 이 과정 다음에 다듬기가 시작되는 것으로 이해하지만 정확하게 설명하면 이어 연습하기는 행동선 만들기와 다듬기 모두를 포함하는 과정이다. 즉 이어 연습하기는 행동선 만들기의 후반부부터 시작해 다듬기의 끝까지 동시에 해야 하는 작업인 것이다. 그래서 이어 연습하기를 시작한다는 것은 연습이 두 부분으로 나뉜다는 것을 의미한다.

1) 행동선 만들기 단계

먼저 행동선 만들기를 하고 그다음 여러 개의 프렌치 신을 모아 이어 연습하기를 한다.

우리는 장면을 만들기 위해 먼저 작품을 작업의 최소 단위인 프렌치 신으로 나누었다. 그다음에 해야 할 일은 프렌치 신에서 행동을 찾아 배우의 움직임을 정해주는 일이다. 이것을 '행동선 만들기'라고 표현했지만

정확하게는 '연기 구역'을 정해주는 것이다.[1]

행동선 만들기 작업은 최소 단위인 프렌치 신을 하나씩 완성해 나가는 것이다. 그리고 프렌치 신이 일정량 쌓이게 되면 그것들을 작은 단위에서 큰 단위로 연결해 연습하는 것이 행동선 만들기 연습 초반부의 이어 연습하기이다.

2) 다듬기 단계

다듬기(polishing)는 장면의 세부 묘사를 통해 활력을 살리고 작품을 하나의 유기적 전체로 다듬는 단계이다. 행동선 만들기 단계에서 주로 배우의 이동(movement)을 중점적으로 만들었다면, 다듬기 단계에서는 배우의 비즈니스와 제스처를 상황과 성격에 맞게 만드는 연습 과정이다. 따라서 다듬기는 처음부터 순차적으로 할 수도 있고, 세밀하게 다듬어야 할 중요한 장면을 선별해 선택적으로 연습할 수도 있다.

다듬기 단계에서의 이어 연습하기는 행동선 만들기 단계와 유사하다. 행동선 만들기 단계의 중·후반부부터 개별 프렌치 신의 행동선 만들기와 이어 연습하기가 병행된 것처럼, 다듬기 단계에서도 개별 프렌치 신에 대한 다듬기 연습과 이어 연습하기가 병행된다. 먼저 개별 프렌치 신을 연습하고 이후 이어 연습하기로 그날의 연습을 마감하는 것이다.

---

1) 행동선 만들기에서 행동선을 그려주면 배우는 그 선을 따라 움직인다. 그러나 구역을 정해주면 배우는 그 구역까지 어떻게, 어떤 움직임으로 갈 것인지 스스로 고민하고 움직여야 한다. 행동선 만들기의 영어 표현 Blocking에는 이런 의미가 숨어있다. 연출가가 배우에게 행동선을 그려주는 것은 배우를 소극적이고 수동적인 도구로 만들 위험이 있다. 그러나 또 초보 배우에게 연기 구역을 정해주는 방법은 배우가 무대 위에서 갈 곳을 찾지 못하고 그 자리에 멈춰버릴 위험이 있다.

결국 행동선 만들기와 이어 연습하기 그리고 다듬기는 개별 프렌치 신에 대한 개별 작업과 그것들을 모아 이어 연습하는 과정의 반복이다. 다만 행동선 만들기 단계의 초기 연습에서는 주로 프렌치 신의 개별 장면에 대한 움직임 만들기가 주된 작업이라면, 다듬기 단계에서의 연습에서는 다듬기가 끝난 프렌치 신들의 이어 연습하기가 주된 작업이 된다.

그러면 이어 연습하기의 목표는 무엇일까?

프렌치 신은 레고 놀이의 한 조각(block)과도 같다. 이 조각들이 모여 하나의 형상을 이루는 것처럼 이어 연습하기도 개별 프렌치 신을 모아 유기적 집합을 이루는 것이 목표이다. 이때 잊지 말아야 하는 것이 '극적 흐름' 즉 '연속성(continuity)'이다. 프렌치 신이라는 개별 조각들을 이어 붙이면 제일 먼저 접합면, 즉 장면과 장면의 연결 부분이 문제가 된다. 마치 두 개의 쇳조각을 용접으로 이어 붙이면 그 접합면이 울퉁불퉁한 것처럼 서로 연결된 두 개의 프렌치 신의 접합면도 매끄럽지 않게 된다. 이어 연습하기는 먼저 이 부분을 매끄럽게 연결하기 위한 연습이다.

이어 연습하기의 두 번째 목표는 연결된 장면의 흐름이 끊기지 않고 잘 흘러가게 만드는 것이다. 비록 두 개의 프렌치 신의 접합면이 매끄럽게 연결되었더라도 장면 속에서 배우가 자연스럽게 활력을 느끼지 않으면 작품의 흐름이 끊어질 뿐 아니라 흐름 자체가 생성되지 않는다. 따라서 이어 연습하기에서 배우가 자율적으로 적극성을 갖고 장면 속에서 살아가도록 해야 한다. 즉 연출가의 개입을 최소한으로 해야 한다는 의미이다.

이어 연습하기에서 연출가는 두 가지 형태로 작업한다. 이어 연습하기의 초기에는 프렌치 신들을 이어 붙이는 것이 주된 목표이다. 연출가는 각 신들의 접합면을 중점적으로 살피면서 배우들에게 즉각적으로 수정 의견을 제시한다. 즉 장면을 끊어가면서 연습하는 것이다.

두 번째는 이어 연습하는 프렌치 신들을 배우 스스로 이끌어가게 하고 이것이 끝나면 연습 후에 수정 의견을 제시하는 것이다. 주로 장면의 연속성을 살리고 배우의 자율성을 살리는 데 목표가 있다. 정리하면, 연출가는 이어 연습하기의 초기엔 장면을 끊어가면서 연습하지만, 후반부에 이르면 이어 연습하기가 끝난 뒤에 수정 의견을 제시하게 된다.

이어 연습하기는 작은 단위의 연결부터 시작해서 좀 더 큰 단위 그리고 그것이 끝나면 그것보다 더 큰 단위로 점차 범위를 확대해 실시한다. 이것을 정리하면 다음과 같다.

프렌치 신/단위(unit) → **연속된 사건**(sequence) → **장**(scene) → **막**(act) → **작품**(work)

이어 연습하기는 연극 예술의 특성이 고스란히 드러나는 작업이다. 연극과 다르게 영화는 감독의 연출 의도에 따라 얼마든지 장면을 골라 가면서 촬영한다. 영화 예술의 특성이 극명하게 드러나는 순간은 오히려 촬영이 끝난 이후다. 영화감독은 촬영이 끝난 필름을 소위 후반 작업을 통해 편집을 시작한다. 촬영한 순서와 관계없이 감독의 의도에 따라 장면을 자르고 이어 붙이는 것이다.

이와는 다르게 연극은 공연의 즉시성으로 인해 배우와 관객이 같은 시간대에, 그리고 같은 공간에 존재하는 상태로 진행된다. 관객 눈앞에서 연극이 진행되는 것이다. 따라서 장면의 연결과 흐름/연속성의 창출은 전적으로 배우의 손에 좌우된다. 연출가는 연습할 때 장면에 개입할 수 있지만, 연출가가 공연에서 무대 위에 선 배우에게 할 수 있는 일이라고는 단 하나도 없다. 이런 이유로 연출가는 이어 연습하기 단계에서 배우에게 자율성을 주고 장면의 흐름을 느끼고 연속성을 이끌어가게 하는 것이다.

영화는 감독에 의해서, 연극은 배우에 의해서 만들어진다. 그래서 영화는 감독 예술이고, 연극은 배우 예술이다. 연극에서 제일 중요한 요소는 배우라고 할 수 있다. 사실 좋은 작품을 좋은 배우로 배역 선정을 하면 연출가는 별로 할 일이 없다. 연극에서 좋은 작품과 좋은 배우의 비중은 참으로 높다.

마지막으로 이어 연습하기에서 특히 주의해야 할 점에 대해 이야기해 보자.

이어 연습하기는 각각 완성된 개별 장면들을 잇는 것이기 때문에 특히 전체적인 흐름의 통일성이 중요하다. 따라서 연출가는 두 개의 개별 장면을 이을 때 정서의 높낮이(emotional key)를 활용해 통일성을 유지할 수 있다.

예를 들면 프렌치 신 #4와 프렌치 신 #5를 이을 때, 프렌치 신 #4의 정서 높이가 7에서 끝났고, 프렌치 신 #5는 3으로 시작해야 한다면 이 두 장면은 정서의 높낮이 차이가 매우 크기 때문에 바로 이을 수 없다. 감정/정서는 물과 같아서 시간이 흐르면 긴장된 감정은 점차 그 수위가 낮아지게 된다. 따라서 프렌치 신 #4와 프렌치 신 #5에 사이를 주어 흐름을 낮추어야 한다. 이것은 공연 실제에서는 암전으로 나타난다. 즉 암전으로 정서의 높이는 낮추는 것이다.

이러한 원리는 좀 더 큰 단위에도 그대로 적용할 수 있다. 즉 1장과

2장의 연결을 각 장의 정서의 높낮이를 파악해서 즉각적으로 할 것인지, 아니면 암전을 둘 것인지를 결정하는 것이다. 막 단위의 큰 범위도 마찬가지 원리를 적용할 수 있다.

　　이어 연습하기는 세밀한 주의가 요구되는 작업이다. 이어 연습하기를 통해 흐름을 만들고 또 이 흐름이 방해받지 않도록 정확한 계산을 통해 반복해서 작업해야 한다. 이어 연습하기를 보다 효과적으로 하기 위해서 음향과 조명을 활용할 수도 있다. 음향과 조명은 공연에서 연출가의 역할을 한다. 따라서 이어 연습하기 단계에서 조명과 음향의 변화는 연출가의 지시(cue)처럼 작용한다. 음향과 조명을 담당하는 사람은 이어 연습하기 단계에서 연출가와 미리 호흡을 맞추는 것도 매우 효과적이다. 이어 연습하기를 통해 연극의 흐름을 익히고 또 음향 및 조명 디자인을 연출가가 직접 의논할 수 있기 때문에 음향과 조명 디자인 작업의 효율을 올릴 수 있다.

　　우리는 이전 수업 시간에 '대본 읽기는 짧게, 행동선 그리기는 길게'라는 조언에 대해 배웠다. 대본 읽기를 지나치게 길게 하면 배우의 적극성이 살아나지 않는다. 대본 읽기는 주요 논점에 대해 서로 합의하면 이후 반복되는 연습을 통해 보충할 수 있다. 시간을 오래 갖고 많은 것을 실험해 보아야 하는 연습은 행동선 그리기 연습이다. 충분한 연습 시간 속에서 연출가와 배우는 서로 이야기를 많이 나눌 수 있고 또 여러 가지 시도를 자유롭게 할 수 있다. 사실 장면에서의 움직임은 연출가의 의도에 지나치게 벗어나지 않으면, 배우가 자율성을 갖고 자유롭게 움직이는 것이 훨씬 좋다. 이 경우 배우의 활력과 장면의 역동성이 살아난다. 여러분이 진행한 지난주 연습을 생각해 보자. 그 연습 시간은 지루했었나? 아니면 재미있었나? 일방적인 지시와 수동적인 수행으로 점철된 연습은 재미가 없다. 배우와 적극적으로 소통하고 협업하는 연출가가 되자.

이제 연습의 마지막 단계인 '다듬기'에 대해 공부해 보자.

2. 다듬기(polishing)

다듬기는 그대로 '광(光)내기'이다. 구두약을 바른 구두를 천으로 반복해 닦아서 광을 내는 작업과 비슷한 연습이다. 이 비유에서 구두는 배우의 움직임(movement)이고 구두약과 천은 비즈니스(business)와 제스처(gesture)이다. 즉 장면에서 배우의 움직임에 비즈니스와 제스처를 첨가해 세련되고 생명력 있는 것으로 만드는 것이다. 그래서 다듬기 연습 단계에서 주로 하는 것은 비즈니스와 제스처를 만드는 것이다. 배우의 움직임이 나무의 줄기와 같다면 이 줄기는 비즈니스와 제스처라는 가지와 잎을 통해 한 그루의 나무가 완성되는 것이다. 따라서 연출가의 장면 만들기는 다듬기 연습을 통해 완성된다.

배우가 무대 위에서 하는 모든 동작은 거리를 이동하는 움직임(movement)과 비즈니스, 제스처가 전부이다. 이중 비즈니스와 제스처는 움직이면서 할 수도 있고 움직이지 않고 제자리에 서서 할 수도 있다. 비즈니스는 배우가 개인 소도구를 가지고 연기하는 것이고, 제스처는 소도구 없이 주로 어깨·고개·표정 등을 종합해서 하는 연기이다.

배우는 개인 소도구 하나를 가지고 어떻게 움직이느냐에 따라, 즉 그의 비즈니스에 따라 자신의 성격을 다양하게 보여줄 수 있다. 예를 들어 담배를 집는 동작이나, 지팡이를 짚는 손 하나를 통해 내면의 다양한 성격을 다르게 연출할 수 있다. 이러한 것들은 다양한 비즈니스와 강한 연관을 지닌다. 그래서 연출가는 연습 때는 위험하지 않은 '연습용 소도구(rehearsal property)'를 사용하다가 점차 공연이 다가오면 진짜 소도구로 대체해야 한다.

제스처는 배우의 성격에 맞게끔 설정하여 활용해야 한다. 그러나 지나친 제스처의 사용은 장면을 지저분하게 만들고 배우의 특성을 흐리게 만든다. 따라서 잘 선별해서 선택적으로 사용해야 한다.

다듬기를 통해 장면은 보다 자연스럽고 생동감 있게 된다. 즉 움직임에 비즈니스와 제스처를 첨가하는 것이다. 다듬기 작업은 프렌치 신 하나씩 개별적으로 할 수도 있고, 런 스루를 통해 전체적인 흐름을 다듬을 수도 있다. 따라서 다듬기 연습은 행동선 만들기 단계와 같이, 순차적으로 할 수도 선별적으로 할 수도 있다. 즉 중요하거나 어려운 장면을 먼저 다듬을 수도 있고, 극의 진행에 따라 순차적으로 다듬기 작업을 할 수도 있다. 그래서 이 단계에서부터 연출가는 작품의 리듬과 템포에 유의해야 한다.

리듬과 템포는 눈에 보이지 않지만 작품의 생동감을 결정하는 중요한 요소이다. 리듬은 역동성(dynamics)으로, 템포는 속도감(sense of speed)으로 이해하면 된다. 사실 모든 연극은 긴장(tension)과 이완(relax)의 연속이다. 긴장과 이완의 반복은 필연적으로 하나의 패턴을 갖게 된다. 이러한 패턴의 반복이 리듬이다.

템포와 속도(speed)를 혼동하지 마라. 속도는 빠르거나 느린 것을 말한다. 템포는 이미 설명했던 것처럼 속도감이다. 고속 도로를 달리는 차에 비유하면 쉽게 이해할 수 있다. 자동차가 고속 도로에 진입하면 점차 속도를 높이게 된다. 이때 템포와 스피드는 모두 빠르다. 그런데 자동차가 고속 도로 제한 속도인 시속 110킬로미터에 이르러 계속 달리면 스피드는 빠르지만 템포는 점차 느려지게 된다. 빠른 속도에 적응해 속도감이 떨어지는 것이다. 좋은 템포는 빠른 템포이기 때문에 빠른 템포를 유지하려면 필연적으로 속도를 더 높이거나 속도에 변화를 주어야 한다. 속도를 계속 올리는 것은 한계가 있기 때문에 결국 좋은 템포를 유지하는 적절한 방법은 극의 진행에 변화를 주는 것이다.

아마추어 극단들은 가끔 대본 읽기에 많은 시간을 투자하거나 행동선 만들기에 급급해서 이어 연습하기 또는 다듬기를 채 끝내지 못하고 공연을 한다. 연습실 상황과 극장 대관의 경제적 부담이 큰 원인일 것이다. 이런 경우 작품의 리듬과 템포는 거의 살아나지 않는다. 결국 관객들에게 재미없는 공연을 보여주게 된다. 그러니 이어 연습하기와 다듬기 연습을 절대 빼먹지 마라.

다듬기 연습에서 이어 연습하기는 연습이 끝나기 전에 반드시 해야 한다. 즉 연습 시간 전반에 몇 개의 장면을 다듬었다면 연습 후반에는 반드시 이어 연습하기로 해당 장면의 연속성과 리듬·템포를 확인해야 한다. 따라서 행동선 만들기 단계에서의 이어 연습하기가 개별 프렌치 신의 연결에 중점을 둔다면, 다듬기 단계에서의 이어 연습하기는 극 전체의 연속성과 리듬·템포의 창조에 중점을 둔다.

비즈니스와 제스처에도 여러 유형이 있다. 특히 **비즈니스**는 제스처와 달리 특정한 목적으로 사용하는 경우가 있다.

1) 줄거리 비즈니스

작품의 줄거리를 진행시키는 역할을 한다. 극의 진행에 필수적인 요소여서 빠트려서는 안 되는 비즈니스다. 예를 들면 〈햄릿〉에서 햄릿과 레어티스의 검투 장면은 극의 진행에 핵심적인 비즈니스다.[2]

2) 성격 비즈니스

등장인물의 성격적 특징을 보여주는 비즈니스다. 예를 들면, 손으로 담배를 어떻게 잡느냐에 따라 그 인물의 성격이 보인다. 담배 필터를 잘근잘근 씹는 비즈니스와 손가락 끝으로 담배를 쥐는 인물의 성격은 여타의 성격과 분명히 다르게 보인다.

3) 강조를 위한 비즈니스

작품에 어떤 사건이 일어날 것을 암시하는 데 사용하는 비즈니스다. 일종의 전조(foreshadow) 역할을 한다. 〈오델로〉에서 이아고가 오델로의 질투를 불러일으키기 위해 이용하는 데스데모나의 손수건이 이런 역할을 한다.[3]

다듬기 연습 때 비즈니스와 제스처를 연출가가 지시한 것을 수동적으로 따르면 장면이 재미없다. 비즈니스와 제스처는 배우가 적극적으로 상상을 동원해 만들어야 한다. 따라서 연출가는 배우에게 자극과 동기만 주어야 한다.

---

2) 셰익스피어, 〈햄릿〉, 5막 2장.
3) 셰익스피어, 〈오델로〉, 4막 1장.

배우가 서 있는 자세(posture)는 보통 올곧아야 한다. 항상 어디로든 움직일 수 있게 표준적으로 서 있어야 한다. 따라서 보디빌더들처럼 경직된 근육을 갖는 것보다는 유연한 신체를 가지고 있는 것이 배우로 더 적합하다. 배우는 적절한 성격 묘사를 위해 항상 주변을 관찰해야 한다. 이 사람은 이 장면에서 어떻게 서 있고, 저 사람은 서 있을 때 어떤 제스처를 하는지 꾸준하게 관찰하는 것이 좋다. 움직임에 따라 감정이 따라온다면, 제스처에 따라 생각과 감정이 달라진다. 또 시선을 유심히 관찰해야 한다. 째려보는 시선, 바닥을 보는 시선, 회피하는 시선, 자주 깜빡이는 시선 등은 하나의 특정한 성격을 전달할 수 있다. 또 성격에 따라 걸음걸이도 달라진다. 물론 나이에 따라 걸음걸이의 형태와 속도도 다 다르다. 말하는 습관, 즉 어투는 전통적으로 성격 묘사에서 가장 먼저 하는 전형적·전통적인 방법이다.

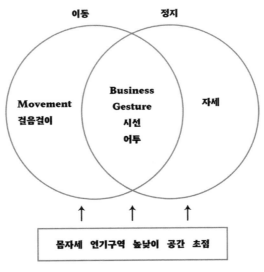

그림 8-1. 배우 행동의 고려 요소

자세, 시선, 걸음걸이, 비즈니스와 제스처 그리고 어투는 인물을 묘사하는 데 필수적인 요소이다. 배우가 평소 자신의 모습으로 무대에 나오는 것은 벌거벗고 무대에 나오는 것과 같다. 배우는 반드시 등장인물의 자세, 시선, 걸음걸이, 비즈니스와 제스처 그리고 어투를 무대에서 보여주어야 한다.

보다 직접적인 교감을 위해 상대 배우의 눈을 직접 마주치는 것을 추천한다. 경험이 쌓이면 관객과 아이 콘택트(eye contact)를 하는 것도 교감을 위해 필요하다. 하지만 관객의 호응을 위해 눈을 마주친다면, 이것은 자기 몸을 파는 매춘 행위와 같다. 이런 일을 주로 마지막 공연에서 긴장이 풀린 배우가 상대 배역보다 관객에게 집중할 때 생긴다. 절대로 이런 일이 생겨서는 안 된다.

결국 중요한 것은 '한 장면의 앙상블(ensemble)'을 만들어내는 것이다. 즉 이어 연습하기와 다듬기 연습의 최종 목표는 단순히 극의 흐름을 만들어내는 것에 그치지 않고 무대 위에 등장하는 모든 인물이 장면 속에서 '살아 움직이는' 인물로 재창조되어야 하는 것이고, 또 장면 자체도 실제를 방불한 '살아 있는 장면'으로 만드는 것으로 이해해야 한다. 따라서 다듬기 연습에서 연출가가 주의 깊게 살펴보아야 하는 등장인물은 대사가 있는 인물 외에, 대사가 없는 상태에서 무대 위에 등장하는 인물들이다. 이들은 비록 대사가 없지만 그렇다고 연기를 그만두어서는 안 된다. 대사가 없는 인물일수록 더욱더 다른 인물의 대사를 주의 깊게 듣고 그에 따른 적절한 반응을 해야 한다. 시선을 포함한 적절하고도 적당한 비즈니스와 제스처의 구사가 필요한 단계인 것이다. 이런 것들이 자연스럽게 진행될 때 비로소 다듬기 연습은 끝을 향해 간다.

지금부터는 **제작진(staff)**에 대해서 이야기하겠다. 각 분야를 전문적으로 말하는 것이 아니라 연출로서 알아야 하는 것들을 중심으로 할 것이다.

1) 기획 담당자

기획은 참으로 할 일이 많다. 그러나 일한 만큼 그 결과가 드러난다. 학교에서 학생 기획은 직업 극단과 달리 과도한 후원자 모집 작업과 대관 작업 등에서 벗어난다. 정해진 예산이 있기 때문에 이 예산을 효율적으로 사용하는 것에 집중하는 것이 좋다.

학교 공연에서 기획은 주로 공연 홍보와 관객 동원에 집중한다.

공연 프로그램과 티켓 그리고 홍보용 포스터 제작과 배부는 적어도 공연 2주 전에는 끝나야 한다. 화려하고 비싼 것보다는 학생다운 참신한 착상이 돋보이는 홍보물을 만들도록 해야 한다.[4] 학교 공연에서 후원자 모집 활동이 절대적으로 필요한 것은 아니지만 그래도 협찬 제안서를 만들어서 후원자 모집을 해보는 경험도 필요하다.

관객 동원의 경우 학내의 학생들만을 대상으로 삼지 말고 교외의 관객을 어떻게 공연에 초대할 것인지를 고민해야 한다.

학교 공연에서 기획 작업의 초점은 수익의 극대화에 있는 것이 아니라는 것을 명심해라. 즉 티켓과 프로그램 북의 판매, 입장 수익 등은 졸업 후에 직업 극단 활동을 미리 경험하기 위해 하는 것이지 그 자체가 목적이 아니라는 것이다. 따라서 예산의 수립과 집행은 원칙에 의거해야 한다. 공적 자금과 사적 자금의 구분, 예비비의 설정, 원칙에 의거한 자금의 집행, 정확하고 정직한 결산 등이 기획이 배워야 할 항목이다.

---

4) 2020년 코로나 팬데믹 이후 공연 홍보는 온라인 중심으로 하게 되었다. 비용 절감과 대상의 확대라는 장점이 드러난 홍보 방법의 변화이다.

학교 공연에서 기획은 공연이 끝난 후 교내에 부착된 포스터와 플래카드 등을 깨끗하게 철거해야 한다.

2) 무대 담당자

무대 작업에는 무대 디자인과 무대 제작이 따로 있지만, 학교에서는 한꺼번에 해야 한다. 무대 디자인에는 무대 평면도와 무대 입면도가 있어야 한다. 특히 무대 평면도가 있어야 행동선을 만들 수 있다. 그래서 무대의 크기를 실측해야 한다. 그리고 척도(scale)가 있어야 무대 장치를 만들 때 어떤 크기로 만들어야 하는지 확실하게 알 수 있다.

무대 디자인에는 작품에 어울리는 착상(concept)이 있어야 한다. 특히 무대는 형태(shape)만 중요한 것이 아니라 안전과 실용성이 담보되어야 한다.

무대 장치를 제작하는 날(work-call)과 설치하는 날(set-up)을 정해야 한다.[5] 납득할 수 있는 이유가 없다면 절대 한 사람이라도 빠져선 안 된다. 또 그날을 위해 필요한 장비들을 다 점검해야 한다. 무대를 철거할 때도 무대 감독과 연출부는 어떻게 스트라이크를 할지 계획을 짜야 한다.

무대 담당자는 매 공연이 끝나면 항상 점검표를 만들어야 한다. 점검표는 모든 제작진이 준비해야 하고, 언제나 제자리에 있어야 한다.

무대 철거는 시간이 오래 걸린다고 해서 최악이 아니고, 빨리 끝났다고 최선이 아니다. 모두가 함께 철거 작업에 참여하고 또 정해진 시간 안에 끝나야 한다. 무대 철거에 참여하는 사람들은 특히 안전에 주의해야

---

5) 호서대학교 연극학과에서는 연극 제작 실습 과목에서 빠지면 안 되는 수업이 있다. 무대 제작하는 날(work-call)과 무대 설치하는 날(set-up)이 여기에 속한다. 그 외에 무대 철거하는 날(strike)과 강평하는 날(comment)이 있다.

한다. 안전모와 절연 장갑을 갖추는 것은 기본적인 전제다. 철거가 끝나면 극장 인수/인계를 확실히 해서 다음 공연 팀에 문제가 없도록 해야 한다.

3) 조명 담당자

공연에서 조명의 가장 큰 임무는 가시성이다. 즉 관객이 무대를 잘 볼 수 있게 해주어야 한다. 관객은 보통 잘 안 보이면 잘 안 들린다고 생각한다. 그래서 가시성은 조명의 최고의 고려 사항이다.

조명에 고려해야 하는 3가지 요소가 있다.

(1) **밝기(강도, intensity)** 조명의 밝기 정도를 말한다. 조명 담당자는 조명 콘솔에 10~100까지 매겨진 부분을 이용해 밝기를 조절한다.

(2) **각도(angle)** 보통 배우의 머리 위 45도 각도에서 조명기를 설치한다. 무대 위에 그림자를 없애기 위해 양 측면과 후면 그리고 전면에 조명기를 설치한다. 이때 각도가 45도가 되는 것이다. 어떤 공연에서는 특수한 효과를 노리고 일부러 그림자를 만들기도 한다. 그리드(gridron)라고 부르는 천장 장치물에 조명 기기를 설치한다. 그리드를 이용해 조명기를 입체적으로 설치할 수 있다.

(3) **색(colour)** 조명기 앞에 색상지(gelatine)를 달아 장면의 분위기나 정조를 고무하는 데 사용한다. 황금색은 한낮이나 어스름한 황혼 녘을 나타낼 때 사용하고, 푸르스름한 빛은 새벽을 표현하는 데 적합하다. 빛의 삼원색을 혼합하여 사용할 때도 있다.

특히 조명은 전기를 사용하기 때문에 안전에 매우 신경 써야 한다.

사고를 예방하기 위해선 조명 기기나 조명 케이블 등을 수시로 관리해야 한다.

조명 디자인(light plot)은 무대 위 배우와 연기 구역을 어떻게 비출지를 계획하는 것이다. 객석 조명부터 개별 특수 조명기의 점멸을 구역과 크기 그리고 초점을 계산해서 계획해야 한다. 극의 진행에 따라 조명 계획표(cue sheet)를 만들어야 한다. 장면의 흐름에 따라서 시간(흐름), 정도, 색깔, 위치(번호)가 결정되어 있어야 한다. 그리고 조명의 점멸 방법, 예를 들면 cut in/out, fade in/out과 같은 것들이 기록으로 남아 있어야 한다.[6]

				작성일자 :2023.09.05	
\<벚꽃동산\> Cue sheet			공연명	벚꽃동산	
			공연장소	호서대학교 소극장	
			공연일자		
			작성자		
			cell phone		
			e-mail		

NO	조명	IN	OUT	비고	페이지
1	프리셋	관객 입장 전	입장 완료 후 무감의 신호 후 F.O		1
2	FS.1 두냐샤 등장 전	암전 후 무감 신호에 맞춰			1
3	FS.1 두냐샤 촛불 불면	전체 UP			1
4	FS.2 전체 조명	피르스 - '자, 이쪽이요!' (전체 UP)			2
5	FS.5		라넵 P.12(16번) - '갚는다잖아요.' 퇴장 할 때 상수 D.W	상수 조도 너무 줄어듬 조도 값 고쳐야함.	12
6	FS.5		바랴 P.15(3번) - 바랴 아냐 퇴장하면서 조도 D.W		14
7	FS.5		뻬짜 P.15(4번) - '나의 태양. 나의 청춘' F.O		15
8	FS.6(2막)	에피호도프 기타소리 들리면 F.I		고보랑 색감 같이 들어오는 타임. 업스테이지 조도 down	16
9	FS.7	두냐샤 P.17(10번) - '시가 냄새'하면 조도 up		전체조도 up 고쳐야함.	17
10	FS.7	라넵 P.20(19번) - '무슨 장군이 있다 그래' 할 때 고보 down 색감 짙어짐		타임 길게	20
11	FS.9 뻬짜. 아냐 러브신	뻬짜 P.24(8번) - '날 믿어줘' 하면 달빛조명 F.I		달빛 포커싱 upstage로 수정	24
12	FS.9 뻬짜.아냐 협신OUT		P.24 아냐. 뻬짜 마지막 키스할 때 쯤	빠른 F.O 달빛 조명 마지막 out	24

표 8-1. 조명 계획표 큐시트

---

6) 아래의 조명 계획표는 호서대학교 연극학과 박○혁 학생의 작업 일지에서 발췌, 인용한 것이다.

조명 담당자는 연습장에 일찍 나와 극의 진행을 숙지해야 한다. 연출의 의도와 장면의 특성에 따라 조명 디자인을 하고 또 그것을 시기적절하게 작동해야 하는 것이다. 음향 담당자와 원활하게 협업하기 위해 도상 연습(paper technical rehearsal)도 일찍 하는 것이 좋다.

학교 공연이라고 해도 실제 공연에서 조명은 경험이 많은 사람이 담당해야 한다. 경험이 적은 후배에게 조명의 조작을 맡겼다가 큰 실패를 경험한 적이 있다. 공연에서 조명 담당자와 음향 담당자는 시기를 결정하기 때문에 연출가의 역할을 하는 셈이다. 이 점을 기억하기 바란다.

4) 음악 담당자

음악은 음향 효과(effect)와 음악(music)으로 나뉜다. 그래서 배경 음악이 있고, 사이사이에 효과음이 있다. 저학년 공연일수록 음악이 적어서 공연이 전체적으로 무겁고 처지는 경우가 있다. 행동선 만들기 단계에서 그랬던 것처럼 음악과 음향 효과도 초반에 많이 넣었다가 뒤에 가서 정리하는 것이 좋다. 연습 후반에 이르면 더하기보다는 빼는 것이 좀 더 쉽다.

음악/음향 계획표는 먼저 대본에 나와 있는 기본 요구들과 음향 담당자가 자의적으로 넣기 원하는 것을 합쳐 마련한다. 이후에 연출가에게 들려주어 최종적으로 결정한다. 그러나 음악과 음향이 너무 많으면 정작 배우의 연기에 방해가 된다. 적절하게 하는 것의 장점을 잊지 말자.

5) 의상 담당자

의상 담당자 역시 연출가와 함께 작품의 착상을 협의하는 것이 중요하다. 특히 등장인물 전체의 조화를 위해 세밀한 부분까지 조정해야 한다. 일반적으로 의상을 정할 때 다음과 같은 것들을 고려해야 한다.

(1) 시기 한 사람은 여름옷을, 다른 사람은 겨울옷을 입는 것은 위에서 말한 전체적인 조화에 맞지 않는다. 따라서 작품의 시대 배경에 따라 적절한 시기의 옷을 마련해야 한다.

(2) 시대 남자들의 양복은 깃의 너비, 파형의 유무, 넥타이의 길이와 너비 등이 시대에 따라 다르기 때문에 이를 통일해서 조화를 유지해야 한다.

(3) 천의 질감 옷의 기본인 천 역시 조화를 이루어야 한다. 어떤 것은 질감이 반짝이고, 어떤 것은 거칠다면 곤란하다. 여름옷과 겨울옷도 질감에서 차이가 나기 때문에 작품의 배경에 따라 하나로 통일해야 한다.

(4) 구두, 모자, 장식품 시기, 시대, 디자인을 고려해서 결정해야 한다. 구두 같은 경우는 의상과의 조화를 우선으로 고려해야 하기 때문에 결정하기가 매우 어렵다. 어떤 연출가는 무대에 배우들을 맨발로 등장시킨다. 이는 매우 드문 특이한 경우다. 배우가 신발을 신지 않으면 부상의 위험이 있다.

의상 담당자는 개별 등장인물의 의상이 결정되면 전체적인 조화를 살피기 위해 의상 사열(costume parade)을 한다. 연출가와 함께 공연 조명을 켜고 전체 배역진의 의상을 점검하는 것이다. 이때 부자연스럽거나 조화에 어긋나는 의상은 교체해야 한다. 따라서 의상 사열은 적어도 공연 2주 전에는 해야 한다.

의상은 구매하거나 대여하는 방법이 있고 제작하는 방법도 있다. 학교 공연의 경우 제작하는 것은 매우 전문적인 영역에 속하기 때문에 구매하거나 기존 공연 의상을 고쳐서 다시 입을 수 있다. 구매하는 경우 환불

하거나 교환해야 할 상황이 생기기 때문에 구매는 심사숙고해야 한다. 따라서 구매를 희망하는 품목은 미리 사진이나 영상으로 연출가의 확인을 먼저 받는 것도 좋은 방법이다. 의상 대여 같은 경우 대여 기간, 대여료, 반납할 때 세탁 여부를 세밀하게 기록해 놓아야 한다. 배역진이 많을수록 의상 담당자의 일은 기하급수적으로 늘어난다. 이때는 조수(crew)를 모집해 일을 분담해야 한다.

6) 분장 담당자

일반적으로 학교 공연은 특수 분장이 필요한 경우가 거의 없다. 나이가 많은 노역도 흰머리를 그려 넣거나 얼굴에 주름을 그리는 정도로 끝나는 경우가 많다. 따라서 분장은 간단한 기초 분장과 노역 분장으로 나눌 수 있다.

기초 분장은 각각의 배우에게 맡겨도 될 정도이기 때문에 분장 담당자는 노역 분장에 주의를 기울여야 한다. 특히 공연을 앞둔 경우 분장에 소요되는 시간을 정확하게 계산해야 한다. 분장의 순서는 무대에 등장하는 순서를 기본으로, 노역같이 시간이 오래 걸리는 어려운 분장부터 시작한다.

분장 담당자는 공연이 진행되면 분장실 정리에도 주의를 기울여야 한다. 급박하게 진행되는 공연의 경우 소도구와 의상 그리고 분장 도구들이 뒤섞여 있으면 필요한 물건을 찾을 수 없기 때문이다. 등장인물이 많은 작품은 의상과 같이 조수를 모집해 일을 분담하는 것이 보다 효과적이다. 분장은 반드시 의상을 입고 난 후에 해야 한다. 분장에 걸리는 시간과 계획표를 정해서 총연습 때부터 분장을 실행한다.

7) 대 · 소도구 담당자

대 · 소도구 담당자가 하는 일은 의상 담당자가 하는 일과 비슷한 부분이 많다. 시기와 시대를 맞춰서 해야 하고 또 시장 조사가 끝난 뒤에 구매해야 한다. 사실 공연 제작진 중에서 가장 힘들지만 반면에 가장 눈에 띄지 않는 직책이 대 · 소도구 담당이다. 하지만 대 · 소도구 없이는 공연이 진행되지 않는다.

대 · 소도구는 무대 위 소품(stage property, S.P.)과 개인 소품(personal property, P.P.)으로 구분할 수 있다. 또 연습할 때 사용하는 연습용 소품도 있다. 대 · 소도구 담당자는 연습 대용 소품(rehearsal property)도 만들어 주어야 하기 때문에 다른 제작진에 비해 일이 참으로 많다. 특히 구매나 제작이 어려운 품목 그리고 칼 · 망치와 같이 위험한 소도구들은 연습 대용 소품을 준비해 주어야 한다. 연습을 통해 익숙해졌을 때 진짜 공연용 소도구로 대체한다. 쉽게 파손이 되는 소도구들은 예비 소도구를 준비해 두어야 한다.

또 작품에서 필요한 소도구의 개수가 많기 때문에 날을 정해서 한꺼번에 구매해야 한다. 우선 구매할 물품의 디자인과 수량을 정한 다음 연출가와 상의하고 그 이후에 구매한다. 구매할 품목들은 모두 사진이나 영상으로 연출가와 확인하고, 디자인과 형태에 관한 협의가 끝나야 한다.

대 · 소도구의 경우 점검표가 필수다. 파손과 분실의 위험이 있기 때문에 총연습 단계부터 공연이 끝날 때까지 일일 점검표를 만들어서 사용해야 한다. 일일 점검표는 확인이 끝나면 무대 감독에게 제출하여 최종 승인을 받고 공연을 진행한다.

총연습 때부터 점검표를 만들어서 매 공연 전에 무대 감독과 연출가의 확인을 받아야 한다.

8) 조연출

말 그대로 연출을 도와주는 사람이다. 배역진의 연락을 담당하거나 필요한 경우 짧은 장면의 연습을 담당해서 진행할 수도 있다. 배우들에게 다음 연습의 장소와 시간 등을 고지하고, 배우 중에 아픈 사람이 발생하면 다른 장면을 대체해 연습의 효율을 높인다. 조연출은 모든 연습에 참여하기 때문에 연출가가 부재할 경우 배우들과 장면을 연습할 수도 있다.

조연출은 연습 때마다 일지를 작성한다. 이 연습 일지에는 이전의 연습 사항이 모두 기록되어 있어야 한다.

극작술 연구가(dramaturg)가 없으면 작품에 대해 배우들에게 이론적인 부분들을 알려줘야 하고, 조사한 연구 자료들을 설명해주어야 한다. 브레히트가 피스카토르(E. Piscator)의 드라마투르그로 연극을 시작한 것은 유명한 일화다. 그는 피스카토르에게 서사극에 필요한 대부분의 기법을 배웠다.

9) 무대 감독(production stage manager, PSM)

무대 감독은 야전 사령관과 같다. 전쟁이 났을 때 사령부의 작전 명령을 실제 전투가 벌어지는 현장에서 전투를 지휘하는 사람이 바로 야전 사령관이다. 이처럼 무대 감독은 총연습이 끝난 작품과 배역진을 넘겨받아 공연을 책임지고 진행한다. 따라서 연출가의 임무는 총연습 때 끝난다. 마지막 총연습이 끝나면 연출가는 다른 작품을 연출하기 위해 떠나기도 한다.

무대 감독은 공연을 효율적이고 효과적으로 진행하기 위해 공연에 필요한 모든 사항을 알아야 한다. 특히 배우의 등·퇴장과 조명, 의상, 무대의 전환에 필요한 모든 신호(cue)를 숙지하고 있어야 한다.

10) 극작술 연구가/드라마투르그(dramaturg)

극작술 연구가는 국내에서 잘 알려진 제작진은 아니다. 작품의 이론에 대한 연구와 설명, 기자들을 상대로 인터뷰를 담당하거나 배우들에게 필요한 정보를 제공하는 역할을 한다. 작품을 각색할 경우 이 작업에 깊숙하게 관여하기도 한다.

극작술 연구가가 하는 일을 '극작술 연구/드라마투르기(dramatrugie)'라고 한다. 국내에서 극작술 연구가를 '드라마터그', 그 일을 '드라마터지'라고 말하기도 하지만, 이것은 바른 용어가 아니다. 독일에서 비롯한 개념이므로 원어의 발음을 살려주어야 한다.

11) 스태프 미팅(staff meeting)

학교 공연의 경우 배역진은 매일 모여서 연습한다. 제작진은 매일 모일 필요는 없다. 연습이 시작되면 제작진은 전체적인 착상을 이해한 후 각자 작업 계획을 세우고 일하면 된다.

협업이 필요한 경우 일주일에 두 번 정도 제작 회의를 갖는다. 월/목 또는 화/금 정도가 적당하다. 이는 주말과 주중으로 작업 내용이 바뀌기 때문이다. 주중에는 작업을 하고, 주말에는 조사를 나가든지 해서 효율적으로 회의해야 한다. 항상 토론하고 합의하는 자세를 취해야 한다.

과 제

1. 무대 평면도 그리기
2. 움직임 찾기
3. 움직임과 대사의 관계 맺기
4. 등장인물들로 평면 도형 그리기
5. 연습 일지 작성하기
6. 연습 전·후에 연출의 작업 일지 작성하기
7. 수업 일지 작성하기

아홉 번째 수업

▼

배우 지도: 배우 연기를 성숙시키기

지난 수업에서 이어 연습하기와 다듬기에 대해 배웠다. 어떠니? 지난 주 연습 때 너희 학생 배우들과 한번 실습해 보았니? 우리가 연출론 수업에서 이론으로 배우는 것들은 실제 연습을 통해 확인하고 확신해야 한다. 그래야 이론이 단순한 지식이 아니라 자신의 능력으로 체화된다. 다른 수업 특히 연극 제작 실습 과목으로 힘들더라도 꾸준하게 한 주에 두 번씩 연습하는 것을 잊지 않았으면 좋겠다.

지난 수업까지 제작 과정에서의 연습은 끝난 셈이다. 제작 본 단계에서 남은 것은 총연습뿐인데, 총연습은 전체적인 리듬과 템포를 조정하는 일이어서, 일반적으로 이 단계에서 장면을 다시 만드는 일은 없다. 즉 장면을 연습을 통해 만드는 작업은 일단 끝났다고 보아야 한다.

그래서 오늘은 총연습으로 넘어가기 전에 연출가가 해야 하는 임무 중 배우 지도에 관한 내용을 수업하려고 한다. 연극 제작 과정에서 연출가가 해야 하는 여러 가지 일이 있지만 그중 배우와 관련된 일은 언제나 핵심적인 일이라고 생각해야 한다. 긴 연습 시간 동안 배우들과 함께 고락을 나누면서 가족 같은 느낌이 드는 극단/집단들도 많다.

한 장면을 완성하는 작업의 내용은 장면 구성 즉 배우의 움직임과 비즈니스와 제스처를 확정하는 것으로 끝나지 않는다. 장면의 생동감은 배우의 자발적인 적극성에 크게 기댄다. 어떤 의미로 보면, 장면의 완성은 배우에게 달려 있다고 해도 과언이 아니다. 따라서 연출가의 배우 지도는 매우 중요한 의미를 갖게 된다. 그래서 오늘 수업의 핵심 주제는 다음과 같다.

어떻게 배우의 연기를 성숙시킬 것인가?

먼저 이 문제를 연출가가 아니라 배우의 입장에서 생각해보자.

우리는 언제부터 배우를 하고 싶다는 생각을 하게 되었을까? 어떤 계기로 배우가 되고 싶었을까?

우리가 어린아이였을 때를 생각해보자. 골목에서 친구와 했던 소위 소꿉장난은 어른과 주변의 신기한 동물 등을 모방하는 것이었다. 누가 시킨 것도 아닌데 아이들은 해가 질 때까지, 엄마가 부를 때까지 소꿉장난에 몰두한다. 왜냐하면 친구와 하는 소꿉장난이 지루하지 않고 재미있으니까.

이것은 '모방본능'에서 나오는 재미이다. 아리스토텔레스는 '모방본능'이 '예술 탄생의 근원'이라고 했다. 그에 사람은 모방하는 것을 즐거워하고 모방하는 것, 모방된 것은 보는 것을 즐거워한다고 했다. 우리도 아이들의 재롱잔치를 재미있게 보지 않는가? 재롱잔치에서는 재롱을 떠는 아이도, 그것을 보는 부모도 좋아한다. 아리스토텔레스는 『시학』에서 시체 자체는 혐오스럽지만 그것을 그림으로 재현해 놓으면 사람들은 그것을 경탄과 함께 본다고 말했다. 그래서 우리가 배우가 되고 싶은 것은 본능적인 선택이라고 할 수 있다. 왜냐하면 배우라는 직업이 모방을 하는 직업이니까! 자신이 좋아하는 것을 직업으로 선택한 최선의 결과이니까 말이다.

그렇다고 네 살 때부터 스스로 배우가 되겠다고 말하지는 않았을 것이다. 보통 중학교 2학년 또는 고등학교 3학년 때 우연하게 경험한 영화, 드라마, 연극을 보고 배우 되기를 꿈꾸어 왔을 것이다. 여기에는 '인정 욕구'가 큰 역할을 한다. 우리나라에서 청소년들을 주체적인 존재로 대우하고 또 그들의 의견을 적극적으로 수용하는 가정 또는 학교는 매우 적다. 그래서 이 시기의 청소년들은 '누군가 나를 인정해줬으면 좋겠다', '누군가 나를 바라봐주었으면 좋겠다'는 욕망에 시달린다. 이것, 누군가에게 나를 인지시키고 또 인정받고 싶어 하는 것이 '인정 욕구'이다. 좀 더 나가면 내 존재 자체를 '있다'고 인정해 달라고 바라는 것 역시 인정 욕구로도 볼 수 있다.

일반인에게도 인정 욕구와 인지 욕구는 다 있지만 특히 배우 지망생들이 핏속에 많다. 그래서 주변 사람들이 말리는데도 배우가 되겠다고 연극학과에 지원하는 것이다. 한번 생각해보자. 내가 언제 연극학과에 가고 싶어 했는지, 그때 배우가 되겠다는 내 욕구가 얼마나 컸는지.

돌아가신 유치진 선생님은 사석에서 '연극에서 잘난 놈이 배우를 하고, 그렇지 못한 놈이 연출이나 다른 걸 한다'라고 말했다. 이런 것을 보면 연극은 배우 예술이다. 배우가 가장 핵심이 되는 예술이다.

그러나 20세기를 넘어오면서 연극에 연출이라는 역할과 연출가라는 사람이 출현했다. 배우만으로도 충분했던 연극은 여러 가지 과학 기술의 결과들을 무대에 접목하기 시작했고 이 모든 새로운 요소를 통합할 역할이 필요했던 것이다. 그래서 20세기 이후의 연극에서는 배우보다 연출가에게 힘이 쏠리기 시작했다. 그래서 20세기 이후의 연극은 연출가 예술이라고 할 수 있다. 현대 연극에서 배우는 심지어 돌, 책상, 의자와 같은 하나의 '오브제(objet/object)'[1]로 취급되기도 한다. 하나의 물체로 말이다.

이런 세계적 추세와는 다르게 한국 연극은 화술 연극 또는 사실주의 스타일의 연극이 주류를 이룬다. 이것은 우리나라의 서구화 역사와 서양 연극의 토착화 과정을 세밀하게 살펴보면 그 이유를 알 수 있다.

여기에 조선 시대에 집대성한 성리학/유교의 영향은 연극이라도 공리성과 공공성을 충족해야 한다는 무의식적 요구에 민감해졌다. 단순하게 웃고 즐기는 희극을 보아도 무엇인가 배울 것은 없는지 찾아보는 것, 또 혼자 잘 먹고 잘살면 죄를 짓는 듯한 느낌을 받는 것 등이 바로 이런 영향이다.

이런 상황에서 사실주의 연극은 일제 강점기 시대에 수입돼서 민족 계몽과 독립이라는 거대 담론을 담는 그릇이 되었다. 명분이 중요한 우리 사회에서 사실주의 연극 즉 신극은 비판을 거부할 수 있는 당위적 연극이 된 것이다.

계몽과 독립의 그릇이었던 사실주의 연극은 군사 정권을 지나면서 다시 민주화 운동의 도구로 사용되었다. 1988년 올림픽을 유치하면서 표면적으로 군사 독재가 종식된 이후에도 사실주의 연극이 여전한 영향력을

---

1) objet와 object는 다 함께 '대상'이라는 의미로 사용할 수 있다. 그러나 보다 엄밀하게 정의하면 objet는 "인식의 대상이나 목적물. 순화어는 '객체'"라는 의미로 사용된다. object에 비해 보다 정신적 대상을 일컫는 의미로 생각된다.
참고: https://www.google.co.kr/search?q=objet+%EB%9C%BB&sca_esv

가진 이유가 여기에 있다.

사실주의 연극은 대부분 배우의 대사를 중심으로 만들어진 화술 연극이다. 그리고 화술 연극에서 주인공은 여전히 배우다. 여느 나라와 달리 우리나라는 아직도 배우 중심의 화술 연극이나 사실주의 연극이 주류로 자리 잡고 있다. TV 드라마나 극영화 같은 타 장르 예술도 화술이 기본 전제여서 배우 연기술의 핵심은 여전히 화술 주변을 맴돈다. 우리가 배우가 되기로 결심했을 때 상상하는 그림은 바로 이러한 화술 연극에서의 배우일 것이다.

배우를 배우지 않아도 할 수 있을까? 다른 예·체능 전공에 비해 연극 전공은 배우지 않아도 할 수 있다는 생각을 과감하게 한다. 왜냐하면 연극이 우리 삶을 재연하고 또 재현하고 있기 때문이다. 연극은 우리 삶을 모방한다. 우리 일상에 일어날 수 있을 법한 이야기를 무대 위에서 또는 필름 위에 재연하고 재현한다. 그러다 보니 사람들이 현실과 드라마를 혼동하는 경우가 많이 생긴다. 특히 사람들은 누구나 배우가 될 수 있다는 생각을 아무 의심 없이 한다. 왜냐하면 배우가 하는 일, 즉 연기가 사람들이 일상에서 하는 것과 다르지 않으니까. 정말 그럴까?

누구든지 배우를 꿈꿀 수 있다. 그러면 아무나 배우를 할 수 있을까? '누구나' 배우가 될 수 있겠지만 '아무나' 배우가 될 수 있는 것은 아니다. 무엇이 다른가? 바로 교육과 훈련이다. 누구나 배우가 될 수 있지만 배우가 되기 위해서는 교육과 훈련이 필수다. 화가 또한 누구나 될 수 있지만 명작을 그리는 사람과 낙서에 불과한 그림을 그리는 사람의 차이 역시 교육과 훈련의 여부가 결정할 것이다. 그래서 연극학과에 진학한다는 것은 체계적인 훈련을 받아 예술가로 성장하겠다는 계획의 처음인 것이다.

배우가 되기 위해 대학에 가지 않고 직업 극단에 입단하는 경우도 있을 것이다. 이렇게 배우가 된 사람도 많다. 우리가 연극학과를 진학하는 것은 우리나라의 학벌주의 폐해 때문일까?

대학에서는 전공과목뿐만 아니라 다른 과목들도 함께 배운다. 그것은 연극학과의 목표가 배우를 길러내는 실제적인 것을 넘어서서 성숙한 인격을 가진 사람을 길러내겠다는 교육의 일반적 목표와 맥을 같이하는 것이다. 어쩌면 연극학과의 전공과목들도 그것의 실제적인 유용성을 넘어 인간을 성숙하게 만들려는 교육의 한 도구로 사용되어야 할 것이다. 그런 면에서 학교에서 배우는 것은 그 배움을 통해 학생들을 큰물을 담을 수 있는 크고 두터운 그릇으로 만들려는 목적에 기여해야 할 것이다. 배우는 연기만 배워서 연기를 할 수 있는 것이 아니라 다른 것들도 배워야 한다.

일상을 인공적 환경(꾸며진 가공된 일상)과 그렇지 않은 것으로 나눌 수 있다. 인공적 환경, 즉 예술의 환영에는 그것을 만든 사람의 눈과 그것을 바라보는 사람의 눈이 전제된다. 따라서 이것은 우리가 살고 있는 일상과 표면적으로 같아 보여도 실제로는 다른 것이라는 것을 일깨워준다. 연극의 경우 이러한 예술적 환상에서 자연스럽게 생활화하기 위해서는 교육과 훈련이 필요하다. 조율이 잘 되어있는 기타와 바이올린 그리고 피아노처럼 배우는 일상인처럼 보이지만 일상인이 아니다. 그래서 배우의 '배'는 '사람(人)이 아니다(非)'라는 '俳' 자를 쓴다.

사람들은 일상에서 말하면서 더듬거린다. 불분명하게 발음하는 경우도 많다. 목소리가 충분하게 전달되지 않을 정도로 약한 사람도 많다. 그러나 배우는 교육과 훈련을 통해 잘 들리고 듣기 좋은 목소리를 가진 사람으로 바뀌어야 한다. 그것이 연극학도인 우리가 학교에 다니면서 교육과 훈련을 통해 부족한 부분을 채워야 하는 이유이다. 배우가 되기 위해서는 이러한 노력을 대학을 졸업한 뒤에도 계속해야 한다.

대학을 졸업하고 극단에 들어가는 사람이 있고, 대학원에 진학하는 사람도 있다. 배우는 성능이 좋은 컴퓨터처럼 명령만으로 프로그램이 한꺼번에 바뀌지 않는다. 내 몸과 마음을 꾸준하게 훈련해야 비로소 좋은 배우가 될 수 있다. 아무나 할 수 없다. 그것이 일상인과 배우의 차이다.

배우는 일상인이면서 동시에 예술가다. 'art'라는 단어는 기술이면서 동시에 예술을 의미한다. 따라서 'artist'는 예술가 그리고 기술자라고 번역할 수 있다. 아무나 기술자라고 하지 않는다. 고장 난 세면대는 누구나 고치려고 시도할 수 있다. 하지만 기술자처럼 흠 없이 새것처럼 고치지는 못한다. 일반 사람은 어쩔 수 없이 부실하게 고치게 된다. 즉 교육과 훈련을 통한 세련된 기술이 없는 것이다. 우리도 배우가 되기 위해서 출발하려면 예술가로서의 자각과 의식의 변화도 분명히 있어야 한다.

대중의 인기를 얻기 위해 스타가 되려는 것이 아니라 예술가로서의 배우가 되려고 한다면 그 목표를 어디에 두어야 할까? '예술은 객관화된 자기 향수이다' 또는 '미적 향수는 객관화된 자기 향수이다'라는 말은 무엇을 의미할까?

예술이라고 하는 것은 결과적으로 '자기 외부에서 자신을 발견하고 그것을 즐기는 일이다'라고 할 수 있다. 미적 향수(아름다움을 보고 즐긴다)는 외부에서 그러한 것을 보고 자신의 것으로 만든다는 것이다. 예술 작품 속에서 자신을 발견하는 것이라고 할 수 있다. 그렇다면 자기 향수는 개인을 떠나 대중에게도 동일한 생동감을 전달해야 할 것이다. 우리가 만든 연극이 예술가 자신들에게뿐만 아니라 관객들에게까지 생동감을 전달할 수 있다면 그것은 생명력을 가지고 있다고 말할 수 있다. 이는 잘 먹고 잘사는 것과는 다르다. 이러한 것을 '고양'이라고 한다. 고양은 한 단계 높은 단계로 뛰어 올라간다는 뜻이다. 우리가 있는 현재의 차원에서 한 차원 더 올라가고 또 그것을 가능하게 하는 것, 그것이 예술이다. 동물들에게는 예술이 없다. 오직 인간에게만 예술이 있다. 인간들은 서로 다르다. 인간으로서 한 차원 높은 삶을 바라보게 하고, 고양된 인격으로 살게 하고, 그것을 향해 움직이게 하는 것, 그것이 예술이다.

사람을 고양시키는 방법은 지정의(知情意)를 통해 가능하다. 먼저 '지(知)'를 통한 변화는 지적 깨달음을 통해 고양된 상태로 나아가는 것이다. 브레히트는 감정에서 나오는 변화는 순간적이고 지속적이지 않다고 했다. 그래서 지적으로 깨달아야 하고, 그 깨달음은 시간이 지나도 변하지 않을 것이라고 확신한다. 그는 '깨달으면 행동을 할 것이다'라는 희망을 자신의 연극에서 말한다. 그것이 '결단하다'이고, '변화하다'라는 것이라고 말한다. 브레히트가 연극을 하는 이유가 바로 이것이다. 그는 자신의 연극에서 사회주의 사상을 가진 공산주의자로서 자본이 지배하고 있는 오늘의 세상에 부정해야 할 것 많다고 말한다.

'정(情)'을 통한 변화는 '감동'을 통한 변화이다. 예술 감상을 통한 감정 즉 감동을 통해 자신을 고양시키는 것을 말한다. 전통적인 예술의 공리성을 말하는 주장이다. 사실 예술은 누군가를 강제하는 것이 아니라 스스로 움직이게 만드는 힘을 갖고 있지 않은가? 수잔 손탁(Susanne Sontag)이 말한 것처럼 "예술은 강간이 아니라 유혹"[2]인 것이다.

예술은 그것을 향유하는 사람들로 하여금 위를 바라보게 하고 그곳으로 출발할 수 있게 만든다. 그 매개 역할을 하는 존재가 바로 배우다. 그렇다면 배우는 스스로 먼저 자신을 움직이지 않고 어떻게 남을 움직일

---

2) Susan Sontag(이민아 옮김), 『해석에 반대한다』(서울: 이후, 2002), 46쪽 이하.

수 있겠는가? 기술자가 되기 위해서는 자신의 부족함을 먼저 알아야 한다. 자신이 어느 지점에 있는지를 미리 알고 출발해야 한다. 우리 자신을 생각해보자. 나는 누구이고, 어느 정도 차원에서 살고 있고, 예술을 하기 위해서 내 몸과 마음은 얼마나 성장해 있는가. 하루하루를 보내면서 얼마나 스스로 성장하고 있는지 알아보아야 한다. 좋은 배우가 되겠다는 욕망과 생각만으로는 좋은 배우가 될 수 없다. 배움과 훈련을 고통스러울 정도로 계속해야 한다. 먼저 다음과 같은 훈련으로부터 시작하자.

1. 신체 훈련

목소리가 약한 사람은 발성이 잘못되었을 수도 있고, 천성적으로 약한 성대를 갖고 태어났을 수도 있다. 이러한 장애를 계속 가지고 있을 것인가? 해결책을 찾아 배우로 살 수 있게 자신을 훈련해야 한다. 현대 배우는 화술 연극만 할 수 없다. 때로는 뮤지컬에도 출연해야 하고, 아동극 또는 TV 드라마에서도 일해야 한다. 다양한 매체의 다양한 요구에 부응해야 하는 것이 요즈음의 배우다.

신체 훈련은 근육을 키우는 데 목적이 있는 것이 아니라 유연성을 기르는 데에 있다. 이것을 위해 가장 중요한 것은 규칙적으로 생활하는 것이다. 아쉽게도 연극과 학생들은 대부분 불규칙한 생활과 과도한 체력 소모를 반복하고 있다. 이것을 고치기 위해서 하루를 규칙적인 훈련과 휴식으로 계획하고 그것을 반복해야 한다. 내일 일을 생각하지 말고, 1년 후를 생각하지 말고, 당일 하루만 최선을 다해 훈련하고 휴식하자. 그리고 그런 하루의 반성이 배우 일지가 된다. 배우는 중립적인 몸을 가져야 한다.

2. 지적 훈련

배우는 끊임없이 지적 계발을 위한 글을 읽어야 한다. 희곡을 읽고, 연기 관련 이론서를 읽고, 시를 읽고 소설을 읽고, 영화도 보아야 한다. 단순히 즐기기 위해서 보는 것을 넘어 분명한 목적을 갖고 훈련하기 위해서 봐야 한다. 글을 읽을 때 단순 소비와 훈련의 차이는 '책을 보면서 정리를 하느냐'의 여부이다.

연극이나 영화를 볼 때 짧게나마 그것에 대해 적어 보자. 그것이 우리의 훈련 일지가 된다. 무식한 사람은 배우가 될 수 없다. 특히 언어로 얘기하는 화술 연극에서는 언어를 이해하지 못한 채 제대로 표현할 수 없다. 우리는 마음으로 이야기하고 싶은 것들을 말로 온전하게 표현할 수 없다. 말로 표현하고 싶은 것이 10이면 말은 3~4밖에 보여주지 못한다. 나머지는 밑바닥에 남아 있게 된다. 영어책을 보면서 모르는 단어는 사전을 찾아 이해하려고 노력하면서 왜 한국말은 사전을 찾지 않는가? '고창증(鼓脹症)'[3]이 무엇인지 아는가? 날조가 무엇인지 아는가? 단어와 문장 밑에 깔린 6~7을 알지 못하고 어떻게 온전하게 말을 하겠는가? 말을 가지고 말장난을 많이 해봐라. 타고난 언어 능력자가 아닌 이상 많이 읽고 많이 생각해라. 미친 듯이 읽어야 한다.

---

3) 발효성 사료인 고구마 덩굴, 콩과 목초 등을 과식하거나 식후 되새김의 여유도 없이 심한 작업을 시킨 경우, 장내에 발효성 가스나 거품이 축적되어 위장이 팽만해지고 심하면 죽게 되는 소의 질병이다. 참고: https://search.naver.com/search.naver?where=nexearch&sm=top_sug.pre&fbm=0&acr=1&acq=%EA%B3%A0%EC%B0%BD%EC%A6%9D&qdt=0&ie=utf8&query=%EA%B3%A0%EC%B0%BD%EC%A6%9D

3. 영혼(도덕) 훈련

영혼(도덕)의 훈련은 불가능하다고, 필요 없다고 말하는 사람들도 있다. 신체 훈련, 지적인 훈련과 달리 이 훈련은 인격을 도야하는 것이다. 한 사람의 인생관과 세계관을 넓고 깊게 그리고 크게 만들기 위한 노력이다. 이것에 따라 '나는 이렇게 살겠다'라는 삶의 태도와 마음가짐이 결정된다. 배우로서 여러분은 어떻게 살고 싶은가? 동정심을 예로 들어보자. 여러분은 동정심이 많은 사람으로 살고 싶은가, 아니면 냉정한 사람으로 살고 싶은가? 동정심에 사로잡히면 일상생활을 할 수 없다. 동정심은 너의 아픈 상황을 내 상황으로 받아들이는 것이다. 너와 내가 다르다고 생각하면 아프지 않다. 그러나 너의 아픔이 내 아픔과 같다고 생각하면 견딜 수 없어진다.

오드리 헵번(Audrey Hepburn)은 배우를 했던 젊은 시절보다 은퇴 후 암 투병을 하면서도 아프리카의 기아들을 위한 행동을 적극적으로 했을 때 사람들의 존경을 받았다. 그녀는 '사람에게 두 팔이 있는 것은 하나는 나를 위해, 다른 하나는 이웃을 위해서 있는 것이다'라고 말했다. 배우로서 우리는 어떤 인격을 가진 존재를 추구해야 할까? 건강한 몸과 뛰어난 두뇌 그리고 우리 삶의 연약한 부분을 깊이 공감하는 인격을 가진 사람이 연기를 한다고 생각해보자. 얼마나 멋진 감명 깊은 연기를 하겠는가?

"성자(誠者)는 천(天)이요, 성지자(誠之者)는 인(人)"[4]이라는 말이 있다. 참된 자는 하늘이고, 참되려고 노력하는 것은 인간이라는 말이다. 배

---

4) 정확한 인용은 다음과 같다. 『중용』 20장: 誠者天之道也 誠之者人之道也 (참된 것은 하늘의 도요, 참되려고 하는 것은 인간의 도이다.)

우가 되려는 사람들이 참고해야 할 말이라고 생각한다. 진정한 의미로 배우가 되기 위해 노력한다면, 즉 참되려고 한다면 그런 존재를 목표로 삼아 자신으로부터 출발해야 한다. 고양된 존재가 되기 위해서는 먼저 거친 말투와 진심이 담겨 있지 않은 말들로 입을 버리지 말고, 선하고 진지하게 행동하도록 스스로에게 다짐해야 한다. 성숙하지 못한 배우와 성숙한 배우의 차이는 하늘과 땅이다. 성숙한 인격을 가진 사람 주변에는 사람들이 모여든다. 우리가 선망하는 각자의 롤 모델을 생각해보자. 그들의 생각과 행동을 떠올려보자. 왜 내가 그 사람을 나의 롤 모델로 지정하였는지를 생각해보자. 과거는 잊어버리고 지금부터 해보자. 내 말이 여러분의 마음속에 들어와 어떤 울림으로 나타난다면 여러분은 그 순간부터 달라질 것이다. 이제 출발하자.

지금까지 배우는 누구인지, 누가 배우가 될 수 있는가에 대해 이야기했다. 이제부터는 배우가 구체적으로 작품을 위해 무엇을 해야 하는가를 설명하겠다.

연출가의 일차적인 목표는 대본을 시각화하여 관객의 눈으로 볼 수 있게 하는 것, 즉 인쇄된 활자를 살아 움직이게 하는 배우를 통해 관객 눈앞의 장면으로 만드는 것이다. 다만 화가의 도구가 화폭과 물감 그리고 붓인 것과는 다르게 연출가의 미적 도구는 살아 있는 배우이다. 따라서 연출가는 자신의 목표를 달성하기 위해 적극적으로 배우를 지도할 필요가 있다. 그뿐만 아니라 필요에 따라 배우에게 직접적인 지시나 부탁도 해야 한다. 그중 가장 많이 하는 것이 배우의 연기 지도이다.

배우의 연기 지도는 연출가의 역량 즉 연기에 대한 그의 지식과 이해도와 깊은 관계가 있다. 따라서 연출가는 연기술에 관한 이론과 시대별 연기의 특징에 관해 많이 알수록 좋다. 특히 배우가 장면을 연출하는 주요한 수단이기는 하지만 살아 있는 사람이기 때문에 이론과 기술만으로 배우를 지도하기는 어렵다.

연출가가 배우와 맺는 인간관계에 여러 형태가 있을 수 있다. 여기에는 이전 수업에서 말한 과잉 연출과 과소 연출도 해당이 된다. 그러나 가장 중요한 것은 연출가와 배우가 맺는 수평적인 협업 관계이다. 연출가는 배우에게 자신이 원하는 장면을 위해 수평적으로, 또 배우가 자발성을 가질 수 있는 한도 내에서 지도를 끝내야 한다. 언어폭력과 불합리한 요구는 배우를 수동적으로, 자신 없는 최악의 도구로 만들 뿐이다. 오히려 연출가는 자신이 정한 목표까지 배우가 올 수 있게 격려해 주어야 한다. 그래서 배우의 사생활도 일정 부분 합의하에 통제해야 한다.

물론 연출가가 배우의 사생활을 침해하는 것은 어느 나라에서도 있어서는 안 되는 일이다. 하지만 스타니슬랍스키가 '배우는 도덕적인 사람이 되어야 한다'라고 말하면서 연습 시간을 지킬 것과 배우의 윤리적 생활 태도를 강조한 것은 재삼 생각해보아야 한다. 스타니슬랍스키는 배우에게 단순히 연기 기술, 시스템만 가르친 것이 아니라 배우가 예술가로 어떻게 살아야 하는지를 가르친 전 세계 배우들의 참된 스승이었다.

연출가가 배우의 연기를 지도하기 위해서는 배우의 특성에 관해 알아야 한다. 배우는 특성에 따라 아래와 같이 두 종류의 배우로 구분할 수 있다.

- 기교파 배우(technical actor)
- 감정파 배우(emotional actor)

우리나라는 감정파 배우가 많다. 그 이유는 우리 사회에 체계적인 배우 양육 프로그램이 없어서 자신의 타고난 감성에 의존해 배우가 된 사람이 많기 때문이다.[5] 그런 사람들이 지금까지 배우를 하고 있어서 그렇기도 하다. 웃고 떠들다가도 순간 감정을 집중하는 사람들이 그러하다. 정서적으로 타고난 배우가 많다. 감정파 배우들에게는 이러한 장점이 있는 반면에 단점으로는 타고난 재능만 믿고 노력하지 않는다는 것이다. 정서적으로 뛰어나서 노력할 필요 없이 그 상태로 쭉 가게 된다. 그러다 보니 연출가나 감독도 그들에게 새로운 도전을 시키지 않는다. 결과적으로 쉽게 형성된 똑같은 이미지로만 연기를 계속하게 된다. 따라서 감정파 배우들에게는 외적 모방을 통해 배역을 표현하는 연기 기술을 훈련하도록 해야 한다.

기교파 배우들은 타고난 감성은 적지만 외적인 연기 기술을 쌓으려고 노력한다. 배역의 외적 특징, 즉 말하는 톤·자세·제스처 등을 익히기 위해 노력을 참 많이 한다. 그러나 정서적으로 풍부하지 못하기 때문에 감정파 배우를 부러워한다. 따라서 기교파 배우들은 즉흥극(etude)과 같은 상황을 제시해 정서를 개발하도록 훈련시켜야 한다.

그런데 배우 중에는 속으로는 열정이 끓어 넘치지만 보이지 않는 억압 속에 갇혀 있는 사람도 있다. 억압받고 있으면 감정은 왜곡되어 버린다. 일상생활 중 '아니에요', '괜찮아요'가 습관이 되어 하고 싶은 말, 하고 싶은 행동을 제대로 하지 못하는 것이다. 배우는 이러한 억압을 극복해야

---

5) 우리나라에서 체계적인 배우 훈련은 1959년 중앙대학교에 연극영화학과가 생긴 이후 동국대, 한양대, 청주대, 서울예술전문대 등이 뒤따라 연극영화학과를 만들면서 시작되었다고 본다. 1990년대 중반 이후 연극영화학과가 폭발적으로 증가해 체계적으로 훈련받은 배우들을 배출하고 있지만, 연극 현장에는 여전히 다양한 출신 배경을 가진 배우들이 자신들의 타고난 감성을 바탕으로 활동하고 있다.

만 비로소 들어온 자극을 왜곡 없이 그대로 반응으로 내보낼 수 있다. 그러니 나를 옭아매고 있는 것들이 무엇인지 생각해보자.

연출가는 기교파 배우와 감정파 배우의 차이와 장단점을 숙지하고 있어야 두 종류의 배우를 효과적으로 지도하여 장면을 완성할 수 있다. 결론적으로 감정파 배우에게는 외적 연기 훈련을, 기교파 배우에게는 감정 훈련을 시켜 각각의 단점을 상쇄시켜야 한다.

배우는 대본(text), 연출가(director), 무대(stage)를 떠날 수 없다. 될 수 있으면 무대 위에 많이 올라가 보라. 무대 경험은 많으면 많을수록 좋다. 만 원과 만 천 원은 별 차이가 없지만 무대 위에 열 번 선 사람과 열한 번 선 사람은 다를 수 있다.

연출가와 배우와의 관계는 가장 이상적인 인간관계여야 한다. 먼저 배우는 수동적으로 연출가의 지시에 따라서는 안 된다. 배우로서 의견과 생각 그리고 자신의 연기에 대해 구체적으로 느끼고 파악한 것을 연출에게 이야기해야 한다. 일상에서 자신은 어떤 태도를 지니고 있는지 살펴보자. 친구들과 있을 때 수동적으로 끌려가는가 아니면 적극적으로 나서는가. 남이 시키는 대로 살지 말라. 우리가 원하는 것을, 생각한 것을 적극적으로 이야기하고 표현해라.

연출가와의 관계도 상호 협력적인 상태여야 한다. 더구나 대사를 배우 자신보다 더 깊이 생각하는 사람이 어디 있겠는가? 연극학과 입시에서 입시생들이 연기를 잘 못하는 것은 텍스트를 잘 이해하지 못한 채 연기를 암기해 오기 때문이다. 연기의 외적인 부분은 선생님을 따라 만들어 오지만 내적인 특성은 알지 못하고 연기하는 것이다. 배우는 텍스트 특히 자신의 배역을 가장 빨리 이해하는 존재여야 한다. 우리말 한국어에 대한 이해와 숙지 그리고 올바른 구사 역시 배우가 가장 정확하고 또 빨라야 한다.

감정파 배우든 기교파 배우든 배우는 끊임없이 자신을 계발하고 더 나은 표현의 도구가 되기 위해 신체와 지식 그리고 감정 훈련을 계속해야 한다. 다음은 **배우가 매일 해야 하는 훈련** 중 몇 가지이다.

1) 첫인상 기억하기

훌륭한 배우가 되려면 어떤 종류의 대본을 읽든지 그 첫인상을 기억해두어야 한다. 배우 수업을 만들어 그것을 기록해 두거나, 자신의 배우 일지에 그것에 대해 '첫인상은 무엇이다'라고 단정 지어 말할 수 없지만, 어떤 느낌을 받았다는 걸 기억하고, 마음에 강렬하게 부딪히는 배역이 있다면 왜 그런지, 어떤 특성이 그랬는지 메모해 놓는 것도 나쁘지 않다. 우리가 생각한 첫인상이 결국 나중에 성격 구축의 거름이 되고, 배역의 마지막 모습이 될 수 있다.

2) 작품 vs 개인

일상에서 꾸준하게 작품 읽는 훈련을 계속해야 한다. 앞서 말한 대로 배우는 정서·신체·영혼에 대한 훈련을 매일매일 해야 한다. 이 과정에서 기계적으로만 하지 않으면 영혼에 대한 훈련은 자연스레 따라오게 된다. 그래서 스타니슬랍스키는 배역에 대한 창조를 '역할 창조'라 한 것이다. 정서에 대한 훈련(magic if, 정서 기억) 등을 함으로써 개인/배우를 만들어 나가야 한다. 즉 배우 개인과 등장인물이 함께 성장해야 한다.

그래서 예전에 말했던 (1) **희곡 읽기**, (2) **신체 훈련**, (3) **장면 연습**, (4) **전공 서적/연극 보기**를 꾸준히 해야 한다. 또 아침에 일어나면 규칙적으로 한 시간씩 걸어봐라. 굉장히 큰 힘을 만들어 줄 것이다. 하루 계획표를 만들어 규칙적인 습관으로 실천해보자.

　　장면 연습은 독백 연기처럼 혼자 하는 것이 아니라 친구와 함께하는 것이다. 그러다 보면 상대에게 잘해줄 수밖에 없고, 상대의 이야기를 들어줄 수밖에 없다. 자극과 반응은 개별적으로 존재하는 것이 아니라 상호 연결하여 순환된다. 자극만 있을 수도, 반응만 있을 수도 없다는 것이다. 이런 것들을 몸소 체험해야 한다. 독백/연기 연습은 매일 해도 늘지 않을 것 같은 절망감을 줄 수도 있다. 또 희곡 읽기, 신체 훈련, 전공 서적/연극 보기 등은 혼자서도, 친구와 함께할 수도 있다. 가끔 이유도 없이 이러한 훈련을 아무 의미 없는 것처럼 느낄 수도 있다. 그러나 이런 과정들을 극복해 나가야만 좋은 배우가 될 수 있다.

　　역할 창조에 대해 이야기해보자. 배우가 배역을 등장인물로 무대 위에 창조해내는 것은 두 가지 방법이 있다.

1) 안 → 밖

등장인물의 내적인 정서 상태를 먼저 만들어서 그것이 바깥으로 표현될 수 있도록 하는 것이다. 이것을 심리적 연기술이라고 한다. 우리가 스타니슬랍스키의 연기술을 심리적 특성에만 맞추어 연구해 보면 다음과 같이 다섯 가지로 정리할 수 있다.[6]

---

6) 스타니슬랍스키의 연기술은 몇 개의 수용 단계를 거친 후 비로소 정확하게 이해되었다. 그의 저서는 정치적인 상황 때문에 온전하게 번역, 수용되지 못했기 때문이다. 그래서 그의 연기 시스템을 초기는 심리적인 연기술로, 후기는 신체 행동을 강조한 신체 행동법으로 이해하였다. 오늘날 이러한 오해는 다 극복되어서 그의 연기술은 하나의 종합적인 체계로 받아들이고 있다.

(1) 보라(to see)

(2) 생각하라(to think)

(3) 느껴라(to feel)

(4) 행동하라(to act)

(5) 반응하라(to react)[7]

심리적 연기 방법의 다섯 가지 손가락이라고 할 수 있다. 이것은 스타니슬랍스키를 바르게 이해하기 전, 즉 스타니슬랍스키 연기술을 심리적 연기술이라고 이해했던 시대의 방법론이다. 스타니슬랍스키의 연기 방법론, 즉 그의 '시스템'은 전 세계 배우들에게 끼친 영향이 어마어마하다. 그는 이전의 모든 연기 방법론을 총정리해 하나의 체계를 세웠다.

그러나 위의 다섯 가지만 가지고 모든 배역을 다 표현할 수 없다. 이것만으로는 부족하다.

다섯 가지 단계 중 '보라'는 연기에서 매우 중요하다. 배우 스스로 사물을 구체적으로 보는 훈련을 많이 해야 한다. 우리는 살면서 모든 것을 다 본다고 생각하지만, 사실 사람들은 관심이 없는 것은 잘 안 본다. 연기를 할 때도 상대 배우를 보지 않고, 무대를 보지 않고 각기 따로 연기하고 기계적으로 암기한 대사를 내뱉는 것처럼 말이다. 무대 위에 나가면 상대 배우가 어디에 있는지, 어떤 행동을 하고 있는지 보아야 한다. 그러고 나서 상대를 느끼고 행동하라는 것이다. 느끼지 않고 느끼는 척하는 것은 거짓 연기이며 과장 연기이다.

---

7) 이러한 방법은 '신체 행동법'을 적용하면 세 번째 단계와 네 번째 단계가 자리를 바꾸게 된다. 즉 행동을 먼저 하면 느끼게 되는 것이다.

해빙기 이후 스타니슬랍스키의 저서가 온전하게 번역된 후 스타니슬랍스키의 시스템은 '신체적 행동의 방법론(the method of physical action)'으로 정리되었다. 이것은 '신체 행동법' 또는 '신체 행위법'으로 통용되고 있다. 신체 행동법의 요지는, 연기에서 감정이 중요한 것은 맞지만 의지대로 통제할 수 없기 때문에 이성과 의지로 조절할 수 있는 행동을 연기의 출발점으로 삼자는 것이다. 배우가 극적 상황에 따라 먼저 행동하면 감정은 자연스럽게 따라온다는 것이다. 스타니슬랍스키는 이것을 비행기와 활주로에 비유해 설명한다. 즉 비행기가 공중에 날아오르기 위해서는 활주로를 달려야 하고, 하늘에 떠오른 이후에 비행기는 자유롭게 창공을 날 수 있다는 것이다.

신체 행동법은 연습이 필요하다. 행동에 바로 따라오는 감정에 상황을 주어 연습하는 것이다. 이것이 유명한 스타니슬랍스키의 '에쮸드(etude)'이다. 배우가 정서를 기다리거나 표현하려고 하는 것이 아니라, 상황에 맞는 행동을 하고 그것을 따라오게 해서 비로소 장면에 부합하는 자연스러운 감정을 표현하는 것이 목표이다. 따라서 에쮸드는 연습일 뿐이지 연기의 목적이 아니다. 즉흥적으로 상황을 주어서 행동했을 때, 정서가 어떻게 따라오는지를 보는 실습이 '에쮸드'이기 때문이다.

역할 창조의 네 단계는 먼저 **작품과 배역에 대해 알아가기**를 하는 것이다. 다음이 **정서적으로 체험하기**, 그다음이 **신체로 표현하기**이다. 체험한 정서를 표현하려고 들면 앞서 말한 심리적 연기술로 돌아가게 된다. 감정을 표현하려 하지 말고 행동을 찾아내서 먼저 움직이라는 것이다. 그리고 네 번째가 **관객과 교감하기**다. 이것이 역할 창조의 4단계이다. 이것이 스타니슬랍스키의 연기 방법론 즉 '시스템(system)'이다. 그의 연기론의 핵심이 '연기의 출발점이 행동에 있다'라는 것을 잊지 말자.

우리나라 배우들에게 많은 영향을 끼친 연기술 중에 '메소드 연기(method acting)'가 있다. 메소드 연기는 간단하게 말하면 스타니슬랍스키 시스템의 사생아이다. 스타니슬랍스키는 1922~24년 러시아를 떠나 해외 순회공연을 하였다. 이 시기는 러시아가 1905년과 1917년에 러시아 혁명을 겪으면서 소련으로 바뀌었고, 특히 1924년은 레닌이 죽고 스탈린이 그의 후계자가 되어 정권을 잡은 해이다. 이 예민한 기간에 이루어진 해외 공연 후 스타니슬랍스키의 제자 중 일부 예술가들[8]이 미국으로 망명하면서 미국에 스타니슬랍스키 연기술의 일부 특히 심리적 측면의 연기술이 전파되었다.

1930~40년이 되면 영화와 TV 시대가 오면서 무대 위에서뿐만 아니라 카메라 앞에서 하는 연기론도 필요하게 되었다. 리 스트라스버그는 '액터스 스튜디오(actors studio)'를 세워 메소드 연기를 배우들에게 가르쳤다. 메소드 연기는 스타니슬랍스키의 시스템 중 정서적 기억, 주의의 집중, magic if, 주어진 환경 등 배우 훈련에 필요한 심리적 훈련 방법을 직접 연기술로 대체한 연기술이다. 그래서 메소드 연기는 배우의 정서 훈련에 필요한 반쪽짜리 훈련 방법인 셈이다.

당시에는 그것이 당연한 것으로 알았다. 지금 와서 보면 그것은 스타

---

8) 마리아 오스펜스카야(Maria Ouspenskaya, 1881~1949)와 리처드 볼레슬라브스키(Richard Boleslavsky, 1889~1937)가 순회공연 후 미국에 남아 리 스트라스버그(Lee Strasberg, 1902~1982), 스텔라 아델러(Stella Adler, 1902~1992), 해롤드 클루먼(Harold Cluman, 1901~1980) 등에게 스타니슬랍스키의 연기술을 가르쳤다. 이들은 후에 미국 그룹 시어터(Group Theatre, 1931~1941)의 핵심 멤버가 된 사람들이다. 미라 펠너(최재오, 이강임 외 옮김), 『공연 예술 산책』(서울: 시그마프레스, 2014), 173쪽 참조.

니슬랍스키 연기론의 일부를 미국화(化)한 것에 불과하다. 메소드 연기에서 중점으로 다룬 것은 표정을 중심으로 한 얼굴 연기와 제스처 등의 세밀한 연기였다. 특히 정서적 기억을 주로 활용했는데, 그것은 아버지의 죽음을 정서적으로 기억하기 위해 키우던 반려견의 죽음을 기억하는 등의 대체 기억술이었다. 카메라 연기의 필요에 따라 메소드 연기는 미국 사회에 선풍적인 인기를 끌었다. 하지만 정서적 기억에 의존한 연기는 그 결과에서 양과 질이 다른 것이 드러나게 된다. 특히 배역보다도 배우 개인의 감정이 공연 중에 나타나는 것이 작품의 흐름과 배치되어 곧 여러 가지 반론에 부딪히게 된다. 따라서 스타니슬랍스키의 연기론과 메소드는 같은 뿌리에서 나온 다른 연기술이라는 사실을 잊지 말아야 한다.[9]

특히 메소드 연기는 1950년대 중반 이후 한국 연극에 '사실적 연기' 또는 '진실한 연기'로 알려져 곧 정통 연기 이론으로 자리 잡는다. 오늘날에도 이러한 경향은 계속되어 '정극'에서 반드시 사용해야 하는 '내면 연기'는 최고의 연기로 치부된다.[10] 아이러니한 것은 정작 빈틈이 많을 것 같은 메소드 연기 이론을 통해서 훌륭한 배우들이 많이 탄생했다는 것이다. 연기도 인생과 같이 모순 속에서도 훌륭한 결과가 나올 수도 있는가 보다.

카메라 앞에서의 연기는 무대 위에서의 연기와 다른 면이 있다. 카메라 앞에서 하는 연기는 상상력과 주의 집중력이 필요하다. 무대에서의 연기는 처음부터 끝까지 이어가기 때문에 감정이 상황과 행동에 따라 저절

---

9) 스타니슬랍스키 연기술의 전파와 메소드 연기의 형성에 끼친 영향과 결과는 배민희의 저서에 잘 정리되어 있다. 배민희, 『스타니슬랍스키 시스템의 지형학 연구−시스템에서 메소드로의 진화를 중심으로』(서울: 솔과학, 2023).

10) 정극과 내면 연기에 관한 논의는 필자의 다음 논문을 참고하라. 김대현, 「내면 연기 연구」, 『연극교육연구』, 36(2020), 49~87쪽.

로 생겨나지만, 영화는 편의에 따라 뒤 장면을 먼저 찍기도 하기 때문에
배우의 상상력과 집중력이 무대 연기보다 더 필요하다. 물론 무대 연기와
영화 연기는 매체라는 차이를 갖고 있을 뿐 하나가 다른 것보다 우월하거
나 거짓 연기라고 말할 수는 없다.

2) 밖 → 안

이것은 기술·기교·외적 모방을 통해 내적 모방을 만들어내는 것이라 할
수 있다. 어떻게 얘기하면 앞서 말한 신체 행위법과 비슷할 수 있다. 이러
한 방법은 동양 연극의 연기에서 볼 수 있다. 서양 사람들은 이원론적 사
고 즉 몸과 마음을 나누어서 생각하기 때문에 정서와 신체 역시 분리되어
있다고 생각한다. 따라서 신체를 움직이면 정서가 나타나고, 그 반대로도
생길 수 있다고 생각했다. 하지만 동양에서는 몸과 마음은 하나라고 생각
한다. 동양 연극에서 몸과 마음의 분리로 인한 갈등은 찾아볼 수 없다. 인
도·중국·일본·한국의 전통극에서 배우는 고도의 신체 훈련을 통한 기
예를 연마할 뿐, 서양 연극의 배우가 느끼는 몸과 마음의 갈등은 없다.

메이어홀드(Vsevolod Meyerhold, 1874~1942)는 '생체 역학(biomecha-
nics)'이라는 자신의 연기 이론에서 신체를 통해 내적인 감정 상태를 창조
하기를 원했다. 즉 무대에 미끄럼틀, 뜀틀을 만들어서 기분 좋은 감정이
필요할 때 배우가 미끄럼틀을 타고 내려오는 외적 행동으로 내적 감정을
끌어내었던 것이 그 예이다.

브레히트는 몸짓이라는 독일어의 '게스투스(Gestus)'를 말했는데, 이
것은 몸짓으로 등장인물의 사회적 계급성을 드러내는 것을 말한다. 가령
귀부인의 몸짓과 하녀의 몸짓이 다른 것과 같다. 배우는 자신의 배역에서
먼저 게스투스를 찾아야 하는데, 이 게스투스를 통해 관객들은 등장인물

의 사회적 지위를 알아챌 수 있고, 게스투스 사이의 차이와 계급성이 사회적 모순을 드러낸다고 말했다.

　이런 것들은 결국 외적 모방을 통해 내적 정서를 창조하는 것이라고 할 수 있다. 특히 신체의 중심이 어디 있느냐에 따라 유형적 인물을 쉽게 창조할 수 있다. 신체 중심은 다음과 같이 다섯 곳으로 분류할 수 있다.

(1) 머리: 지식인 유형
(2) 가슴: 저돌적인 성격의 공격적 유형
(3) 엉덩이: 소심한 성격의 유형
(4) 배: 욕심 많은 구두쇠 유형
(5) 다리 사이: 돈 주앙과 같은 바람둥이 유형

　이러한 유형적 구분은 유형적 연기를 만들 위험이 많지만, 외적인 자세를 통해 특정한 인물을 쉽게 창조할 수 있다는 점에서 참고할 만하다. 예를 들면, 늘 고민이 많은 햄릿은 머리가 무거워서 항상 머리를 비스듬히 숙이는 자세는 가져야 한다. 또 돈키호테와 같은 기사나 군인들은 가슴을 쫙 펴고 다니면서 위협적인 행동을 보이는 자세를 취해야 한다.

4. '─되기'의 배역 창조

　'─되기'의 배역 창조는 내가 연구해서 세운 연기 이론이다. 전통적인 연기 이론과 다른 점들이 있으니 일단 들어보고 참고하기 바란다.

배우는 자연인인 자기 자신이고, 등장인물은 대본에 나오는 허구의 인물이다. 그래서 연기라는 것이 내가 등장인물이 되는 것인지 아니면 등장인물이 내가 되는 것인지 명확하게 구분하기 쉽지 않다. 등장인물이 배우에게 오는 경우는 이미지 캐스팅의 경우를 보면 알 수 있다. 즉 배우의 이미지를 보고 연출가나 작가가 배역을 선정하는 경우는 등장인물을 배우에게 맞추겠다는 것이다.

내가 등장인물이 되기 위해서는 어떻게 해야 할까? 무대 위에서는 작가와 연출가가 원하는 등장인물이 보여야 한다. 그렇다면 현실의 나와 등장인물 사이에 1부터 10까지로 변화의 단계를 나누어보자. 나로부터 출발하는 것이 1이고 등장인물로 완벽하게 변신하는 것이 10이라고 가정해 보자. 보통 배우는 연기를 하는 동안 1에서 10 사이에서 왔다 갔다 하게 된다. 즉 배우 자신으로 무대에 서는 사람도 없지만, 완전하게 등장인물로 변신하는 것도 불가능하다는 것이다. 따라서 등장인물은 변신의 목표가 아니라 연기의 방향성으로 간주해야 한다. 다시 말해 배우는 자신으로부터 출발해 등장인물을 향해 나아가는 것이다. 즉 '점차 등장인물이 되어갈 뿐' 등장인물로 완벽하게 변신할 수는 없다는 것이다. 그래서 이러한 연기를 '-되기'라고 하는 것이다.

'-되기'의 배역 창조에서 배우는 1에 가까울수록 나에 가깝고, 10에 가까울수록 등장인물에 가깝다. 배우는 무대에 섰을 때 어떤 경우든 나도 있고 등장인물도 있다는 점을 잊지 말아야 한다. 즉 '무대 위 존재 (being on the stage)'는 자연인인 '나'와 허구의 인물인 '등장인물'의 혼합인 것이다.

무대 위에서 연기를 한다는 것은 상상의 것이 아니라 실제 무엇인가를 하는 일이다. 따라서 배우가 관객 앞에서 연기하는 무대를 '행위 현장

(action spot)'이라고 한다. 미국의 연기 교사인 샌포드 마이스터(Sanford Meisner)는 무대 위에서 연기하는 것을 '행위의 사실성(reality of doing)'이라고 했다. 그는 '등장인물은 없다. 캐릭터를 고민하지 말라'라고 했다. 캐릭터는 어떤 배우가 하느냐에 따라 달라질 수 있다. 배우가 모두 다 똑같은 유형으로 연기할 수 있다면 작품을 반복해서 올릴 필요가 없다. 따라서 '무대 위에서는 나를 죽여야 한다'라고 말하는 사람들의 말은 정답이라고 할 수 없다. 배역 창조의 과정에서 즉 1에서 출발해 10을 향해 가는 것은 맞지만, '나'가 있다는 것을 인정하고, 인지하고, 믿어야 한다.

사람들은 죽을 때까지 놓지 않는 두 가지가 있다. 첫째는 '내가 맞다'라는 것과, '나는 잘 생겼다'라는 자기애다. 사람은 자기애를 상실하면 우울증에 빠진다. 배우가 무대 위에 서 있더라도 관객들은 자기가 보고 싶은 곳을 본다. 세상은 각기 자기 마음대로 산다. 그것을 인정해야 한다. 틀린 것은 아니기 때문이다. 배우의 얼굴은 등장인물의 얼굴, 그리고 관객이 보고 싶어 하는 얼굴이 합쳐진 것이다. 어떤 사람은 배우의 얼굴에서 아버지의 얼굴을, 어머니의 얼굴을 볼 수도 있다. 이 이야기는 무대 위에서 부끄러워하지 말라고 하는 것이다. 모든 연기의 출발점이 '나 자신'이기 때문에 배우는 먼저 자신에 대해 알아야 한다. 자신이 어떤 정서적 특징을 가지고 있는지, 어떤 마음의 상처를 가지고 있는지 알아야 한다. 무대 위에 최종적으로 나타나는 등장인물은 배우의 특징에 따라 다 다르기 때문이다. 중요한 것은 무대 위에 서 있는 존재 그 자체와 연기라는 행위가 벌어지는 '행위 현장'의 생생함, 살아 있음이다.

행위 현장이라는 개념은 생성 철학에서 비롯되었다. 우리 신체는 유기체로 머리·몸통·다리로 구성되어 있지만, 전체인 하나로 움직일 수 있게 되어 있다. 각자 맡은 역할이 있기에 유기체는 아름답다고 할 수 있다. 이렇게 보면 '세상은 유기체'라고 할 수 있다.

들뢰즈(Gilles Deleuze, 1925~1995)는 생성 철학을 통해 유기체설을 부인한다. 예를 들어 감자의 뿌리를 보면 뿌리는 유기체적 조직을 이루는 것이 아니라 이곳저곳으로 자유롭게 뻗어나간다. 여기에 중심과 변방이 있을 수 없다. 우리 인간 세상으로 환원하면 누군가는 중요하고 누군가는 중요하지 않다는 말이 성립되지 않는다는 것이다.

이처럼 무대 위에서도 정답이 없다는 것을 알 수 있다. 20대 초·중반인 우리는 전 세계에서 가장 아름답고 매혹적인 때를 살아가고 있다. 아무것도 하지 않아도 무대에 서 있으면 예쁘기 마련이다. 그런데 우리가 수척해지는 것은 무대 위에 서는 우리를 스스로 부끄러운 존재로 여기기 때문이다. 연기에 무슨 정답이 있는가? 대사를 기억하지 못하는 것, 연습한 것처럼 행동하지 못한 것, 그런 것들이 무슨 상관인가? 무대에 서 있다는 것만으로도 우리는 삶의 맥동을 느껴야 한다. 나라는 존재와 등장인물의 결합이 무대 위에서 어떻게 움직이고, 왜 무대에 서 있고, 서로의 관계가 어떤지를 알고 느낀다면 우리는 이미 살아 있는 행위 현장에서의 살아 있는 존재인 것이다.

배역을 창조한다는 것은 쉬운 일이 아니다. 장·단음을 찾고, 서브텍스트를 찾고, 블로킹을 만들고, 연출의 미학적인 요소들을 더하면서 등장인물은 점차 복잡한 창조물로 바뀌어 간다. 물론 배우는 연기의 목표점을 찾아야 한다. 추가로, 연기를 할 때 자기 존재에 대해 자신감을 가지고 무대에 나가야 한다. 무대 위에서 내가 구체적으로 무엇을 해야 하는지, 왜 그것을 하는지를 구체적이고도 자발적으로 해야 한다는 사실을 알아야 한다. 누군가가 요구해서 하는 것이 아니라 내가 스스로 해야 한다는 것을 잊지 말자.

그러니 우선 출발하자. 출발 지점이 2든 3이든 5든 출발했으면 분명 끝은 생길 것이다. 중간에 포기하더라도 출발한 만큼 얻을 것이 생긴다. 어디서 그만두든 출발해서 간 만큼, 내가 행했던 행동들은 삶에 꼭 좋은 요소로 영향을 끼칠 것이다.

이제 마지막 수업인 총연습에 대해 이야기할 수 있게 되었다. 다음 수업에서 보자.

과 제

1. 장면 만들기 연습하기
2. 무대 구성의 여러 원칙을 적용하기
3. 연습 일지 작성하기
4. 연습 전·후에 연출의 작업 일지 작성하기
5. 수업 일지 작성하기

열 번째 수업

▼

총연습과 공연 그리고 작업 후 단계
두 가지: 무대 철거와 강평

오늘이 이론 수업의 마지막 날이다.

지난주 수업까지 잘 따라온 여러분이 고맙고 반갑다. 수업과 과제 그리고 연습하는 것이 힘들었을 텐데 모두 잘 따라와 주었다. 오늘 마지막 수업까지 잘 마치고 실제 장면 발표를 위한 장면 만들기에 집중하기 바란다. 오늘 수업은 제작 본 단계의 마지막 단계인 총연습과 공연 그리고 제작 후 단계인 무대 철거 및 강평에 관한 것이다.

1. 총연습

　장면 구성을 통해 장면을 만들고 또 그것을 다듬으면 일반적인 의미의 장면 만들기는 끝이 난다. 물론 다듬기 단계의 후반에서 작업 단위로 나누었던 프렌치 신들을 단순히 연결하는 차원을 넘어, 하나의 살아 있는 이야기의 연속체로 만들어야 하는 것은 분명히 연출가가 머릿속에 넣어 두어야 하는 중요한 요소이다. 문제는 공연이라는 것이 장면을 만드는 것만으로 준비가 끝나는 것은 아니라는 것이다.

　장면 만들기가 주로 연출가와 배역진의 작업으로 이루어지는 것이라면, 총연습은 공연을 위해 기술적 완성도를 점검하는 것이 첫 번째 목적이다. 두 번째 목적은 공연 전체의 리듬과 템포를 점검하는 것이다. 다듬기 단계와 이어 연습하기 단계에서 주의를 기울였던 장면의 리듬과 템포는 총연습을 통해 작품 전체의 리듬과 템포를 점검하게 된다. 따라서 이 단계에서 연출가의 역할은 오케스트라의 지휘자 같이 전체의 조화, 리듬과 템포의 조절에 주의를 기울이는 것이다.

　총연습은 말 그대로 공연의 다른 요소들을 모두 포함하여 실제 공연처럼 만들기 위해서 한다. 주로 음향과 조명의 디자인과 큐(cue)를 맞추어 보는 것이 목적이지만, 의상 사열을 포함해 대·소도구 점검과 분장까지도 공연 상태라는 전제로 점검해야 한다. 특히 중요한 것은 장면 전환과 각종 신호를 실제 배우에게 적용하여 매끄럽게 만드는 일이다.

　'장면을 매끄럽게 만든다'는 것은 단순히 기계적으로 완벽한 연결만을 의미하지 않는다. 여기서 '매끄럽다'라는 말의 온전한 의미는 관객들이 해당 장면을 실제 이야기처럼 자연스럽게 받아들인다는 의미이다. 그것은 배우의 움직임과 장면의 전환, 무대 위에 들리는 음향과 음악의 무의식적인 수용 등에 조금의 인위적인 부조화가 없는, 살아 있는 장면의 연속이라는 의미인 것이다.

이러한 목표는 저절로 성취되지 않는다. 따라서 연출가는 총연습 단계로 들어가기 전에 몇 가지를 준비해야 한다.

총연습은 공연의 기술적인 측면을 점검하는 기술 총연습(technical rehearsal), 공연과 똑같은 상황으로 치르는 총연습(dress rehearsal)으로 나뉜다. 보통 공식적으로는 기술 총연습과 총연습을 세 번씩, 그러니까 총 여섯 번 하지만 실제 작업 현장에서는 이보다 더 많은 횟수의 총연습이 실행된다.[1]

우리는 그동안 대본 읽기, 장면 만들기, 이어 연습하기, 다듬기를 해 왔고 이제는 총연습을 해야 한다. 총연습은 모든 연습 과정 중 스트레스가 가장 많이 쌓이고 쉽게 피로가 생긴다. 배우를 포함해 제작진이 많이 싸우는 시기도 이때다. 사소한 농담과 장난으로도 불화가 일어난다. 반복되는 실수에 신경이 바늘 끝같이 날카로워진다. 보통 한 번의 연극 만들기에서 반드시 세 번 정도 위기의 순간이 오는데, 그중 한 번이 총연습 과정에서 생긴다. 그러니 혹여나 언쟁이나 감정싸움이 날 것 같으면 좀 쉬었다가 다시 총연습을 진행하는 것이 좋다.

다듬기 연습까지는 연습실에 검은 선으로 가상의 무대 평면도를 그려 연습하지만, 총연습은 실제 공연이 이루어지는 공연장에서 하게 된다.

---

1) 일부 직업 극단이나 아마추어 극단에서는 연습실 대여와 극장 대관에 필요한 비용을 감당하지 못해 공연 전 하루나 그보다 짧은 시간에 총연습을 하는 경우도 있다. 이러한 경우 실제 공연에서 예상하지 못한 실수가 빈번하게 나타나게 된다. 연출가는 어떤 경우에도 충분한 양의 총연습을 포기해서는 안 된다.

그래서 이것을 무대에 오른다는 의미로 마운트 리허설(mount rehearsal)이라고 말하기도 한다.

총연습을 진행하려면 완성된 조명·음향 큐시트(cue sheet),[2] 의상 사열이 끝난 의상 점검표, 완성된 대·소도구 그리고 무대 세트(set)가 완성되어 있어야 한다.

<벚꽃동산> 2차 통합 CUE SHEET

공연 일자 :

FS	내용	번호	음악	CD/NO	대사번호	음향 CUE	IN	CUE	OUT	번호	조명	조명 CUE	IN	OUT
프리셋	관객 입장	1				관객 입장 20분 전	F.I			1	프리셋	관객 입장 20분 전	v	
		1.1	하우스			관객입장 완료	F.U			1.1		음향 큐(1.1)과 같이		F.O
		1.2						전 큐(1.1) 3초 후	F.O	2	(FS.1) 두나샤 등장 전	음향 큐(1.2) 거의 OUT 되면 (무감 신호)	O.L	
		2	바람소리			전 큐(1.2) O.L	F.I			3	(FS.1) 두나샤 등장 후	두나샤가 등불 끄면	전체 UP	
fs.1	두나샤. 로빠힌	3	마차 지나가는 소리	1P 4번		두나샤 대사 후	F.I	IN 후 바로	F.O					
		4	마차 다가오는 소리	P2 8번		두나샤 대사 '스물 두 가지의 불행-' 후	F.I	IN 후 바로 천천히	F.O					
fs.2	라넵 일가 등장	2.1	바람소리	2P 12번				라넵 일가 들어오면	F.O	4	FS.2 전체 조명	두나샤, 로빠힌 퇴장하면	전체 UP	
										5	R.S (F)	P12 16번 대사 후 라넵 퇴장하면	L.S	F.D
fs.5	가에프, 아냐, 바랴	5	목동의 피리부는 소리	P14 11번		바랴 '잠들었네! 침대로 가자' 하면	F.I			6	FS.5	P15 3번 바랴, 아냐 퇴장하면		F.D
		5.1	목동의 피리부는 소리	P15 4번		빼짜 대사 1초 후	F.U			7	FS.5	음향 큐(5.1)와 동시에		F.O
		5.2						전환 끝나면	F.O	7.1	전환등	전 큐(7) 후 바로	F.I	

표 10-1. 조명·음향 통합 큐시트

큐(cue)는 배우의 등·퇴장, 조명의 변화, 음향 혹은 음악의 변화, 장면 전환 등의 순간을 말한다. 공연은 등장인물의 등·퇴장이 빈번하게 이루어지고 또 장면에 따라 필요한 음향과 음악이 삽입된다. 장면의 시간과

---

2) 아래 예시로 든 조명·음향 통합 큐시트는 호서대학교 연극학과 서○정 학생의 작업 일지에서 발췌, 인용한 것이다.

장소 변화는 필연적으로 조명의 변화를 요구한다. 총연습은 이러한 변화의 모든 큐를 어긋나지 않고 정확하게 수행하는 것이 목표이다. 제작 회의에서 시작되었던 각 분야의 협업이 최종적으로 이루어지는 것이다.

총연습은 먼저 기술 총연습을 세 번 정도 하게 된다. 이 세 번의 기술 총연습은 결국 조명과 음향의 변화를 직접 공연 현장에서 담당하는 조명 담당자 및 음향 담당자의 숙련도를 높이기 위한 것이다. 따라서 조명 담당자와 음향 담당자는 기술 총연습 이전에 작품의 이해와 장면 변화에 대해 숙지할 필요가 있다. 또 필요하다면 연출가와 조명 및 음향 구성과 변화에 대해 심도 있게 의논해야 한다.

작품과 장면에 대해 충분한 이해가 이루어지면 조명과 음향 담당자들은 자신들의 큐시트만을 갖고 도상 훈련을 먼저 하는 것이 좋다. 배우가 없는 상태에서 조명과 음향의 변화 및 둘의 조화를 미리 시험해 보는 것이다. 이것을 조명과 음향의 '도상 기술 총연습(paper technical rehearsal)'이라고 한다. 도상 기술 총연습은 연습실에서 배우들과 수시로 맞춰볼 수도 있다. 충분히 도상 기술 총연습을 끝낸 후에 비로소 실제 공연장/무대에서 기술 총연습을 실행한다.

기술 총연습은 배우를 생략한 채 큐의 변화를 점검하는 것으로 진행된다. 즉 큐가 없는 부분은 건너뛰고 큐가 있는 직전부터 실제 공연의 진행에 맞추어 조명과 음향의 적절함을 점검하는 것이다. 연출가는 이때 최종적으로 조명과 음향을 보충하거나 교정할 수 있다.

세 번째 기술 총연습은 배우와 함께 전체적인 진행을 점검한다. 마지막 기술 총연습은 분장을 제외한 모든 공연 요소를 최종적으로 점검한다. 기술 총연습은 장면 만들기의 연습에 비해 의상 전환과 대·소도구의 활용, 배우의 등·퇴장, 장면 전환에 따른 대도구의 재배치 등을 점검하기 때문에 시간이 오래 걸리고, 또 실수가 생겼을 때 그것을 교정해 다시 해야 하기 때문에 참여하는 모든 사람의 피로도가 최고조에 이른다. 따라서 기술 총연습은 시간을 넉넉하게 잡고 시행해야 한다.[3]

기술 총연습은 공연 전에 하는 최종 점검이기 때문에 작은 실수라도 그냥 넘어가면 안 된다. 실수는 반드시 교정하고 새로운 변화는 반복해서 숙지해야 한다.

기술 총연습은 장기간의 연습과 제작으로 피로도가 최고에 이를 때 시행된다. 따라서 기술 총연습을 할 때 최대한 주의를 집중해서 실수를 줄여야 한다. 반복되는 실수는 참여하는 사람을 쉽게 짜증 나게 하거나 날카로운 언쟁으로 이끌게 된다. 기술 총연습이 잘 진행되지 않을 때는 연습을 강행하는 것보다는 차라리 잠시 쉬는 시간을 갖는 것이 좋다. 공연은 마음을 모아서 하는 집단 작업이다. 다툼으로 마음의 문이 닫히면 장면의 흐름도 끊기고 배우 간의 교감과 제작진과의 소통도 어렵게 된다. 따라서 기술 총연습은 잘 준비해서 여유를 갖고 시행하는 것이 중요하다. 또 단 한 번의 기술 총연습으로 모든 점검이 잘 끝날 것이라는 성급한 기대를 하지 말아야 한다. 세상일은 잘 안 되는 것이 보통이고, 모든 일은 눈물과 땀을 쏟아야 비로소 기대한 만큼의 결과가 나오는 것이다. 그러니 기술 총연습이 잘 진행되지 않더라도 포기하지 말고 꾸준한 인내심으로

---

3) 호서대 연극학과에서는 흔히 말하는 '야작(夜作, 야간작업/밤샘연습)'을 원칙적으로 금지한다. 학기 내 연습 시간도 밤 11까지로 제한한다. 그 이유는 연극 제작 실습 과목에만 과도한 에너지를 쏟는 것을 방지하기 위해서이다. 아직 기술적으로 그리고 정신적으로 성숙하지 못한 연극학과 학생들이 학기 내 평일 야작을 하게 되면, 그다음 날 대부분의 학생이 다른 학과목 수업에서 졸거나 결석하는 행태를 보인다. 호서대 연극학과에서 야작을 금지하는 이유가 여기에 있다. 대신 꼭 필요한 경우 세 번에 한정해서 야작을 허용한다. 따라서 학생 연출가는 심사숙고해서 야작 하는 날을 결정한다. 보통 학생들은 세트를 제작하는 날(work-call)과 기술 총연습 때 야작을 하게 된다.

반복해야 한다. 보통 어려운 일은 반복하면 잘하게 되고, 잘하는 일을 계속하면 세련되어진다. 세련된 것을 반복하면 그때야 비로소 예술이 된다.

기술 총연습을 끝내면 이제는 전체 총연습으로 접어든다. 역시 세 번의 전체 총연습은 관객만 없을 뿐 실제 공연처럼 진행된다. 연출가는 총연습에서 절대로 극의 진행을 끊어서는 안 된다. 어쩔 수 없는 상황이 오더라도 배우와 제작진이 스스로 해결하도록 해야 한다.[4] 연극의 현장성과 직접성에서 오는 특성 때문에 총연습을 진행하는 중에 예상하지 못한 실수가 발생하더라도 배우와 제작진이 스스로 해결해야 하는 것이다. 연극의 연속성과 리듬·템포는 그 누구도 끊을 수 없다.

총연습에서 특별히 주의를 기울여야 하는 것이 대·소도구이다. 연습할 때는 연습용 대·소도구를 사용하기 때문에 실제 공연 상태의 총연습에서는 약간의 '차이'가 발생하게 된다. 대도구의 전환, 소도구의 활용, 소도구의 파손과 분실이 실제로 발생하기 때문에 연습할 때의 경험과 숙련도를 공연 상황으로 대체하려면 이 사소한 차이를 극복해야 한다.

그래서 총연습은 아주 특별한 경우가 아니면 하루에 두 번 하기 힘들다. 보통 실제 공연 시간에 맞추어 총연습을 진행한다. 총연습이 끝나면 연출가는 배역진과 제작진을 모아놓고 수정 사항을 말해 다음 총연습에 반영하도록 한다. 수정 사항을 전달하는 것에도 상당한 시간이 소요된다.

세 번째 전체 총연습은 '시연회' 형식으로 할 수 있다. 시연회는 특수 관객이 오는 공연이다. 가족이나 지인을 초대하기도 하고, 기자나 비평가들을 초대할 수도 있다. 또 후원자들을 초대해 공연을 감상하게 하고, 시

---

4) 본래 연출가의 역할과 책임은 연습까지이다. 그 이후의 일, 즉 공연은 무대 감독이 책임진다. 따라서 이후의 설명은 주로 학교 연극과 학생 연출을 위한 조언이다.

연회가 끝난 후 가볍게 차담회를 가질·수도 있다. 현장에서 공연 사진을 찍을 수 있는 기회도 시연회에서 가능하다.

시연회는 실제 공연과 마찬가지이기 때문에 배우와 제작진은 충분히 시간 여유를 두고 극장에 도착해야 한다. 배우들은 극장에 도착하면 등장 순서와 분장의 난이도에 따라 의상을 갖추고 분장을 해야 한다. 등장인물이 많아 의상 교체와 분장에 오랜 시간이 걸리는 경우에는 따로 조수 (crew)의 도움을 받는 것이 좋다.

기술 총연습과 전체 총연습은 반드시 해야 한다. 총연습 없이 공연하는 것은 재롱잔치 외에는 없다. 반드시 총연습을 꼼꼼하게 해야 한다. 배우를 제외한 제작진은 공연을 보러오는 손님들에게 예의를 갖추기 위해 단정한 옷을 입고 준비해야 한다.

다음은 학교 공연에서 연출가가 최종적으로 점검해야 하는 사항이다.

1) 극장

극장에서 제일 중요한 것은 감전 사고가 없는 것이다. 절대 조명 기기를 떨어트리거나, 물 묻은 손으로 전기 기구를 만져서는 안 된다. 극장은 사고가 나면 인명 피해가 발생할 정도로 매우 위험한 장소이다. 조명 기기는 반드시 안전선을 걸어야 하고, 거치대의 나사(c-clamp)를 꽉 조여야 한다. 조명 작업은 천천히, 정확하게 해야 한다. 절대 서두르지 말고 여유를 갖고 해야 한다. 또 계단을 조심하고, 넘어져서는 안 된다. 조수들에게 몇 번이고 안전을 강조해야 한다. 모든 요소요소에 발생할 수 있는 안전사고를 주의해라. 극장 안에서는 항상 걸어라. 바쁘면 뛰지 말고 차라리 빨리 걸어라.

2) 조명실

조명실은 언제나 조명과 관련 있는 사람만 들어가야 한다. 조명실엔 중앙 제어기가 있기 때문에 다른 사람들이 출입하면 안 된다. 조명은 숙련된 사람이 담당해야 한다. 실제 공연에서 조명과 음향은 큐의 시기(timing)를 담당하기 때문에 연습 때의 연출가 역할을 한다. 따라서 경험이 적은 후배나 신입생에게 조명과 음향을 담당시키는 것은 공연을 망칠 수 있는 결정이다. 마지막으로 조명 부스에 있는 먼지를 청소해야 한다.

3) 분장실

분장실의 상태를 보면 공연 집단의 수준을 알 수 있다. 분장실은 차분하고 깨끗하게 정돈되어 있어야 한다. 배우들이 자기 배역에 몰입하기 위해 준비하는 곳이 분장실이다. 공연을 준비하고 무대의 등장을 대기하는 장소가 되어야지, 이곳에서 게임을 하거나 신변 잡담으로 어수선한 분위기를 만들어서는 안 된다. 이 공간은 배역 창조가 이루어지는 생산적인 공간이다. 특히 분장실에 공연과 관계가 없는 외부인이 들어와서는 안 된다.

배우는 자신의 등장을 기다리면서 개인 소도구를 확인하고 대본을 다시 읽어야 한다. 대본에는 연출가의 지시와 자신의 착상 등 연기를 위한 모든 의견과 결정 사항이 기록되어 있다. 이것들을 다시 확인하면서 무대 위에 올라섰을 때 어떻게 연기를 할지 상상해보는 것은 매우 중요하다. 그러다가 등장 순서가 되면 무대로 나가서 연기하고, 퇴장한 다음에는 다음 연기를 준비해야 한다. 이것이 반복되어야 한다.

학교 공연에서 저학년 학생 배우들은 공연 의상을 입은 채 분장실 밖으로 나가는 경향이 있다. 분장한 모습을 조명 기기 밑에서가 아닌 형광등 밑에서 보여주는 행위는 환상을 깨는 행위이다.

분장실의 방음 상태가 좋지 않을 경우, 분장실에서는 절대적으로 정숙해야 한다. 연출가는 공연이 끝나면 빠르게 수정 사항 및 공연에 대해 강평하고 빨리 분장을 지우도록 해야 한다.

2. 공연(performance)

공연은 연출가와 배우가 관객과 극장이라는 공간에서 만나는 시간이다. 물론 공연할 때 연출가는 관객의 한 사람이 된다. 지난 시간에도 이야기했지만, 공연 예술을 하는 사람(오페라 가수, 댄서, 배우 등)들의 특징은 인정, 인지 욕구가 다른 사람들보다 크다는 것이다. 그래서 공연 날짜가 되면 누구보다 크게 흥분하게 된다.

관객의 눈앞에서 진행되는 공연의 특징은 첫 번째 공연부터 마지막 공연까지 다 다르다.

첫 번째 공연의 특징은 극의 진행 속도가 연습한 것보다 빨라진다는 것이다. 템포가 빨라지는 것이 아니라 단순하게 속도만 빨라진다. 그 이유는 첫 번째 공연이 주는 긴장 때문이다. 당연히 속도 조절에 실패한 첫 공연은 망가지기 쉽다. 그래서 연출가는 첫 번째 공연을 하기 전엔 배우와 제작진 전체를 모아놓고 '천천히 가자'라고 이야기해야 한다. 연습할 때의 속도와 템포를 기억하도록 해야 한다. 실제 공연이기 때문에 연출가는 연습 때처럼 긴 시간에 걸친 상세한 수정 지시를 할 필요는 없다. 공연 중에 자연적으로 발생한 실수는 굳이 지적하지 않아도 된다.

연출가는 공연 시간과 횟수, 배우들의 휴식 시간과 식사까지 세심하게 주의를 기울여야 한다. 공연이 끝나면 필요한 부분만 간단하게 말하고 빨리 귀가해서 쉴 수 있게 해야 한다. 공연 전에는 탄산음료를 먹게 해서는 안 된다. 이러한 점들을 조심하면 첫 공연은 성공할 확률이 50% 이상으로 올라간다. 물론 이것은 총연습을 성공적으로 마치고 난 후의 자신감이 전제되었을 경우이다.

두 번째 공연은 망칠 확률이 가장 높다. 그 원인은 방심이다. 첫 번째 공연을 무사히 해냈다는 해이와 방심이 남의 큐나 자신의 큐를 지키지 못하게 한다. 큐가 어긋나고 주고받기가 뜨기 시작하면 전체 공연의 템포가 죽게 된다. 그래서 두 번째 공연을 성공한 팀은 전체 공연을 잘 할 역량이 있다고 평가된다. 그만큼 두 번째 공연의 위험도가 크다.

세 번째 공연부터 마지막 공연 때까지는 비로소 평소 연습한 것처럼 템포가 흘러간다. 다만 공연이 진행되면서 배우들이 관객의 반응에 익숙해지면서 그것에 연기의 초점을 맞추는 위험이 대두된다. 관객에게 영합하는 배우가 나타나는 것이다. 이것은 초보 배우와 같이 무대 경험이 적은 배우들일수록 빠르게 나타난다. 그래서 연출가는 매번 공연에 앞서 배우들에게 최선, 최고의 공연을 만들어달라고 부탁해야 한다. 가령 김치도 막 담갔을 때보다 알맞게 익었을 때가 제일 맛있는 것처럼 이 기간의 공연은 최선의 공연을 경험할 수 있는 소중한 기회가 된다. 특히 학교 공연인 경우 학생 배우들에게 최선의 공연을 한 경험은 이후 그들의 배우 경력에 커다란 긍정적인 영향을 끼치게 된다. 나아가 그 배우가 나중에 연극을 가르치거나 제작하게 되었을 때, 이 최선의 공연을 롤 모델로 삼을 수 있다. 그래서 연극은 참 신비하다. 연극 예술이 공연을 통해 관객들을 고양시키지만 또한 배우들도 고양시킨다는 것이다. 연출가는 배우에게, 그리고 제작진에게 '그 순간을 경험해보자' 하며 자극하고 격려하는 것이다.

　마지막 공연은 두 번째 공연만큼 위험하다. 이때는 배우의 욕심 때문에 위험이 생긴다. 공연의 진행에 익숙해진 배우들은 관객들이 공연의 어느 부분에 반응하는지 알게 된다. 이렇게 되면 배우는 상대 배우가 아닌 관객들 향해 반응을 구걸하는 꼴이 된다. 내 목표는 상대 배우가 되어야 하는데, 그것이 아니라 관객을 향해 몸을 열고 대사를 하면 그동안 연습했던 주고받기와 조화는 깨지고 만다. 관객의 시선을 끌겠다는 목적으로 장면을 망쳐서는 안 된다. 마지막 공연이라는 특수한 상황이 끼치는 위험 요소인 것이다. 따라서 연출가는 마지막 공연에 앞서 배우들에게 이러한 위험을 경고해야 한다. 장면의 상황과 상대 배역에게만 집중하도록 요구해야 한다.

　공연 중에 연출가는 미리 언급하지는 않지만, 예비하고 두려움 속에서 늘 조심해야 할 것은 사고이다. 배우가 갑작스러운 질병이나 교통사고 등으로 극장에 오지 못하는 상황은 그중 최악이다. 물론 연출가는 이러한 경우에도 대비책을 마련해 놓아야 한다. 장기 공연을 하는 뮤지컬에서 예비 배역(understudy)을 반드시 두는 이유도 여기에 있다. 그래서 총연습 후반부에 이르면 연습 시간 외의 생활도 어쩔 수 없이 제한해야 한다. 직업 배우들이야 스스로 자기 몸을 챙긴다지만, 학생 배우들은 이 시기에 술자리를 갖게 되더라도 일정 시간이 되면 정리해야 한다. 될 수 있으면 많이 자고 비타민을 챙겨 먹어서 몸을 최상의 상태로 만들어놔야 한다. 이것들을 훈련해야 나중에 직업 배우가 되어서도 그 상태를 유지할 수 있다.

이렇게 해서 공연을 포함한 하나의 연극 만들기 전체가 끝나게 된다. 직업 극단에서는 여기까지가 연극의 마지막이다. 그들은 마지막 공연이 끝나면 저녁 식사 한 끼 함께하는 정도로 연극 만들기를 정리한다. 하지만 학교에서는 제작 후 단계 즉 무대 철거와 강평이 남아 있다.

3. 제작 후 단계 두 가지

제작 후 단계는 두 가지로 구성되어 있다. 무대 철거와 강평이 그것이다.[5]

1) 무대 철거

무대 철거는 위험하고 작업량이 많은 일이다. 무대 세트와 대·소도구, 그리고 의상을 정리하고 조명기도 철거해야 한다. 특히 무대는 다음 공연을 위해서라도 마지막 공연이 끝나면 당일 철거하는 것이 원칙이다. 호서대학교도 마지막 공연이 끝난 그날 바로 무대를 철거한다.

효과적이고 안전하게 철거하기 위해서는 체계적인 계획이 있어야 한다. 그래서 학교에서 연출가는 무대 감독과 함께 마지막 공연이 끝나기 전에 미리 철거 계획을 세워야 한다. 무대 철거를 위해 안전 장비를 준비하는 것은 필수적이다. 안전모와 절연 장갑, 사다리와 망치 등 해체에 필요한 모든 장비의 점검표를 작성해 빠진 것 없이 촘촘하게 준비해야 한다.

---

5) 호서대학교에서 학생들은 무대 철거와 강평을 매우 불편해했다. 초창기에 몇몇 학생은 의도적으로 무대 철거에 불참하거나 강평회에 나오지 않았다. 그래서 지도 교수는 연극 제작 실습 과목에서 무대 철거와 강평회에 참석하지 않은 학생들은 학점을 주지 않는다. 이러한 사항은 무대 제작 실습 과목을 처음 시작할 때 꼭 공지하고 이해했는지 확인한다.

무대 철거 때 보존할 수 있는 것과 파기해야 하는 것들을 분류해 보자. 무조건 다 부수고 버리면 안 된다. 장비들을 미리 빌려두어 조직적으로 움직여야 한다. 남녀 구분하는 것은 아니지만 체력에 맞게 움직여야 한다. 조명 팀은 조명을 철거하고 분장, 음향 팀은 각자 분장실과 음향 조정실을 정리한다. 기획은 포스터와 티켓 박스(ticket box)를 정리한다. 빠르게 하는 것보다 중요한 것은 안전하게 하는 것이다. 서두르지 말고 순서를 잘 지켜서 차근차근해야 한다.

철거가 끝나면 전원이 다시 빈 무대에 모인다. 무대 감독은 다음 공연 담당자나 극장 관계자에게 극장 열쇠를 넘긴다. 여기까지가 무대 철거이다.

2) 강평

무대 철거 후 2주가 지난 금요일에 강평회를 한다. 강평회는 연극 만들기의 마무리이자 다음 연극 만들기의 시작이 된다. 학생들은 강평회에 강평서 한 장을 써 와야 한다. 강평서의 내용은 남에 대한 비판보다는 자신이 이번 연극 만들기를 통해 어떤 것을 기대했고, 어떤 노력을 했고, 어떤 부분을 잘못했는지 등을 총정리한 것이다. 결국 강평회는 과거를 되짚어보고 앞으로의 반성과 다음의 계획을 짜는 것이다. 마지막으로 각자 자신이 수행한 작업의 증빙 자료를 내는 것으로 강평회를 마친다.

특히 기획 담당자는 강평회 때 전체 예산과 지출의 과정, 즉 재정 보고를 해야 한다. 이 재정 보고는 매 공연의 관객 수에 따른 수입과 지출, 예비비 등을 합산해 정리한다.

이렇게 하나의 연극 만들기가 끝이 난다.

연출가는 자기가 열심히 하는 것은 기본이고, 배우들이 모두 열심히 할 수 있게 만들어야 한다. 하지만 이 '열심히'라는 말에 자발성이 없어서는 되지 않는다. 자발성은 어디서 오는가? 성취감에서 온다. 좀 더 설명하면 연극 만들기의 과정이 재미있어야 한다. 재미가 없으면 자발성이 생기지 않는다. 특히 연극을 배우는 우리는 장차 연극을 직업으로 하기 원하기 때문에 연극 연습을 하는 데 재미가 있어야 한다. 그런데 왜 우리 작업은 실제 재미있게 하지 않는 것일까? 영화를 보는 것보다, 코미디를 보는 것보다, 게임을 하는 것보다, '연극을 하는 재미'를 느껴야 한다. 배워야 한다.

여러분은 대부분 중·고등학교 시절 우연한 기회에 연극을 만나 '연극하는 재미'를 느꼈기 때문에 이 자리에 있을 것이다. 여러분 중 일부는 부모님이나 주변 지인의 반대를 무릅쓰고 연극학과에 진학했을 것이다. 아마 여러분은 연극을 하면서 중·고등학교 시절 다른 과목을 공부하면서 느낄 수 없었던 어떤 두근거림, 흥분, 살아 있다는 느낌을 가졌기에 그런 결정을 강행했을 것이다.

연극학과에 진학한 지금, 여러분은 여전히 '연극하는 재미'를 느끼고 있는가? 연극학과에서 배우는 과목이 재미있고 그래서 수업 시간이 기다려지고 또 시간이 날 때마다 연기 연습을 하고 전공 서적을 꾸준하게 읽고 있는가? 만약 그렇다면 다행이지만 그렇지 않다면 '나와 연극'에 대해 다시 한번 생각해봐야 한다.

'나와 연극'에 대해 현실적으로 고민하는 때는 대부분 졸업을 앞둔 4학년에 이르러서다. 직업으로 연극을 선택할지, 아니면 졸업 후에 다른 직업을 가질지, 졸업을 앞둔 4학년 학생들은 고통을 느낄 정도로 고민하게 된다. 그 이유는 연극을 직업으로 선택했을 때 당장 다가오는 경제적인 어려움 때문이다.

K-Pop, K-Drama, K-Culture가 전 세계를 휩쓸고 있어서 배우로, 또는 가수로 인기의 정점을 누리고 압도적인 경제적 자유를 획득하는 사람은 전체 종사자의 0.3~0.4%에 불과하다. 나머지는 평범하지도 못한 경제적 상황에서 하루하루 연극을 계속할지, 아니면 그만두고 다른 일을 할지를 고민하면서 보낸다. 과연 연극은 계속할만한 가치를 갖는가? 경제적으로 힘든 상황을 견디면서 배우로, 연출가로 자신의 삶을 계속하는 것이 분명 어떤 의미가 있는 일일까?

여러분이 연극을 평생 계속하기로 결심했던 어린 시절로 되돌아가 보자. 그때 여러분은 어른들이 하는 것처럼 현실적인 경제적 상황을 고려하지 않고 그저 자기 삶에 다가온 연극이 자신을 살아 있는 사람으로, 삶의 배경이 아니라 주체적인 존재로 만들어주고 있다는 것으로 연극을 평생 하기로 결심했을 것이다. 왜냐하면 그때 그것이 행복하고 의미 있었으니까.

연극은 분명 여러분 모두에게 경제적 풍족함을 줄 수 없을 것이다. 하지만 여러분이 지금처럼 성실하게 하루하루 자신의 성장을 위해 노력한다면, 연극은 여러분을 행복하게 할 것이다. 왜냐하면 연극은 결국 인간 삶에 대한 성찰이고, 인간관계 파탄과 화합의 과정을 보여주는 것이기 때문이다. 우리가 진지하고 꾸준하게 연극을 평생의 직업으로 삼고 노력한다면, 우리는 연극과 함께 성장하고 또 그 성장은 여러분을 성취감으로 인도할 것이다. 그리고 이러한 성취감은 결과적으로 여러분을 성숙한 사고, 폭넓은 인격을 가진 성인으로 이끌 것이다. 후기 자본주의 사회에서 부자가 되거나 권력을 갖거나, 명예를 가지는 일이 중요할지도 모른다. 하지만 그것보다 더 중요한 것은 '자신이 진정으로 행복한 것'이지 않을까? 돈과 권력, 명예가 행복을 절대적으로 보장할까? 그렇다면 현재 그것을 갖고 있는 사람들은 왜 행복해 보이지 않을까?

행복에 대한 선인의 정의를 소개하는 것으로 연출론 수업을 마무리 하겠다.

행복은 마음의 상태가 아니라 존재 방식이며 미덕과 일치하는 영혼의 활동이다. 도덕적 미덕은 습관의 결과로 생긴다. 행동으로 선택하는 것 이다. 미덕은 우선 그것을 연습해야 얻을 수 있다, 마치 예술이 그러하 듯이. 도덕적 우수성은 고통과 쾌락을 모으는 데 있지 않고 그것을 구별 하여 고상한 것에서 기쁨을, 천박한 것에서 고통을 느끼는 데 있다.[6]

여러분 모두 고통스럽더라도 자신의 성숙과 성장을 위해 하루하루를 행동으로 실천하는 행복한 삶을 살기 바란다.

자, 이것으로 교실에서 하는 10주간의 수업이 끝났다. 다음 주에는 이론으로 배운 것들을 실제 극장에서 몸으로 체험해 보자. 모두 간편한 복장으로 극장에 모이기 바란다.[7]

---

6) Aristoteles, 『니코마코스 윤리학(Ethica Nicomacheia)』, 천병희 옮김(도서출판 숲, 2013)에 서 발췌, 인용.
7) 극장에서의 수업은 다음과 같은 내용으로 진행된다. 1. 극장 공간 체험하기 2. 극장 공간 에 혼자 서기 3. 두 사람이 선을 이루어 서기 4. 세 사람이 다양한 삼각형 도형을 만들어보 기 4. 움직이면서 공간의 역동성을 느끼기 5. 연기 구역과 몸자세, 높이와 공간, 초점을 체험하기 6. 움직임의 여러 가지 형태를 만들기: 지나가기, 초점 주기, 초점 받기, 초점 훔치기, 열린 전환, 닫힌 전환, 짧은 전환, 무대 균형 잡기 등.
　　무대 공간에서 가장 핵심적으로 체험해야 할 것은 공간의 역동성이다. 앞서 설명한 것처럼, 무대는 일종의 물이 차 있는 수조와 같다는 비유를 기억하기 바란다. 즉 무대 위 한 사람의 움직임은 필연적으로 다른 사람에게 영향을 끼친다. 이것은 힘의 역학으로 보 면, 무대 위의 모든 등장인물은 선으로 연결된 것과 같다. 따라서 한 사람의 움직임은 필연적으로 다른 사람의 반응을 야기한다. 이런 이유로 대사가 없는 인물일지라도 장면 속에서 계속 반응하면서 연기를 계속해야 한다.

극장에서의 수업은 2주를 넘기지 않는다. 전체 15주 수업 중에 2주 정도의 여유가 생기는 것이다. 이때 주로 이론 정리를 하거나 연출 용어 등으로 짧은 시험을 보기도 한다. 마지막 주는 장면 프레젠테이션으로 보낸다. 이때 학생들을 아침 9시부터 각자 준비한 장면을 시연한다. 점심시간에는 장면 프레젠테이션에 참석한 모든 사람이 함께 점심을 먹는다. 점심 식사 후 나머지 학생의 장면 연출을 보고 한 학기의 수업을 마무리한다. 연극연출론 수업의 장면 발표는 다른 학년의 연극 제작 실습 작품 공연이 모두 끝난 후에 하기 때문에, 이 행사는 학과 전체의 한 학기를 마무리하는 성격도 가진다.

저자 후기

학교에서 수업으로 연극 연출을 가르치는 일은 어렵다. 연출이라는 작업
이 연극에 대한 총체적인 이해를 전제로 하거니와 연출가 개인의 가치관,
세계관이 연출 미학으로 성숙되어야 하는 것이기에 더욱 그렇다. 호서대
학교 연극학과의 경우 연극 연출론 수업 대상은 대학교 2학년 학생들이
다. 빠르면 19세에서 늦어도 26세 정도의 학생들에게 연출 미학의 심오한
이론은 딴 세상의 이야기일 뿐이다.

　그럼에도 불구하고 학생 연출 중심으로 연극 만들기를 해야 하기에
연출 작업의 기초를 중심으로 수업을 진행했다. 연극 만들기 제작 과정부
터 연출 개념의 이해, 동양과 서양 연극에 대한 전반적인 고찰, 연출가의
위치와 임무, 연습 일정표 짜기와 연습 진행하기 등등 어찌 보면 사소한
것부터 장면 만들기와 같은 고도의 미학적 원칙까지 두루 가르칠 수밖에
없었다.

　본 수업의 특징은 연극 연출론임에도 불구하고 그 내용을 보면 배우
에 관한 이야기가 많이 거론된다는 것이다. 이는 지방에 위치한 호서대학
교 연극학과의 경우 입학생 대부분 장래 희망이 '배우 되기'에 있기 때문

이다. 장래에 배우가 되기를 희망하는 학생들에게 연극 연출은 처음부터 동기 부여가 되지 않는 수업이다. 하지만 연극 연출에 관한 지식은 그냥 연출의 범주에만 머무를 수 없다. 그것은 연극 전반에 관한 이론과 실기를 포함한다. 아홉 번째 수업에서 연출가의 배우 지도를 특별히 다룬 것도 이러한 이유에 기인한다.

또 하나의 특별한 점은 수업이 수업 시간에만 그치지 않는다는 것이다. 연극 연출론은 수업을 듣는 것뿐만 아니라 수업을 기록하고 스스로 장면을 선택해 연출해야 한다. 이것을 위해 학생들은 매번 수업 시간 후에 수업 일지를 작성하고 장면 발표를 위해 연습해야 한다. 또 이 연습을 위해 연습 전·후에 연출 일지를 써야 한다.

이렇게 보면 학생들은 연극 연출론 수업을 위해 한 주간을 규칙적으로 계획을 세우고 그 계획을 실천해야 한다. 그리고 이러한 성실한 실천은 연극 연출론 담당 교수로서가 아닌, 한 사람의 평범한 선생으로서 학생들에게 공부하는 방법과 어려움을 극복하는 인내심, 그리고 그 후에 맛보는 성취감을 고취하기 위한 최소한이면서도 동시에 최선의 방법이었다.

필자는 이러한 연극 연출론 수업을 28년째 하고 있다. 수업을 들었던 졸업생들이 후배에게 하는 조언은 "힘들지만 듣고 나면 분명히 도움이 되는 수업"이라는 것이다. 그 조언 덕분인지 매 학기 15명에서 20명 정도의 학생이 수업을 듣고 또 밤샘하면서 공부한다. 학생들의 노력은 분명 충분한 보상으로 나타나리라 믿는다.

집필을 끝내고 그 내용을 전체적으로 살펴보니 수업 내용의 주요 부분은 장면 만들기에 할애되어 있었다. 작업의 기초 단위로 하나의 프렌치 신을 구분하고 그 장면의 분석과 분석에 따른 움직임의 창조, 그리고 결과적으로 전체적인 흐름의 매끄러운 창조가 주요 내용인 것이다. 결국 연출가의 기본 임무는 대본의 죽어 있는 활자로부터 배우를 통해 살아 있는 장면을 만드는 것이라고 생각한다. 그래서 장면 만들기 수업은 대부분 배우의 대사와 움직임의 관계에 관한 이야기로 채워져 있다.

또 다른 측면에서 보면, 서구의 현대 연극은 드라마를 넘어서 소위 '포스트드라마' 시대로 진입하고 있다. 4차 산업 혁명이 우리 사회에 끼치는 격변만큼이나 충격적인 도발인 셈이다. 포스트드라마는 기존 드라마 연극과는 달리 1인 공연자를 중심으로 다양한 형식 실험을 한다. 관객과 배우만을 인정하고 그 외의 다른 공연 요소는 즉흥적 공연 형식에 따라 그때그때 다른 모습으로 나타난다. 따라서 현재까지 포스트드라마의 고정된 형식이나 원리와 원칙을 단정적으로 논의하기는 어렵다고 생각한다. 독일의 연극학자 한스티스 레만(Hans-Thies Lehmann)으로부터 격발된 포스트드라마 연구는 한국의 경우 연극학자들의 뜨거운 연구와는 별개로 현장은 여전히 드라마 연극의 천국에 머물고 있다. '정극'과 '내면 연기'가 횡행하는 현장에서 포스트드라마는 여전히 먼 나라의 이야기일 뿐이다.

이런 상황 때문에 연극 연출론 수업이 드라마 연극에 국한한 것은 아니다. 물론 포스트드라마의 이해와 연출은 기존 정통 드라마의 이해를 전제하기는 하지만, 연출 실제에서 어려운 점은 포스트드라마가 가진 장르 탈출과 다양한 형식 실험과 통합에 있다. 즉 포스트드라마의 이해와 연출은 체계적인 예술 교육과 훈련이 뒷받침되어야 가능하다고 생각하기 때문이다.

그래서 본 수업에서는 연출의 기초 중 기초에 해당하는 내용을 대상으로 삼았다. 마치 회화의 기초가 데생/소묘인 것처럼, 인쇄되어 있는 대본의 활자를 살아 있는 배우의 움직임으로 시각화해보자는 생각의 실천인 것이다.

마지막으로 밝히는 것은 본 수업 내용의 기록은 30년 가깝게 한 교수의 극히 개인적인 수업 방법의 공개이기도 하다. 사실 연출론 수업을 하면서 다른 교수들의 연출론 수업이 궁금했다. 이 어려운 수업을 다른 교수들은 어떻게 하는지 알아보고 또 배우고 싶었다. 불운하게도 지금까지 그런 경험을 할 수 없었기에 차라리 나의 연출 수업을 먼저 공개하기로 했다.

　　연출의 매력과 예술가로서 연출가의 자존감은 故 안민수 교수님의 수업을 통해 많이 배웠다. 아마 평생을 반복해서 공부해도 그분의 수준에 도달하지는 못하겠다고 생각한다. 다만 초롱초롱한 눈으로 바라보는 학생들에게 최선의 수업을 하기 위해 등을 땀으로 적시면서 수업을 했다. 나 자신이 그랬던 것처럼, 연극 공부가 삶에 대한 공부가 되기를 기대하면서, 나의 학생들이 연극 공부를 넘어 자신의 삶을 성숙한 인격으로 당당하게 바라보고, 생각하고, 살아가기를 기대하면서 아쉽지만 부족한 수업의 기록을 마친다.

지은이 **김대현**

한양대학교 대학원에서 스타니슬랍스키와 브레히트 연기론의 비교 연구로 석사 학위를, 독일 보쿰 대학교
(Ruhr-Universität Bochum)에서 판소리와 서사극의 비교 연구로 박사 학위를 취득하였다. 동신대학교 연
극영화학과를 거쳐 현재 호서대학교 공연예술학부 연극트랙 교수로 재직하고 있다. 한국연극학회 부회장과
한국대학연극학과 교수협의회 및 한국연극교육학회 회장 그리고 호서대학교 11대 총장을 역임했다.
주 연구 영역은 배우의 '배역 창조' 분야와 연출가의 '장면 연출' 분야이다. 이와 관련한 다수의 논문이 있으
며, 2012년 학술 논문 「스타니슬랍스키와 시스템」으로 한국연극교육학회의 우수 논문상(KAFTE THESIS
BEST AWARD)을 수상했다. 저서로는 『연극 만들기』(연극과인간, 2003), 『배역 창조와 행동』(연극과인간,
2013), 『장면 연출과 행동』(동인, 2020)이 있다. 공저로는 『한국 근 · 현대 연극 100년사』(집문당, 2007),
『퍼포먼스 연구와 연극』(연극과인간, 2010), 고등학교 교과서 『연극의 이해』(서울시교육청, 2018), 『연기』
(서울시교육청, 2018) 등이 있다.

나의 연출 수업

초판 1쇄 발행일 2024년 2월 5일

김대현 지음

발 행 인   이성모
발 행 처   도서출판 동인 / 서울특별시 종로구 혜화로3길 5, 118호
등록번호   제1-1599호
대표전화   (02) 765-7145 / FAX (02) 765-7165
홈페이지   www.donginbook.co.kr
이 메 일   donginpub@naver.com
I S B N   978-89-5506-959-4 (93680)
정   가   18,000원

※ 잘못 만들어진 책은 바꾸어 드립니다.